ÉTICA APLICADA

# EDUCAÇÃO

ÉTICA APLICADA

# EDUCAÇÃO

COORDENAÇÃO
MARIA DO CÉU PATRÃO NEVES
DAVID JUSTINO

70

Título original:
*Ética Aplicada: Educação*



Revisão: Inês Guerreiro

Capa: FBA

Depósito Legal n.º 444116/18

**_Biblioteca Nacional de Portugal – Catalogação na Publicação_**

ÉTICA APLICADA

Ética aplicada: educação / coord. Maria do Céu Patrão Neves,
David Justino. – (Ética aplicada; 8)
ISBN 978-972-44-2127-8

I – PATRÃO NEVES, Maria do Céu, 1959-
II – JUSTINO, David, 1953-

CDU 17

Paginação:
EDIÇÕES ALMEDINA, S.A.

Impressão e acabamento:
Pentaedro

para
EDIÇÕES 70

1.ª edição: julho de 2018



EDIÇÕES 70, uma chancela de Edições Almedina, S.A.
Avenida Engenheiro Arantes e Oliveira, n.º 11 – 3.º C – 1900-221 Lisboa / Portugal
e-mail: geral@edicoes70.pt

**www.edicoes70.pt**

# Índice

# Todo o projecto educativo é uma opção moral

*Maria do Céu Patrão Neves* e *David Justino*

Todo o projecto educativo, em qualquer tempo, em qualquer espaço, encerra indelevelmente uma moral – uma concepção de bem, um ideal de dever-ser –, antes assumida e procurada, hoje disfarçada quando não mesmo ocultada ou pretensamente descartada.

E não importa se adoptamos o sentido mais abrangente de «educar» (privilegiando uma das suas raízes latinas, *educere* ou conduzir para fora), como desenvolvimento orientado de faculdades, ou se o contrapomos ao sentido mais restricto de «instruir» (privilegiando a outra das suas raízes latinas, *educare* ou nutrir, alimentar), como transmissão de conhecimentos.

Também não importa se adoptamos a distinção rigorosa entre «ética» (valorizando a sua raiz grega, *êthos*, com a vogal longa, ou fundamento da acção), como racionalidade do agir, e «moral» (valorizando a sua raiz grega, *éthos*, com a vogal breve, e a sua tradução latina para *mos, moris*, ou hábito, costume) como normativa da acção.

Sempre, em qualquer tempo, em qualquer espaço, a educação – como desenvolvimento da pessoa ou aquisição de saberes – promove um modo de agir (como um modo de pensar), que reflecte e condiciona, que fundamenta e justifica, um modo de ser, numa intrincada relação de natureza indelevelmente moral. Educar é moralizar, isto é, fazer ser segundo um projecto, um ideal, uma norma..., fazer crescer dentro de um sistema de valores.

Este sentido moral de todo o projecto educativo é uma realidade ancestral já transmitida pelo vocábulo grego *paideia*, o primeiro da nossa cultura ocidental que se deixa traduzir por «educação» e que, na sua mais ampla e comum acepção pré-clássica, invocava a noção de «formação do homem»[1]. A *paideia* não se refere, pois, a uma transmissão de saberes, ou instrução, mas à construção da pessoa, ou formação. É este ainda hoje o sentido mais amplo e rico de «educação». Tal não significa que o ensino dos conhecimentos actuais e pertinentes em cada momento não constitua uma parte integrante da educação, como aliás já se verificava na Antiguidade pré-clássica; mas evidencia também que qualquer tipo de ensino apenas ganha sentido quando integrado num projecto alargado de formação da pessoa, como indivíduo e como cidadão.

No passado milenar da nossa história, este projecto de formação assentava numa ideia universal de homem e não num qualquer interesse circunstancialmente dominante, e inexoravelmente provisório e efémero; correspondia à realização de

---

[1] «*Paideia*» é um conceito grego vulgarizado na cultura ocidental contemporânea pelo filólogo alemão Werner Jaeger, na sua monumental obra *Paideia. Die Formung des Griechischen Menschen*, de 1934, sendo entendido como evocando, simultaneamente, numa unidade indissociável, as noções actuais de «civilização, cultura, tradição, literatura ou educação» (tradução portuguesa, Editorial Aster, 1979: p. 1). O termo *paideia* surge no século V a.C., em Ésquilo, e o que anteriormente melhor lhe corresponde, ou que pelo menos virá a ser integrado por este, é o de *arete* (virtude); no século IV a.C., os sofistas – fundadores da ciência da educação – atribuem à *paideia* o seu sentido mais preciso de educação.

uma lei universal que regia o cosmos como também à essência do homem. A *paideia* consistia na construção do homem pelo homem de acordo com a sua própria essência, ou seja, na realização de si, segundo a sua forma universal, assim protagonizando um sentido moral implicado na autenticidade da sua criação de si segundo uma norma.

Hoje dir-se-ia que não possuímos uma ideia universal de homem, nem tão pouco este se rege por um qualquer princípio regulatório cósmico ou de qualquer outra expressão de uma lei universal, o que provável e inexoravelmente nos atira para projectos educativos em constante transformação, por vezes sujeitos à sucessão de oscilantes inclinações, condicionadas por equilíbrios e desequilíbrios de forças entre diversos lóbis, numa disputa por interesses que raramente escapam a uma dimensão sectária.

De facto, a concepção da educação como realização máxima do potencial inerente a cada um, num percurso sempre singular, mas também sempre desenvolvido num contexto comunitário, afigura-se-nos como um eterno presente: é ainda hoje certamente pertinente, nela ecoando a tradição que a *paideia* invoca. Não há projecto educativo sem uma noção subjacente de bem agir e de dever-ser e estes protagonizam indelevelmente uma norma; esta, por sua vez, enquanto padrão, só se compreende num horizonte de universalidade, que já não será (como tradicionalmente) absoluta e heterónoma, mas comunitária e autónoma, consensualizada em cada sociedade sobre a matriz da Declaração Universal dos Direitos Humanos. Talvez não estejamos, afinal, distantes dos primeiros educadores...

Em todo o projecto educativo continuamos a querer abranger a pessoa como um todo, na sua unicidade integral; continuamos a querer desenvolver as capacidades de cada um, devendo ser todos participantes activos no seu processo de formação; continuamos a querer apresentar padrões ideais e modelos possíveis de realização pessoal e integração social; mas parece que queremos agora também eliminar a natureza moral de todas estas assunções, numa pretensa (mas utópica) purificação axiológica em troco de uma pretensa (mas falsa) neutralidade ética.

Escondemo-nos então atrás de fundamentações científicas, opções técnicas, justificações pragmáticas, evidências estatísticas, numa pretensa (mas ilusória) objectivização do processo educativo, assim também tornado socialmente inquestionável, politicamente sancionado e legalmente fixado.

Todos estes aspectos são importantes e mesmo indispensáveis, mas nenhum é amoral ou neutro, nenhum é independente ou extrínseco à pessoa, nenhum é isento ou abstracto de interesses. E não é apenas assim que é, mas assim que tem de ser.

Um projecto educativo é a escolha de um futuro, a que não nos podemos negar, nem de que tão pouco nos podemos alienar entregando-o a um suposto absolutamente exterior, a uma fictícia objectividade que, afinal, se tornaria autoritária e ditatorial eliminado as inclinações humanas na complexa equação das preferências. Urge, pelo contrário, consciencializar e assumir as escolhas que se fazem, porque educar é sempre escolher. A limite é escolher quem queremos ser e em que sociedade queremos viver.

Não podemos, pois, confundir moralismo – uma inculcação de valores dogmáticos, por vias prepotentes e de efeitos restritivos da pluralidade de modos de ser – com a moral comum – uma vivência partilhada de valores, princípios, normas e virtudes que tece a coesão social, confere identidade à comunidade, e assegura uma co-existência pacífica entre todos –, e em que, aliás, as políticas educativas se fundamentam.

Ora, os desafios a que estas políticas devem responder são hoje imensos. Por um lado, temos uma multiplicação dos intervenientes nos processos educativos, com diversas competências a articular; uma proliferação de modelos e de experiências educativas, em diversos contextos, a avaliar, selecionar e implementar; a par de novas exigências de meios, humanos, físicos, equipamentos, a concretizar. Por outro, um contexto de actuação complexo: com um volume exponencial de informação com que lidar e impossível de assimilar; uma pluralidade de valores a ponderar conjuntamente e a respeitar; numa formação cada vez mais abrangente e massificada, mas, simultaneamente, mais inclusiva e exigente de vias diferenciadas de actuação, e ainda visando a singularidade de cada um, pelo que necessariamente personalizada.

São múltiplas as dimensões da mudança global a que assistimos, de forma mais evidente, nas últimas três décadas. E quando tudo muda, torna-se urgente reflectir sobre o que permanece, o que parece incólume aos ventos da inovação e da obsolescência. A educação, enquanto instituição central da modernidade, dificilmente resiste a essa pressão e confronta-se na actualidade com o desafio dos que a querem mudar de forma radical ou dos que, «soprando ao vento», resistem ao fascínio das tecnologias e dos *gadgets* (dispositivos), aos mitos das aprendizagens activas ou às novas gramáticas da pedagogia e do desenvolvimento curricular.

Alguns dos ventos de inovação nem sempre sopram vindos de uma suposta crise dos sistemas nacionais de ensino. Pelo contrário, são oriundos de organizações transnacionais que condicionam e induzem as políticas nacionais. Tradicionalmente os mecanismos do isomorfismo mimético eram alimentados pela busca e importação de boas práticas observadas nos países considerados mais «avançados». Os estados nacionais eram soberanos na escolha dos modelos de que pretendiam aproximar-se. Hoje, são essas organizações transnacionais que concebem, difundem e induzem os modelos, cuja neutralidade anunciada é contrariada pelas respectivas agendas e «catecismos» donde constam as soluções universais para as políticas públicas de educação.

De alguma forma tem sentido falarmos de um longo processo de «desnacionalização» das políticas e dos sistemas de ensino, fazendo-os convergir para uma cultura global da educação, entendida como projecto em curso e promovida por organizações como a OCDE, o Banco Mundial ou mesmo a UNESCO.

Nenhum Estado se sente obrigado a adoptar essas políticas; porém, o poder de indução é suficientemente forte e eficaz junto da opinião pública para que possa ser ignorado. Esse poder é expresso enquanto fonte de legitimidade acrescida para sustentar a adopção dessas políticas. Através de relatórios, pareceres, *surveys* (sondagens) e *outlooks* (panoramas), o poder de regulação induzida condiciona as opções e, na maior parte dos casos, legitima as soluções.

Neste contexto, a reflexão e discussão das questões éticas e morais torna-se um empecilho para a «eficácia» das políticas, uma perda de tempo para o que parece «evidente», a resistência a um destino inexorável.

Por isso pretendemos teimar nesta reflexão, necessariamente plural, que assenta no questionamento das evidências, no confronto dos projectos e na problematização dos principais desafios colocados por um futuro imaginado, entre mitos e utopias, velhos e novos, que emergem sempre que a incerteza se instala.

Os temas e os problemas que poderiam ser incluídos numa obra que se dedica a assumir a perspectiva ética no domínio amplo da educação facilmente se desfiariam numa sequência a perder de vista. O confinamento de toda a publicação obriga-nos à difícil tarefa de selecionar o que no presente contexto consideramos prioritário, num equilíbrio entre uma diversidade de áreas e abordagens possíveis.

*Ética Aplicada: Educação* reúne numa primeira secção de «temas fundamentais», aqueles que se consideram estruturantes e transversais começando pelo debate «Em torno da liberdade de ensinar» que, segundo Luís Manuel Bernardo, tem privilegiado a questão do direito de escolha parental e a oposição entre oferta pública e iniciativa privada, assumindo-a como um atributo genérico das partes envolvidas. A irresolução a que este enfoque conduz sugere o interesse na adopção de uma outra perspectiva. Neste capítulo ensaia-se um entendimento alternativo de cariz sistémico que favorece a especificação dessa liberdade a partir do ensino e a sua consequente relação com o conjunto de promessas dos sistemas educativos modernos e democráticos. Esses compromissos sobre o conhecimento, a justiça, a democraticidade e a laicidade permitem dar conteúdo a uma tal liberdade, conferir-lhe um quadro normativo e determinar-lhe um conjunto de fronteiras. Deste modo, formam a base para uma discussão dialética dos diferentes tópicos que devem integrar o seu esclarecimento.

Segue-se «A nova educação ou os valores esquecidos da democracia e da modernidade», por David Justino, que desenvolve uma reflexão em torno dos valores e dos princípios fundacionais da escola como instituição educativa das sociedades modernas, a qual serve de base aos desafios colocados pelos ventos de mudança global que sopram um pouco por todo o lado. O que fazer quando tudo parece efémero? Como construir o devir da educação quando a obsolescência dos adquiridos parece alimentar a incerteza? Colocando-se numa perspectiva que associa a educação ao conceito de desenvolvimento humano, afasta-se das visões utilitaristas que a entendem em função das necessidades do mercado e das teorias românticas que isolam a escola idealizada da realidade social e cultural que a sustenta.

Um terceiro tema fundamental é o da «Educação e ética da equidade», da responsabilidade de António Pedro Barbas Homem. Este parte da afirmação que a sociedade portuguesa é desigual e que um dos principais factores de desigualdade

– nomeadamente dos salários, da qualidade de vida e da realização pessoal –, é constituído pelas qualificações académicas. Considerando que a ética da equidade assenta no princípio da igualdade de oportunidades no acesso ao e no sucesso no ensino superior, identificam-se múltiplos factores empíricos que impedem ou dificultam a concretização dessa igualdade. Sugere-se que apenas pelo apoio às escolhas individuais se pode construir uma sociedade livre e efectivamente assente na igualdade de oportunidades.

Esta primeira secção encerra com a referência aos «Princípios múltiplos em torno da (des)centralização». Susana Batista começa por sublinhar que a descentralização é um princípio político inscrito na Constituição e defendido pelo compromisso alargado da Lei de Bases da Educação do final dos anos 80. E, todavia – considera –, o sistema educativo português mantém actualmente a centralização e a burocratização como características dominantes. Os debates em torno de políticas de (des)centralização são sobretudo motivados por questões de poder e diferentes concepções sobre quem deve ter responsabilidades, e em que matérias, na educação formal das crianças e jovens – e é sobre estas diferentes perspectivas e princípios em debate que este texto se centra.

A segunda secção de *Ética Aplicada: Educação* privilegia alguns «problemas específicos» candentes e hoje suscitados por qualquer projecto educativo, como seja o do «Sucesso escolar». Anabela Grácio considera que, a par de um movimento de transformação das escolas públicas em espaços de inclusão, aberto a alunos com diferentes características de aprendizagem, também se espera que a escola prepare alunos para desempenhos académicos de sucesso, medido em testes normalizados, organizados a nível nacional e internacional. Estes, aliás, têm vindo a ganhar centralidade nos diferentes sistemas educativos e na opinião púbica. No seio da pressão para o sucesso escolar – nas suas múltiplas acepções e tensões – que valores prevalecem e quais os que são assumidos pela escola? Como se constrói uma escola de sucesso para cada um dos alunos? – são questões que motivam a reflexão da autora.

Maria Margarida Marques, em «Educação inter-cultural, minorias e descendentes de imigrantes», explora as perplexidades que a muitos se colocam sobre as actuais políticas de acolhimento no sistema de ensino de crianças e jovens descendentes de imigrantes ou pertencentes a minorias. Sabendo-se que a expressão relativa desta parcela de crianças e jovens em idade escolar deverá continuará a crescer, especialmente em determinadas zonas, esta reflexão impõe-se como um contributo para uma discussão com implicações éticas sobre os princípios que regem o sistema de ensino e a sua tradução na prática escolar.

Segue-se naturalmente «Dimensões éticas da educação inclusiva», por David Rodrigues, que destaca a inclusão como um dos mais importantes desafios que hoje se colocam aos sistemas educativos: espera-se que as escolas sejam competentes para educar todos os alunos sem deixar nenhum para trás. Esta nova vocação da escola implica mudanças muito significativas nos valores e na ética com que encara a educação, considerando-se que os alicerces desta ética inclusiva repousam sobre quatro pilares: os Direitos Humanos (nomeadamente no que concerne à educação), o conceito de Diversidade (relativo a todo o ambiente escolar), à Participação de todos e em substanciais mudanças no processo de Aprendizagem. O capítulo encerra com algumas reflexões sobre as mudanças mais candentes para que a ética inclusiva possa ser dominante na Educação.

Em «Os pais e a liberdade de escolha da formação dos filhos», Alexandre Homem Cristo argumenta que a «liberdade de escolha» da escola dos filhos é um direito inerente à frequência da rede pública de educação, que justifica por três diferentes razões. Uma primeira reporta-se à evolução do sistema educativo: uma vez que maior autonomia e diversidade da oferta pública é indispensável para a evolução do sistema educativo, tornou-se consequentemente imprescindível a escolha das famílias entre essa diversidade. Uma segunda refere-se à divergência de resultados entre escolas: os dados comparados mostram diferenças significativas entre escolas dos mesmos concelhos e com o mesmo perfil populacional, legitimando preferências das famílias face à oferta existente. Por fim, nota-se que o enquadramento jurídico vigente favorece o «poder de escolha» em detrimento da «liberdade de escolha»: mesmo na rede pública, só escolhem as famílias com mais recursos, seja por via da segregação residencial ou da utilização da sua rede de contactos. Assim, sugere-se uma reflexão alargada sobre as responsabilidades do Estado nesta matéria.

Impõe-se, seguidamente, um texto sobre «Escola-família: uma relação de longa data com dinâmicas recentes», em que Eva Gonçalves apresenta uma reflexão sobre a evolução desta no contexto nacional português e como a sua evolução pode explicar a dificuldade que se verifica de alguns professores e famílias assumirem os papéis de parceiros e de reguladores exigidos pela legislação e que efectivamente lhes competem. Assim sendo, desencadeia-se dinâmicas que acabam por ser implementadas numa lógica burocrático-administrativa, sem que haja uma real mobilização dos principais actores do processo educativo, nem uma clara percepção sobre o que determina que alguns superem as dificuldades e desenvolvam as competências que lhes são legalmente atribuídas.

Entretanto, a reflexão vai-se deslocando dos alunos e das suas famílias, para os professores. Sob a epígrafe «Para uma ética prática da profissão docente», Santana Castilho defende que só um sólido referencial ético da profissão garante autonomia intelectual e profissional aos professores. Para assim concluir, o autor distingue valor (económico) de valores (morais) e analisa a problemática da profissionalidade docente no contexto nacional, não deixando de a relacionar com a perspectiva personalista da educação, que defende, por oposição à meramente utilitarista, que rejeita.

Conceição Castro Ramos, em «Ética profissional e condição docente», considera o enquadramento ético da condição docente tendo em conta a relação professor-aluno, não só na sala de aula, mas no conhecimento mútuo que vão adquirindo no decurso do processo educativo. Este processo tem como objectivos: a formação para uma liberdade responsável, a capacidade de formar opiniões bem fundadas e uma preocupação pela procura da verdade. Numa aproximação teórica à ética do «cuidado», a ética profissional docente é abordada como uma questão de intencionalidade e de liberdade pessoal, associada à construção de uma visão pessoal de inquietude, questionamento e reflexão, que se projecta e constrói com base em quadros de referência axiológica.

Em «Resiliência e ética profissional dos professores», Carlos Celeia trata das razões de uma certa hibernação emocional a que considera os professores portugueses estarem sujeitos e das várias formas que encontram para viver numa sociedade que afirma não os quer compreender e respeitar. Esta condição de estranhamento compulsivo obriga a ser cada vez mais resiliente, qualidade única que permite ao professor superar todas as muitas adversidades diárias da sua profissão. Analisada essa capacidade nas suas múltiplas dimensões, discute-se ainda a sua relação com a posição ética que se exige a um profissional de ensino.

Este volume de *Ética Aplicada* dedicado à *Educação* procura também abrir-se a alguns problemas societais implicados no amplo domínio da educação como se verifica com «A relevância ético-disciplinar da vida privada dos docentes», abordada por Isabel Pires Rodrigues. A autora começa por sublinhar que a profissão de professor está historicamente associada a exigências éticas e morais, justificadas pelas suas funções de transmissão de conhecimento e valores, bem como de tutela relativamente a alguns grupos etários. É neste contexto que reflete sobre o modo como o exercício da função docente projecta deveres de conduta sobre a sua vida privada e sobre os contornos de uma eventual valoração ético-disciplinar.

Sílvia de Almeida, em «Cultura escolar, curriculum e equidade escolar» aborda o conceito de diferenciação curricular que assumiu uma grande visibilidade na viragem do século XX para o século XXI, na discussão da teoria curricular, da investigação em educação, da política educativa e das escolas como uma «solução redentora». Propõe-se então definir os significados do conceito de diferenciação curricular e a sua relação com os conceitos de equidade, (des)igualdades educativas e com a cultura escolar.

O volume fecha com uma reflexão de Paula Reis sobre «Qualificações e mercado de trabalho: onde está a estratégia?» em que aponta a ausência de uma estratégia clara por parte do Estado para o ensino superior, particularmente no que se refere ao ajustamento dos objectivos específicos de cada formação e das vagas nas diferentes áreas de ensino às necessidades do mercado de trabalho e da economia. Com base num retrato da realidade portuguesa, colocam-se algumas questões que convidam o leitor a reflectir sobre a responsabilidade social e ética do Estado, enquanto principal fornecedor e regulador da oferta educativa, para com as famílias e os jovens.

E depois, há o exemplo... Todas as teorias e conhecimentos, todas as técnicas e modelos, cumulativa e infinitamente consideradas, não substituem o exemplo, o recurso educativo mais universal e mais acessível, mais simples e mais eficaz de todos os tempos e em todas as sociedades.

Na Antiguidade, a *paideia* exercia-se através do exemplo e os gregos evocavam-no na figura dos heróis, Hércules, Aquiles, Ulisses, Antígona... – verdadeiros universais morais, educadores de gerações. Também temos heróis universais contemporâneos: Mahatma Gandhi, Martin Luther King ou Nelson Mandela, que enaltecemos pelo seu modelo de vida, na expectativa de vermos replicadas as suas virtudes. E temos, principalmente, os nossos heróis particulares, no exemplo dos educadores, pais, familiares, amigos, professores... O professor é um educador também através do exemplo. E é por isso que ele nunca se limita a instruir, sendo igualmente um formador.

Todos estes nossos heróis reescreveram o ditado popular «faz o que eu digo, não faças o que eu faço», contrariando-o através de uma vida de relação numa estrita coerência entre a palavra e a acção. E este seu exemplo tornou-se no meio mais poderoso de educar, sendo também ele profundamente moral.

# I

# TEMAS FUNDAMENTAIS

# Em torno da liberdade de ensinar

*Luís Manuel A. V. Bernardo*
Universidade Nova de Lisboa

## 1. Uma lógica sistémica

A expressão «liberdade de ensinar» remete para três esferas maiores de significação: liberdade para ensinar, condição requerida pela prática em causa; liberdade de multiplicar as oportunidades de ensinar, para além do ambiente escolar; liberdade de oferta de ensino, seja pela existência de estabelecimentos escolares diferenciados, seja pela multiplicação de variantes curriculares. Ainda que a ideia da liberdade, nelas compreendida, possa levar a pensar que se está perante uma liberdade genérica, abstracta e, nessa medida, absoluta, na verdade, trata-se, em todas, de uma liberdade determinada, isto é, referida a um tipo de acção (o ensino), realizada num contexto institucional particular (o sistema educativo), que se conjuga ou conflitua com outras liberdades, nomeadamente a liberdade de aprender, e que resulta da possibilidade de gerir, da melhor maneira, um conjunto de deveres que lhe são concomitantes (deveres associados às noções de ensino e de educação, às instituições educativas, à condição infantil, às relações de parentalidade, etc.). Aplica-se-lhes, portanto, a sugestão metodológica de John Rawls: «A descrição geral de uma liberdade assume, pois, a seguinte forma: alguém, uma ou mais pessoas, está livre (ou não) de uma restrição (ou conjunto de restrições) de fazer (ou não fazer) alguma coisa. [...] Deste ponto de vista, a liberdade é uma determinada estrutura institucional, um sistema de regras públicas que definem direitos e deveres.»[1]

Esta forma de equacionar a liberdade de ensino torna patente que, independentemente de outras relações, lhe corresponde o princípio de uma teoria da justiça, o qual «afirma que alguém tem a obrigação de fazer aquilo que lhe cabe, consoante o especificado pelas regras de uma instituição, sempre que tenha aceitado voluntariamente benefícios da mesma [...]»[2]. Todavia, «não se pode esquecer que o princípio de equidade tem duas partes, uma que indica como contraímos obrigações, praticando voluntariamente certos actos, e outra que estabelece a condição de que a instituição em causa deve ser justa, senão de modo perfeito, pelo menos tão justa quanto é razoável esperar face a circunstâncias concretas»[3]. Tal significa que mesmo uma compreensão incipiente deve ter em conta esse duplo conjunto de condições, respeitantes tanto às acções dos indivíduos que detêm o atributo dessa liberdade (no caso vertente, aqueles a quem cabe ensinar, sejam eles pessoas ou instituições escolares) quanto à funcionalidade dos sistemas educativos. É a sua conjugação que permite aferir o grau de efectividade e de justeza do conceito de liberdade de ensino dentro de um contexto específico, concretamente o de uma educação democrática, na dupla acepção determinada pelo

---

[1] Rawls, J., *Uma Teoria da Justiça*, Lisboa, Presença, 2001, p. 168.

[2] *Ibidem*, pp. 267–268.

[3] *Ibidem*, p. 268.

contexto político de um regime democrático e destinada a promover a aprendizagem da democracia.

Este tipo de intencionalidade faz parte de «uma prática de promessa»[4], a qual, ainda que realizada por e para indivíduos, é antes de mais institucional e colectiva. Importa ter em mente, por isso, que os sistemas educativos contemporâneos, na medida em que procedem de uma configuração estratégica e politicamente orientada, se encontram regulados por um conjunto de contratualizações tácitas ou explícitas que definem direitos e deveres, normalizam práticas e instituem as modalidades de efectuação das promessas mútuas[5], em correlação com as expectativas legítimas dos seus diferentes utentes, consensualizam programas curriculares, gerem metodologias, etc.

Esta perspectiva implica que a explicitação do conceito de liberdade de ensino deve começar por responder à pergunta relativa às condições em que esta se encontra favorecida ou restringida, face a tal matriz, para poder dar uma resposta satisfatória à pergunta sobre quem detém ou merece deter semelhante liberdade. A possibilidade de captar essa dinâmica sistémica implica não só que se inverta a ordem das questões que Rawls considerava susceptíveis de levar à análise de uma liberdade («Até que ponto? De quê? Quem?», em vez de «Quem? De quê? Até que ponto?»), como que se lhes associem outras três: liberdade de ensinar o quê? A quem? Porquê?

O desenho de tal quadro revela-se de extrema complexidade, acrescida pela dimensão histórica e contingente das respectivas variantes. Não obstante, julgamos possível identificar uma série limitada de promessas fundamentais, decorrentes da própria ideia de um sistema educativo moderno, democrático e universal, no seio do qual faz sentido pensar em tal liberdade. Estas

---

[4] *Ibidem*, p. 271.

[5] *Ibidem*, pp. 269–271.

configuram a peculiaridade de tais sistemas, diferenciam-nos de outras matrizes praticadas ao longo da história, legitimam-nos ideologicamente, autorizam-nos social e politicamente e definem, assim, um regime de racionalidade que, sem prejuízo da sua comprovada flexibilidade e resiliência, não saberia ver-se alterado sem que se estivesse a considerar outra figura. Estes compromissos estruturantes descrevem orientações, que visam dinamizar o presente a partir de um dever ser projectado, as quais funcionam, por isso, como critérios do que é aceitável e do que não pode sê-lo, de acordo com a lógica capital do sistema. Deste modo, fornecem uma rede normativa pela qual se deve passar qualquer tema que surja no seu interior, seja ele do foro teórico ou do âmbito da praxia. As balizas dessa espécie de universal concreto passam por quatro grandes linhas de recorte: conhecimento, justiça, democraticidade e laicidade.

## 2. Conhecimento

É patente que os sistemas educativos contemporâneos se propõem como sistemas de ensino, entendido este como um processo de partilha de conhecimentos positivos, retirados do saber nuclear de algumas das áreas disciplinares, nas quais se veio a subdividir o espectro da actividade científica, ao recuperar parcialmente a herança clássica das humanidades, a par da introdução de novos campos de saber. Estes conhecimentos são, por sua vez, didactizados para efeitos pedagógicos. Tal conjugação resulta em estruturas curriculares, variadas no que respeita aos conteúdos, mas aparentadas por reflectirem o carácter intencionado do processo de ensino-aprendizagem como um processo de aquisição de enunciados proposicionais, mesmo quando reveste uma dimensão eminentemente prática, afinados com a lógica iluminista e progressista da Modernidade, cuja reprodutibilidade se assume como desejável.

Este entendimento sobre o ensinável difere de outros como os assentes na mimese ou na emulação comportamental.

Nessa medida, o que constitui a peculiaridade dos conhecimentos transmissíveis passa menos por serem oriundos de domínios científicos, em sentido estrito, como prova a existência de disciplinas associadas à religião e à moral, do que por determinadas características processuais e formativas que deverão deter: revestirem um carácter de objectividade que os tornem apreensíveis por qualquer indivíduo; serem formalizados em termos de razoabilidade, de modo a tornarem-se universalizáveis; aparecerem contextualizados para poderem ser descontextualizados e recontextualizados; admitirem a discussão sobre a sua pertinência, para servirem, por sua vez, de justificação. Neste sentido, ainda que sobressaia, numa primeira aproximação, a massa de conteúdos consagrados nos programas disciplinares, bem como a visada profissionalizante, uma leitura mais reflectida reconhecerá, na configuração epistémica desse quantitativo, a intenção de dotar o aprendente de uma mundividência suficientemente complexa para o libertar da fixidez de uma visão particular da realidade, de um lugar predefinido na ordem social e laboral, conferindo-lhe, desse modo, a progressiva liberdade de escolher a sua orientação, os seus valores, o seu caminho.

Por conseguinte, se há uma consciência cada vez mais viva da interferência de outros currículos (informal/oculto), reflectindo a dimensão contextual e ideológica do saber, importa manter presente que a promessa fundamental dos sistemas educativos modernos supõe a operatividade efectiva do currículo formal na concretização das três finalidades maiores por eles visadas: qualificação, socialização e subjectivação[6]. Desta

---

[6] Biesta, G., «What is Education for? On Good Education, Teacher Judgment, and Educational Professionalism», *European Journal of Education*, vol. 50, n.º 1, 2015, pp. 77–78.

feita, se essas finalidades «necessitam de lógicas diferentes e [...] há também potencial conflito entre as três dimensões, principalmente entre a dimensão de qualificação e de socialização, por um lado, e a dimensão de subjectivação, por outro»[7], impõe-se estar ciente de que os sistemas educativos dão corpo à convicção de que a descoberta da fórmula harmonizadora cabe ao desenvolvimento da capacidade judicativa dos sujeitos, estimulada pela relação sucessiva com saberes diversificados.

Este entendimento da educação diferencia-a da proporcionada por outras instituições, como as famílias ou as igrejas. Estas surgem intrinsecamente confinadas às suas idiossincrasias. O sistema educativo moderno, em contrapartida, tem a pretensão de proporcionar uma grelha de leitura das diferentes interpretações do real universalista e integradora dessa pluralidade, não só pelo recurso a critérios epistemológicos associados à produção racional do saber, distintos de um processo de revelação transcendente ou de transmissão indiscutível de um legado tradicional, como por reconduzir essas alternativas a formas objectiváveis de conhecimento, com carácter emancipador.

As sucessivas críticas sobre o alcance dessa equação, que evidenciam os aspectos ideológicos e elitistas do saber veiculado pelos sistemas educativos, em detrimento do respectivo valor emancipatório, ou elencam as suas múltiplas disfuncionalidades, longe de invalidarem o sentido da promessa, pressupõem-no como condição da própria contestação. Do mesmo modo, toda a desmontagem do carácter veraz, objectivo e universal do conhecimento, a partir de um construtivismo subjectivista, de um contextualismo comunitarista ou de uma narratologia pós-modernista, não podem pesar

---

[7] Biesta, G., «Boa educação na era da mensuração», *Cadernos de Pesquisa*, vol. 42, n.º 147, São Paulo, Dezembro 2012, p. 6.

sobremaneira neste entendimento, salvo se se concluir pela negação do perfil dos sistemas educativos actuais. É que estes se propõem precisamente como meio de autonomizar os sujeitos dessas eventuais condições restritivas, por via da função heurística associada aos saberes propostos.

Em contrapartida, o que se afigura relevante para o debate sobre a liberdade de ensinar é o limite que decorre do direito a adquirir uma aprendizagem do «conhecimento poderoso»[8], aquele que surge como mais pertinente, diferenciado, construtivo, emancipador e regulador das assimetrias sociais, bem como do consequente dever de o partilhar. Este limite, longe de apontar para a possibilidade de ensinar indiferenciadamente tudo, de qualquer maneira, determina uma deontologia do currículo e da comunicação, que encontra a sua negação em duas atitudes extremas principais: doutrinar e descultura. Torna-se, assim, formulável a seguinte proposição: a liberdade de ensinar estende-se até ao limite da conversão do ensino em doutrinamento ou em negação da sua contextura epistémica.

## *2.1. Doutrinar*

Doutrinamento é um termo ambíguo. Hoje com uma inegável conotação pejorativa, por se ver conjugado com outros, como adestramento, inculcação, imposição ou alienação, significa, também, ensino. Esta sinonímia advém quer de motivos históricos, enquanto vestígio de uma longa tradição que concebeu o ensinável como o doutrinal, quer de razões sistemáticas, porquanto a organização convencional do conhecimento

---

[8] Cf. YOUNG, M., «Por que o conhecimento é importante para as Escolas do século XXI?», *Cadernos de Pesquisa*, vol. 46, n.º 159, São Paulo, Janeiro/Março 2016, pp. 18–37.

transmissível em blocos de conteúdos e a confiança requerida nos atributos do professor se aparentam à sacralidade com que surge legitimada a doutrinação. A mudança da respectiva esfera de significação deve-se a uma alteração de paradigma, com cerca de um século.

Com efeito, o centro da educação deixou de ser o ensino, para se tornar a aprendizagem, de tal modo que o primeiro encontra a sua finalidade na realidade da segunda. Da mesma forma, os limites que se possam estabelecer ao ensino, e, por conseguinte, à liberdade de ensinar, passam por essa mesma centralidade da aprendizagem. Ora, um ensino entendido como transmissão doutrinária, se, por um lado, supõe uma sobrevalorização do ensinável, como transferência de conteúdos fixos, destinados a serem reproduzidos, por outro, não deixa margem para a autonomia do aprendiz, ao negar-lhe o acesso aos meios típicos de validação, legitimação e autorização desse material incutido como verdadeiro. Como resume Thomas Green, «quando, ao ensinar, estamos apenas empenhados em levar a outra pessoa a uma resposta correcta, sem nos preocuparmos que ela lá chegue com base em razões válidas, então estamos a doutrinar, estamos empenhados em criar um estilo de crença sem qualquer comprovação»[9].

É que o doutrinador, «ao tratar os indivíduos a quem se ensina como meios de uma causa e por essa via ao reprimir neles o que todo o verdadeiro ensino deve desenvolver acima de tudo: o pensamento»[10], tende a inibir a apropriação personalizada dos processos de aprendizagem, a reduzir drasticamente a viabilidade de construção de uma subjectividade livre, mormente no interior de sistemas que, para se tornarem

---

[9] SNOOK, I. (org.), *Concepts of Indoctrination : Philosophical Essays*, Londres, Routledge & Kegan Paul, 1972, p. 37.

[10] REBOUL, O., *L'Endoctrinement*, Paris, PUF, 1977, p. 191.

universais, não podem deixar de produzir vários outros efeitos de massificação e de contradizer a complexidade inerente a uma sociedade do conhecimento, para a qual o sistema educativo deve preparar os seus frequentadores. A experiência secular do recurso a processos extremos de doutrinação, como os praticados por regimes políticos ou fideísmos totalitários, confirma a necessidade de ver no doutrinamento um dos limites da liberdade de ensinar, em vez de o conceber como a forma privilegiada da transmissão.

Em suma, se é certo que o paradoxo da educação moral, enunciado por Richard Peters, segundo o qual «muitas crenças são adquiridas antes de um estudante ser capaz de compreendê-las racionalmente»[11], é extensível à totalidade do processo educativo, tornando impossível evitar uma etapa de doutrinamento, não o será menos a perspectiva de Olivier Reboul, segundo a qual «a verdade não nasce nem da crença individual, nem da crença colectiva, mas do diálogo»[12]. Consequentemente, a liberdade de ensinar, longe de poder significar a liberdade de doutrinar, só deverá adquirir o seu pleno sentido na medida em que esteja ao serviço de uma aprendizagem dos modos colaborativos de gerar conhecimento.

### 2.2. *Descultturar*

Porém, se esse entendimento abusivo e sectário da liberdade de ensinar, aludindo a um putativo direito discricionário de reconduzir a aprendizagem à aquisição de um conjunto de crenças restrito e intrinsecamente irrefutável, constitui hoje

[11] Bailey, R. (org.), *The Philosophy of Education: an Introduction*, Londres, Continuum, 2011, p. 144.

[12] Reboul, O., *op. cit.*, p. 195.

um limite óbvio de tal liberdade, a recusa de ensinar alguma coisa, em nome de um conceito difuso e inflacionado do lugar da aprendizagem, «uma tendência que se inclina a tornar a educação uma forma de terapia mais preocupada com o bem-estar emocional de alunos e estudantes do que com sua emancipação»[13], apesar de menos evidente, não constitui um limite menor. Propomos o termo desculturar para designar essa atitude que promove uma espécie de empobrecimento cultural generalizado em consequência da recusa de compartilhar a tessitura de significações que formam a complexidade de um mundo.

Com efeito, como vimos, decorre da promessa de conhecimento, que estrutura os sistemas educativos modernos e contemporâneos, o dever de ensinar e de aprender conhecimentos tidos por necessários à formação dos indivíduos, incluindo aqueles que poderão vir a contribuir para o seu bem-estar futuro. Por conseguinte, a liberdade de ensinar acarreta a responsabilidade pela efectuação desse desígnio, atendendo à qualidade desses saberes para a formação integral do humano, «a sua capacidade para libertar a pessoa do aqui e agora, ao envolverem os alunos no que é fundamental e geral e intrinsecamente meritório»[14], de modo a satisfazer as expectativas legítimas associadas às finalidades da educação. A alternativa supõe uma perda no que respeita à aprendizagem, seja sob a forma de uma qualificação deficiente, seja sob a de uma inclusão problemática, seja ainda sob a de uma subjectivação limitada pela escassez de meios postos à disposição, como a crise que atravessa hoje este modelo educacional tão bem patenteia. O vazio entretanto gerado não só contradiz o

---

[13] Biesta, G., «Boa educação na era da mensuração», *Cadernos de Pesquisa*, vol. 42, n.º 147, São Paulo, Dezembro 2012, p. 5.

[14] Marples, R., «What is Education for ?», BAILEY, R., *op. cit.*, p. 37.

propósito inicial de proporcionar o acesso de todos a todos os conhecimentos fundamentais, como tende a ver-se preenchido por uma das muitas visões sectárias que não carecem de se justificar em termos de razoabilidade.

## 3. Justiça

A par desta partilha da cartografia das interpretações do mundo e dos processos multímodos de a usar, os sistemas educativos oriundos do «projecto inacabado da modernidade»[15] estão comprometidos com um desígnio explícito de justiça.

Por um lado, assumem a responsabilidade de contribuir para a expectativa legítima das gerações antecedentes, não só de «obter liberdades semelhantes para os seus descendentes»[16], mas, sobretudo, de vir a proporcionar-lhes o acesso a liberdades superiores e a padrões de justiça mais elevados do que aqueles que lhes couberam. De tal objectivo decorre uma limitação imediata da liberdade de ensinar, formulável do seguinte modo: a liberdade de ensinar não pode ser pretexto para reduzir as liberdades adquiridas, nem para impedir a instituição de novas, resultantes das discussões públicas pelo reconhecimento. Esta condição deveria ser bastante para obstar às recorrentes tentativas de colonização do projecto da modernidade por processos educativos de feição pré-moderna. Estes, para além de pretenderem restringir o livre jogo das liberdades no espaço público, logo no momento formativo inicial, atentam à racionalidade dos sistemas educativos destinados a garanti-lo, por insistirem em valores que lhe são

---

[15] Habermas, J., *A Modernidade: um Projecto Inacabado*, Lisboa, Nova Vega, 2013.

[16] Rawls, J., *op. cit.*, p. 172.

contrários (autoritarismo, intolerância, tradicionalismo, etc.). Porém, a profusão de defensores de padrões educativos extemporâneos, bem como de instituições escolares que publicitam as suas qualidades panóticas de vigilância e punição, com surpreendente desprezo ou ignorância das críticas incisivas de que foram alvo[17], indiciam a necessidade de um debate social profundo e constante em torno das fronteiras da liberdade de ensinar.

Por outro lado, avocam o compromisso com os desígnios colectivos de justiça distributiva. Este consiste em possibilitar a alteração pacífica e progressiva do esquema das desigualdades vigentes pela educação, fornecendo aos indivíduos uma forma de mobilidade na contextura social que não decorre de estatutos familiares, de hierarquias estabelecidas por tradição ou de supostos atributos naturais, mas do modo mais ou menos meritório como cada um se apropria desse bem simbólico. A promessa de fundo aqui em causa é a de se proporem como as instituições que, a par dos sistemas jurídicos, tornam efectivo o princípio da igualdade de oportunidades, que é constitutivo dos regimes democráticos modernos.

Deste modo, os sistemas educativos actuais não existem apenas para garantir a transmissão eficaz de um conhecimento aplicável na esfera laboral, menos ainda para conferir prerrogativas a supostos dotados ou destinados ao sucesso, mas encontram-se vinculados a um desígnio social e político de solidariedade, de acordo com o qual utilidade e justiça se encontram mutuamente implicadas. Essa é, com efeito, a legitimação para a existência de um sistema de ensino público e massificado, já que a transmissão do saber utilitário e do saber-fazer, enquanto tais, pode ser levada a cabo por outras

---

[17] FOUCAULT, M., *Vigiar e Punir: Nascimento da Prisão*, Lisboa, Edições 70, 2013.

vias, como ocorreu ao longo da história, por exemplo, com o ensino familiar, religioso ou corporativo.

Não obstante, impõe-se ponderar que não se trata de um processo directo de solidariedade, no qual a dimensão da objectividade epistémica fosse subsidiária do jogo das relações intersubjectivas de mútuo reconhecimento. Pelo contrário, como defendemos, das muitas funções atribuíveis ao sistema educativo, uma tem de manter-se em todas as combinatórias, aquela que consiste em promover um determinado processo de aprendizagem de conhecimentos, o que não se altera com a passagem ao plano relacional. Na verdade, só tal dimensão permite substituir à particularidade dos pontos de vista, dos comportamentos e das convicções a razoabilidade dos argumentos universalizáveis, com vista à formação de consensos, à transformação de práticas e à cooperação fomentadora de padrões superiores de justiça.

Por muito tentadora que se afigure a sugestão de que, «se pudéssemos sempre ser movidos apenas pelo desejo de solidariedade, deixando completamente de lado o desejo de objectividade, então pensaríamos no desenvolvimento humano como tornando possível aos seres humanos de fazerem coisas mais interessantes e serem pessoas mais interessantes»[18], há que reconhecer que, para além de se tratar de uma mera suposição, sem prova possível, a sua realização requereria outros modelos institucionais bem diferentes dos sistemas educativos vigentes. A negação do acesso a essa esfera de objectividade deixaria as gerações futuras sem referências para alterarem a sua situação de partida, fechando-as no leque de possibilidades previsto pelas comunidades de origem e restringindo a gama

---

[18] RORTY, R., «Solidarity or Objectivity?», Michael KRAUZ (org.), *Relativism: Interpretation and Confrontation*, Notre Dame, University of Notre Dame Press, 1989, p. 174.

das aprendizagens da liberdade, pelo que o equilíbrio entre os dois planos deverá formar outro critério para ponderar os limites da liberdade de ensinar.

### *3.1. Equidade*

Estes vários factores devem ser tidos em consideração quando se correlaciona liberdade de ensinar e flexibilidade curricular. A expressão «flexibilidade curricular», ao significar a possibilidade legítima de diversificar a oferta de currículos, pode referir-se a diferentes situações e remeter para justificações também elas diferenciadas: umas que se prendem com a progressão do saber, requerendo novas disciplinas; outras com a diferente valorização do perfil do conhecimento, ora mais especializado, ora mais genérico, ora mais disciplinar, ora mais interdisciplinar; outras com a alteração dos métodos de ensino-aprendizagem, apontando para transformações desejadas do cânone didáctico; outras ainda com modificações dos papéis atribuídos às várias partes envolvidas nos sistemas educativos, como a concessão de uma maior autonomia aos estabelecimentos escolares ou à iniciativa dos docentes. Todos estes fundamentos são internos e consentâneos com processos evolutivos da organização curricular, reflectindo a adaptabilidade e a resiliência dos sistemas face a novos desafios contextuais.

Há, porém, outra ordem de razões, extrínseca, que tem vindo a ganhar um peso cada vez maior e que faz depender a necessidade da flexibilidade curricular das diferenças de perfil dos alunos, sejam estas entendidas como reflexo das circunstâncias existenciais, que se julgam condicionantes positivas ou negativas da relação do estudante com o meio escolar, ou como traços de um nível ou de um tipo diferente de capacidades imputadas à natureza de cada um. O argumento, frequentemente inspirado na teoria da equidade de Aristóteles[19], é o de que os currículos, tal como as estratégias de ensino e de aprendizagem, não deverão ser iguais, mas terão de se adaptar a tais diferenças, de modo a compensarem os excessos de universalidade do modelo meritocrático. Esta demanda de uma justiça correctiva não se satisfaz com uma flexibilização da estrutura curricular geral. Antes exige uma efectiva «diferenciação curricular», em função das necessidades identificadas e, numa versão mais extrema, dos interesses e das expectativas dos beneficiários, pelo que entende a liberdade de ensinar, enquanto liberdade de propor diferentes ensinos, como a condição de equidade dos sistemas educativos.

Porém, sem prejuízo da necessidade de conter o pendor para um formalismo cego identificável na meritocracia pela introdução de um princípio de diferenciação pedagógica, a força do requisito pode afigurar-se menor do que parece, sempre que supuser a equidade como um processo de reparação directo e não proporcional, baseado na suposta existência de diferenças naturais. O perigo, nessa circunstância, é o de levar a uma duplicação das assimetrias, seja no sentido da redução das oportunidades futuras, seja no do reforço de uma elite de herdeiros[20], se a diferenciação curricular conduzir a uma disparidade das aprendizagens comuns. Com efeito, seguindo a linha de reflexão de Aristóteles, a correcção do universal em nome do particular, levada a cabo por uma justiça equitativa, deve visar a mesma justiça, isto é, a reposição de um nexo igualitário entre os cidadãos, em vez de perpetuar as injustiças geradas quer pela generalidade da lei quer pelas particularidades dos casos em apelo.

---

19 Aristóteles, *Ética a Nicómaco*, Livro V, Lisboa, Quetzal, 2004.

20 Bourdieu, P./Passeron, J.-C., *A Reprodução: Elementos para uma Teoria do Ensino*, Lisboa, Vega, 1983.

Na verdade, o que importa perceber é que o terceiro termo da proporção não é nem o igual, nem o diferente, mas o comum. Cabe, então, ponderar o corolário de que «o exercício daquilo que é comum deve ser também realizado em comum»[21]. É essa aliás uma das características associadas à noção de currículo, a de expressar um certo estado histórico e situado do saber, julgado fundamental, indispensável e susceptível de ser comunicado. Consequentemente, justifica-se a suspeita de que uma pulverização efectiva de ofertas curriculares, que importa distinguir da proposta de variantes de uma mesma configuração curricular, redunde no esvaziamento do termo, tornando impraticável uma organização sistemática da educação. Assim, por um lado, é provável que, bem gerida e com finalidades equitativas bem definidas, a liberdade de ensinos diferenciados possa revelar-se uma forma adequada de cumprir o essencial da promessa de justiça dos sistemas educativos. Todavia, por outro lado, há que ter presente que esta função acabaria distorcida se o intuito ou o resultado fosse o de confinar os alunos a um segmento do conjunto de valências disponíveis, mesmo que essa fracção se revele a mais cobiçada na representação geral da hierarquia social, impedindo-os de partilharem um saber e uma experiência comuns, esse capital simbólico que os sistemas educativos modernos pretendem disponibilizar de modo universal, enquanto instrumento privilegiado de democratizar os factores de distinção.

A ideia de uma «justiça curricular»[22] terá de corresponder, antes de mais, a um enriquecimento das virtualidades culturais das estruturas curriculares, segundo um esquema inclusivo, orientado pelos consensos sobre o que merece ser

---

[21] ARISTÓTELES, *Política*, 1337a 20, Lisboa, Vega, 1998, p. 561.

[22] CONNELL, R,, *Schools and Social Justice*, Montréal, Our schools/Our Selves Education Foundation, 1993, *apud* ESTÉVÃO, C., *Políticas e Valores em Educação*, Vila Nova de Famalicão, Húmus, 2012, p. 278.

co-participado no âmbito da racionalidade educativa, de modo a potenciar as aprendizagens, a enquadrar os efeitos do uso da liberdade e a reduzir as desigualdades. Nesta linha, a liberdade de ensinar não se encontraria tanto na fragmentação de propostas curriculares, cujo princípio, a ser aceite, levaria a uma sucessiva perda de coesão sistemática e de solidariedade social, quanto na inventividade pedagógica. Esta, ao corresponder a um exercício local de acomodação do universal (legislação, regulamentos, programas curriculares, etc.) à particularidade das turmas e à singularidade dos alunos que as integram, constitui, na verdade, a prática da equidade por excelência.

## 4. Exclusividade curricular

Do teor normativo destas considerações, é viável deduzir uma figura extrema, que determinaria um limite para a liberdade de ensinar, a que propomos chamar «exclusividade curricular». Ao contrário da «flexibilidade» ou da «diferenciação» curriculares, a «exclusividade» corresponderia a um currículo privativo, seja em função de um entendimento redutor e estigmatizante do que seria o melhor para um conjunto de pessoas, seja por representar a versão restrita de uma facção, que, enquanto tal, teria de seguir uma lógica iniciática interna aos processos de cooptação desse grupo. Com efeito, importa manter no horizonte de qualquer reflexão que, por mais variados que sejam os ensinos, se deverá sempre garantir que estes conduzam a aprendizagens comuns e a oportunidades de futuro equivalentes.

### *4.1. Direito de escolha*

Outro dos argumentos a favor da liberdade de ensinar, aquele que a associa ao direito de escolha dos pais relativamente ao tipo de educação dos filhos – muito em voga entre os defensores de políticas liberais ou de credos institucionalizados –, resulta igualmente equívoco, quando analisado pelo prisma da racionalidade dos sistemas educativos. Se a sua aceitação acaba facilitada pelo efeito de redundância que decorre da associação entre exercer uma liberdade e deter uma escolha, um tal argumentário padece do mesmo grau de abstracção que se encontra nas tentativas de sustentar o direito à liberdade de ensinar tendo por base apenas uma ideia genérica da mesma. Importa, portanto, submetê-lo ao mesmo tipo de questionamento: quem escolhe, em que condições escolhe, como escolhe, por que motivos escolhe, em nome de quem, o que cabe escolher, etc.? Em tal reflexão, não podem deixar de ter lugar relevante quatro considerações.

Desde logo que, tal como «qualquer dever implica um poder»[23], também uma liberdade específica, como a de escolher o ensino, requer que estejam reunidas as suas condições de possibilidade. Por sua vez, não se pode deixar de reconhecer que não existe relação directa entre a possibilidade de escolher e o poder de escolher, salvo se a expressão carecer de conteúdo. Bastará a interferência de limitações económicas, culturais ou formativas para que tal equação seja alterada. Também não se dá uma correlação imediata entre a existência de diferentes ofertas e o poder de escolha, seja, por exemplo, pelo carácter privativo das ofertas ou pela irrelevância das diferenças que as separam. Note-se que, para a devida ponderação deste aspecto, é fundamental não confundir variedade de oferta e multiplicidade de estabelecimentos escolares, uma vez que nada obriga a que a abertura de uma escola dependa da

---

[23] Rawls, J., *op. cit.*, p. 193.

criatividade curricular demonstrada, nem identificar o pluralismo curricular com a existência de oferta privada, porquanto essas variações são perfeitamente realizáveis no sector público em função de uma política de autonomia científica e pedagógica. Por fim, importa esperar que as condições que validam a escolha se traduzam em razões objectiváveis e passíveis de entrarem em discussão pública, sem o que a liberdade acaba identificada com um direito de escolher, em função do que se afigura uma situação privilegiada de dominação socioeconómica ou de um atributo presuntivo de clarividência sobre a única vida boa, decorrente da pertença a um credo ideológico.

### *4.2. Parentalidade e parentocracia*

A este respeito, torna-se igualmente necessário desconstruir o argumento que consiste em supor que a liberdade de escolha funda um direito discricionário dos pais de decidirem sobre a educação dos filhos. Esta posição, diversa do óbvio direito daqueles a participarem no delineamento do percurso educativo da sua prole, procura justificar a necessidade da liberdade de ensinar no direito putativo dos pais a fazerem valer o seu sistema de crenças (sociais, políticas, religiosas, pedagógicas, etc.), transmitindo-as, enquanto tal, aos seus filhos, ou a oferecerem-lhes o que julgam ser a melhor via para o sucesso profissional, para o que se torna necessária uma oferta escolar privada. Note-se que, na própria formulação das expectativas, há matéria para debate. Por um lado, porque é requerido que a escola se submeta, não a uma lógica educacional, mas àquela que corresponde a uma posição particular no mundo da vida. A óbvia ilegitimidade desta expectativa não se resolve com a invocação do estatuto privado do estabelecimento, já que este não deixa de integrar o sistema educativo. Por outro lado, porque a prerrogativa atribuída ao sucesso supõe a replicação de um elitismo que colide com as promessas de justiça dos sistemas educativos e acarreta o perigo de se verem violados os princípios universais de tolerância e pluralismo no entendimento das funções do sector privado.

Na responsabilidade educativa dos pais estará contido o zelo pela transmissão de um mundo [24], com o qual as futuras gerações possam constituir o seu, e nada impede que estas queiram seguir, com a máxima fidelidade, o que julgam ser a substância do legado parental, mas essa decisão deve basear-se numa escolha livre de entre várias versões possíveis. Por isso, afigura-se crucial que os encarregados de educação não sejam tentados a querer impor uma mundividência tão rígida, determinística e parcial que impeça uma experiência rica, plural e criativa da liberdade de aprendizagem. Ao revés do que supõe o argumento em análise, a existência de diferentes ofertas justificar-se-á não pelo modo como consagra divisões e fronteiras económicas, religiosas, sociais, culturais ou políticas, mas pelo incremento de plasticidade e de tradutibilidade, entre diferentes posições no e sobre o mundo, que venha a proporcionar, contribuindo assim para a formação de indivíduos mais sensatos, livres e tolerantes[25]. A par destas dificuldades, sobressaem, ainda, alguns equívocos de fundo, que, por se serem menos evidentes, não são menos operantes.

Desde logo, esta perspectiva não tem na devida conta que, nas democracias modernas, o sujeito de direitos e deveres é o indivíduo, o que implica que é a formação deste que tem de constituir o critério de qualquer decisão familiar sobre os moldes em que deverá ocorrer a sua educação. Nessa

---

[24] Cf. Arendt, H., «A Crise na Educação», Olga Pombo (org.), *Quatro Textos Excêntricos*, Lisboa, Relógio D'Água, 2000, p. 43.

[25] Bernardo, L., «Plasticidade e Tradução: Algumas Reflexões sobre a Textualidade Formativa», *Itinerários de Filosofia da Educação*, n.º 3/1.º Semestre de 2006, Porto, Afrontamento, pp. 267–292.

deliberação, a família oferece-se como instituição privilegiada, mas tal vantagem não configura um regime de exclusividade ou de soberania. Assim, a liberdade de escolha, atribuída aos pais, não lhes confere um direito absoluto de escolha, mas uma responsabilidade acrescida, por estarem em posição de poder escolher. É que os pais, como os restantes educadores, são chamados a escolher em nome da criança, não em nome próprio, e menos ainda em nome da reprodução das suas próprias convicções.

Se, para alguns, se pode afigurar difícil de aceitar a atribuição de direitos a sujeitos que não podem exercê-los autonomamente e, para outros, mais do que direitos, se trata de obrigações, que incumbem aos adultos responsáveis, a posição mais satisfatória será, decerto, aquela que reconhece a existência de direitos próprios das crianças, fundados em interesses genuínos. Entre estes inclui-se, a par do direito à educação, um direito absoluto, na medida em que dele depende a formação da humanidade do homem, «os direitos que protegem a capacidade futura de agência»[26], nomeadamente a de coexistir de modo participativo numa sociedade democrática e, de preferência, mais justa do que a actual. Trata-se, por conseguinte, de assumir que, em virtude da sua incapacidade para os fazer valer *de motu proprio*, «as crianças não podem renunciar aos seus direitos, nem podem os adultos renunciar às suas obrigações relativas às crianças»[27].

Este entendimento leva à necessidade de diferenciar, com clareza, os princípios de benevolência associados à esfera da parentalidade, norteados pelo «primeiro princípio» de justiça, de acordo com o qual «cada pessoa deve ter um direito

---

[26] Brighthouse, H./Mcavoy, P., «Do children have any rights», Bailey, R., *op. cit.*, p. 83.

[27] *Ibidem*, p. 84.

igual ao mais vasto sistema total de liberdades básicas iguais que seja compatível com um sistema semelhante de liberdade para todos»[28], e o que se veio a designar por *parentocracia*, uma forma de autoritarismo, sem fundamento bastante para se justificar. Se os primeiros implicam que «devemos estar em posição de defender que, com o desenvolvimento ou a recuperação dos seus poderes racionais, o sujeito em questão aceitará a decisão por nós tomada em seu nome e estará de acordo quanto ao facto de que fizemos o que era melhor para ele»[29], já a visão *parentocrática* assume que a parentalidade está dotada de um valor intrínseco, que se traduz no exercício discricionário da autoridade. Cabe, portanto, evitar a confusão entre um paternalismo fraco, para o qual a firmeza é condição necessária ao zelo pelo desenvolvimento do outro, na sua identidade própria e no respeito pelas suas liberdades, logo, destinada a ser trocada por uma progressiva paridade, e um paternalismo forte, para o qual os outros permanecem num regime de menoridade, enquanto meros fantasmas de uma atitude proteccionista exacerbada[30].

Ora, a liberdade de ensinar só poderá encontrar argumentos aceitáveis no primeiro, tal como a liberdade de escolha do percurso educativo de outrem se deverá reger pelos direitos inalienáveis que lhe pertencem. Para o cumprimento de tal desígnio, não há que confiar no discernimento exclusivo daqueles que, oriundos da estrutura familiar, são tidos por responsáveis, mas impõe-se reconhecer a necessidade de um processo deliberativo informado e complexo, com vários intervenientes, sendo o próprio educando um deles. Nessa contratualização, cabe à instituição escolar um papel decisivo

---

28 Rawls, J., *op. cit.*, p. 203.

29 Rawls, J., *op. cit.*, p. 202.

30 Billouet, P., «Le minimalisme éducatif», Drouin-Hans, A.-M. (org.), *Relativisme et éducation*, Paris, L'Harmattan, 2008, pp. 53–54.

não só como arena educativa formal, como detentora de saberes consagrados em matéria de teoria e prática da educação ou como presença constante ao longo de um percurso formativo mais ou menos longo, mas igualmente como mediadora dos interesses públicos e privados.

### *4.3. Escola*

Para uma adequada elucidação do que cabe entender por liberdade de ensinar, há que não perder de vista que o verdadeiro sujeito dessa liberdade não é uma pessoa, mas uma instituição, a saber, a escola, no sentido mais lato que inclui os estabelecimentos de ensino superior. Claro que, dentro desta, e em função dela, ocorre uma repartição, mais ou menos negociada, da liberdade, por diferentes actores (dirigentes, pais, professores, estudantes, funcionários, etc.), com papéis específicos e esferas de intervenção próprias[31]. Ora, esta instituição é parte integrante do sistema educativo, cabendo-lhe pôr em prática o desenho geral do mesmo, no que respeita à matriz curricular comum, bem como aos princípios, valores, compromissos e finalidades que lhe assistem. Por isso, um estabelecimento escolar que saísse de tal projecto seria de tal modo privativo que se excluiria do propósito educacional visado. Este é o motivo pelo qual a reivindicação mais incisiva da liberdade de ensinar tenha de passar por um questionamento radical da escolarização, com a consequente proposta de uma «descolarização», pois a escola representa a materialização de toda uma filosofia política da educação que está incorporada nos sistemas educativos vigentes. Ora, não é esse o caso dos termos actuais do debate que mantém a correlação entre

---

[31] Estêvão, C., *op. cit.*, Vila Nova de Famalicão, Húmus, 2012.

liberdade de ensinar e escolaridade, sem ter no horizonte a utopia de um autodidactismo livre, buscado no contacto directo com as coisas e as pessoas circundantes, todas elas com o direito a ensinar alguma coisa, desde que houvesse alguém com interesse em aprendê-las, que configurasse uma versão extrema do que designámos, no início, como a liberdade de multiplicar as possibilidades de ensinar[32].

Percebe-se, assim, que a distinção entre público e privado, mesmo quando identificada com a diferença entre dois sectores de intervenção, o do Estado e o da sociedade civil, não seja relevante para o nosso problema. Com efeito, não só é possível conceber diferentes ofertas num mesmo sector, público ou privado, reflectindo diversos níveis e formas de autonomia, como, sendo o bem a compartilhar comum, as variações admissíveis resultam limitadas, independentemente do âmbito, mais público ou mais privado, no qual se exerce o ensino. Por sua vez, a necessidade de institucionalização e de profissionalização que advém do tipo de actividade forma outro factor de estabilidade e de uniformização que restringe a margem da liberdade de ensinar.

Nada garante, aliás, que a liberdade de ensinar encontre terreno mais favorável ao seu desenvolvimento na esfera privada e que se veja inibida em consequência da estatização, salvo se for dado crédito ao mito que opõe a produtividade da iniciativa privada ao conservadorismo da intervenção do Estado. Em matéria de educação, a inversa é na maior parte das vezes mais correcta. Na medida em que está dependente dos interesses e das expectativas dos clientes, a iniciativa privada tende a propor uma oferta que se diferencia da estatal, sobretudo pelo tradicionalismo da estrutura curricular ou dos métodos de ensino e de aprendizagem, abrilhantado pela

---

[32] ILLICH, I., *Deschooling Society*, Nova Iorque, Harper & Row, 1971.

quantidade de sugestões extracurriculares. As escolas públicas, em contrapartida, investem cada vez mais na flexibilidade curricular, em consonância com um princípio de autonomia na contratualização pedagógica. Esta equação não deve surpreender. Por um lado, é natural que seja no sector público que se venham a concretizar de modo mais proficiente as grandes linhas orientadoras de um sistema que é universal porque estatal. Por outro, faz sentido esperar que o Estado, entendido como organização política da sociedade, pela sua distância em relação aos conflitos entre particulares, possa levar a cabo com maior adequação critérios de gestão da coisa pública. Para um bom entendimento destas considerações, importa reflectir no facto de a educação ser política e não mercantil, uma vez que o bem que cabe partilhar é comum, pelo que dificilmente beneficiaria de uma suposta auto-regulação dos mercados.

Assim, onde se dá a ver a presença da liberdade de ensinar, bem como os respectivos limites, não é na oposição entre indivíduo, sociedade e Estado, mas na relação que cada oferta assume com três dimensões dos sistemas educativos: serviço público, aprendizagem da democracia e aprendizagem da laicidade.

### 4.4. *Serviço público*

Na verdade, mais do foro do Estado ou da competência de uma rede escolar privada, é sempre de serviço público que se trata, seja porque diz respeito à comunidade no seu conjunto, seja porque envolve a gestão de um bem comum, seja porque implica um acesso universal, seja ainda porque o que faz tem consequências sucessivas no espaço público. Na verdade, qualquer instituição de ensino, estatal ou privada, é sempre pública, ficando, assim, de uma forma ou de outra, sob a alçada do direito público e da autoridade política, bem como do controlo administrativo do Estado. A razão para que se pondere uma redução do papel do Estado na esfera educativa só pode ser a de que o sector privado venha a assumir algumas das suas prerrogativas, tomando, assim, a seu cargo algumas funções associadas ao serviço público.

Esta posição não requer uma fidelidade à ideia de que «a educação consiste na socialização metódica das novas gerações»[33]. Mesmo numa óptica utilitarista, valorizadora da liberdade individual, com a qual se defende que, face ao efeito uniformizante da educação estatal, as decisões sobre educação devem caber aos pais, tem de se conceder que esses argumentos «não se aplicam à fiscalização da educação pelo Estado»[34], nomeadamente por via do recurso a exames públicos[35]. Torna-se, assim, manifesta a obrigatoriedade de prever a intervenção estatal, ainda que em funções diferenciadas, nomeadamente como prestação do serviço, financiamento e regulação[36].

Uma vez mais, o limite para a liberdade de ensinar não está no peso do Estado, mas no exercício daquela em regime de privatividade, isto é, alheada do serviço público, seja por parte de instituições de iniciativa privada ou estatal. Consequentemente, dando razão à consideração de que «na idade democrática, [...] pode, pois, surgir, uma questão relativa ao Estado moderno, para a qual não existe analogia na maioria das formas pré-modernas: para que/quem é o Estado? Para a liberdade de quem? Para a expressão de quem?»[37], há que compreender, outrossim, que tal debate é interno a essa figura

---

[33] Durkheim, É., *Educação e Sociologia*, Lisboa, Edições 70, 2001, p. 53.

[34] Mill, S., *On Liberty*, Mineola, Dover, 2002, p. 89.

[35] *Ibidem*, p. 90.

[36] Suissa, J., «Should the State control Education ?», BAILEY, R., *op. cit.*, p. 102.

[37] Taylor, C., *Imaginários Sociais Modernos*, Lisboa, Edições Texto & Grafia, 2010, p. 183.

histórica e que o seu sucesso depende do modo como se combinam nos sistemas educativos os «dois eixos semânticos principais, segundo os quais se utiliza o termo público»: o «que afecta a comunidade inteira»; o que «faz da publicidade uma questão de acesso»[38].

## 5. Democraticidade

Não menos relevante para uma adequada percepção do alcance e dos limites da liberdade de ensinar afigura-se a relação que a oferta de ensinos detém quer com a democraticidade, quer com a aprendizagem da dimensão normativa da democracia. Com efeito, ao longo deste ensaio, este critério essencial tem estado sempre implícito, porquanto é ele que confere um enquadramento adequado à própria ideia de liberdade de ensinar, bem como às preocupações de justiça e equidade do Estado social. Neste sentido, todo o processo educativo deverá visar a formação de um cidadão capaz de recriar as condições de uma convivência democrática. Esta forma de cidadania, tida pela teoria clássica como a mais improvável, mas que se oferece como a única justificável, não só requer de modo absoluto o sustentáculo de um processo educativo constante, orientado para o desenvolvimento de competências judicatórias, interpretativas, comunicativas e argumentativas, como pode ser ela própria compreendida enquanto educação universal, de uns pelos outros, levada a cabo no âmbito do espaço público[39]. O cumprimento deste desígnio supõe o favorecimento de «capacidades combinadas [...] definidas

---

[38] *Ibidem*, p. 105.

[39] Habermas, J., «Será que a Democracia ainda tem uma Dimensão Epistémica?», *Obras Escolhidas*, vol. IV, Lisboa (org.) 70, 2015, p. 77-121.

como capacidades internas mais as condições sociais/políticas/económicas em que o seu exercício pode efectivamente ser escolhido»[40], tanto mais quanto estas capacidades são, elas próprias, formas concretas de liberdade[41].

Dessa feita, a avaliação de qualquer oferta de ensino, por mais que invoque uma liberdade abstracta de ensinar, terá de ter em conta o modo como essa liberdade é usada, se favorece ou enfraquece o acesso ao que apelidámos, noutro lugar, de «democracia dos sentidos»[42], isto é, a aptidão para construir uma coexistência sensata no pleno conhecimento das diversas formas de dar sentido, bem como das consequências teóricas e práticas que a opção por cada uma acarreta, nomeadamente para a vontade de participar na vida democrática. Referimo-la não apenas ao cumprimento dos actos legais previstos, mas, igualmente, à interacção dialógica visando o consenso sobre o que merece ser realizado e o que tem de ser afastado por contrariar as expectativas legítimas comuns e o reconhecimento dos princípios e dos valores que regem as relações de uma cidadania democrática.

Por sua vez, na medida em que a ideia da democracia determina um regime de normatividade, com a sua axiologia própria, torna-se relevante a distinção entre os ensinos que promovem a sua reprodutibilidade e aqueles que se constituem como impedimentos ou rejeições, em nome de um cesarismo pedagógico. A liberdade de ensinar encontra nestes últimos uma

---

[40] Nussbaum, M., *Creating Capabilities: The Human Development Approach*, Cambridge, Massachusetts e Londres, 2011, p. 22.

[41] *Ibidem*, p. 20.

[42] Bernardo, L., «La quête du sens: action et argumentation», *Meta, Research in Hermeneutics, Phenomenology and Practical Philosophy*, vol. IX, n.º 2, 2017, pp. 587–606.

clara baliza, já que as figuras que assumem (condescendência, autoritarismo, intolerância, unilateralidade, etc.) são igualmente modos de a negar.

## 6. Laicidade

Menos óbvio, mas não menos pertinente, é o crivo constituído pela laicidade, tanto mais quanto a liberdade de ensinar é frequentemente invocada para justificar o direito a facultar um ensino religioso, que se distingue do ensino das religiões, previsto em certos desenhos curriculares, por se pretender fiel a uma visão confessional, com os seus valores próprios e, num número crescente de casos, com uma estrutura curricular alternativa. Resulta do exposto que nada há a obstar a tal oferta se estiver garantida, com ela, a aprendizagem comum do saber curricular, da liberdade e da democracia, bem como assegurados os compromissos de justiça social. Contudo, não resulta menos que, dada a substancialidade de tais concepções, a peculiaridade da posição valorativa que reclamam, a exclusividade do culto que professam, se pode facilmente constituir como justificação para uma prática privativa e doutrinária, um tipo de xenofobia educacional, se não houver um correcto entendimento não só das implicações da pertença a um sistema educativo democrático e universal, mas do compromisso deste com as condições normativas da laicidade.

Não se trata, por conseguinte, de negar o direito à existência de um ensino baseado em convicções religiosas, que formam a mundividência de grupos significativos de cidadãos, nem de pugnar por uma neutralidade estreita que redundaria num empobrecimento da pluralidade de pontos de vista susceptíveis de serem partilhados no espaço público. Pelo contrário, seguimos a ideia de que «a neutralidade da autoridade do Estado em questões relativas a visões do mundo garante a mesma liberdade ética a cada cidadão»[43], com as duas condições indispensáveis para que este esquema inclusivo e dialógico funcione adequadamente: que se compreenda «a secularização cultural e societária como um processo de dupla aprendizagem que compele ambas as tradições do Iluminismo e das doutrinas religiosas a reflectirem sobre os seus próprios limites respectivos»; que se pergunte «que atitudes cognitivas e que expectativas normativas deve o Estado liberal requerer dos seus cidadãos – tanto crentes como não crentes – para serem postas em prática nas interacções entre eles»[44].

O cumprimento destes requisitos supõe, porém, que se reconheça que «a modernidade é secular, não no sentido frequente, mas um pouco vago da palavra, em que este designa a ausência de religião, mas antes no facto de a religião ocupar um lugar diferente, compatível com a acepção de que toda a acção social tem lugar no tempo profano»[45]. Tal significa que a laicidade é uma atitude ética universal que consiste, a nosso ver, na capacidade de perspectivar toda e qualquer forma simbólica, incluindo a religião, como um acontecimento histórico-cultural, mesmo que se lhe atribua, no âmbito do sistema pessoal de convicções, um valor de verdade. É tal possibilidade de desdobramento entre dois níveis gerais de apropriação, transformando toda e qualquer posição num potencial enunciado passível de ser discutido no espaço público democrático, que permite o diálogo entre confissões, sem que cada uma tenha de abdicar da pretensão a deter a verdade, que viabiliza o mútuo entendimento entre crentes e não crentes sobre um padrão de vida comum; que valida a convivência multicultural e globalista; que alimenta um relativismo saudável, enquanto

---

[43] HABERMAS, J./RATZINGER, J., *The Dialectics of Secularization: on Reason and Religion*, São Francisco, Ignatius Press, 2006, p. 51.

[44] *Ibidem*, p. 23.

[45] TAYLOR, C., *op. cit.*, p. 185.

produtor de tolerância em todos os domínios da existência; que sustenta a sobreposição da liberdade a qualquer outro princípio.

Este critério maior obriga a que a liberdade de ensinar uma visão tida por fundada de modo transcendente fique na dependência da capacidade para que em tal ensino se respeitem os valores dos sistemas de ensino modernos e democráticos porque essa condição é o penhor do apreço que se concede à pluralidade das liberdades alternativas.

## 7. Liberdade para ensinar

Ainda que o debate em torno do problema da liberdade de ensinar tenda a centrar-se nas questões relativas às ofertas curriculares alternativas, à possibilidade de escolha e à existência de estabelecimentos de ensino privados, impõe-se lembrar que a efectividade de tais factores depende da liberdade concedida àqueles que têm a seu cargo a tarefa de ensinar, ou seja, da existência de condições sociais, políticas, jurídicas, deontológicas, que não sejam impeditivas da sua prossecução. Esta liberdade, que decorre da liberdade de consciência e de pensamento, atribuível a qualquer pessoa[46], assume uma especificação em virtude da autonomia que acompanha o tipo de qualificação de quem ensina, bem como do género de agência que lhe compete. Nela, joga-se o que caberá designar por autenticidade profissional do docente, isto é, o compromisso do mesmo com a pertinência do saber partilhado, a adequação dos métodos pedagógicos praticados e os valores que assistem às grandes opções dos sistemas educativos, de que são parte integral. Tem como contrapartida um dever de não ingerência

[46] Rawls, J., *op. cit.*, p. 166.

por parte dos detentores de poderes que supervisionam a actividade docente, ou que com ela interagem, baseado no direito de manter o ensino ao abrigo de pressões externas, como seria o caso, por exemplo, da sua submissão a aspectos ideológicos de cariz ditatorial. Determina-se, assim, outro critério para aferir a viabilidade da oferta educativa, nomeadamente por ser previsível a existência de uma correlação entre uma gestão impositiva dos sistemas educativos, uma concepção doutrinária do saber e um entendimento da actividade docente como doutrinadora.

## 8. Aprender a liberdade

Liberdade de ensinar, liberdade para ensinar, liberdade de aprender, liberdade para aprender, liberdade de escolha, liberdade de oferta formam um sistema de liberdades que circula de diferentes modos no seio dos sistemas educativos modernos, universais e democráticos, com maiores restrições nos níveis mais elementares e limites cada vez menos rígidos à medida que a autonomia dos estudantes se vai firmando. Esperamos ter conseguido mostrar que a discussão aturada desses vários desenhos é condição necessária para garantir a eticidade da educação proporcionada e que esta só se pode realizar se tiver sempre na mira a aprendizagem da liberdade, esse bem supremo sem o qual a normatividade seria incompreensível.

## Referências e leituras recomendadas

Bailey, R. *et al.* (org.), *The Sage Handbook of Philosophy of Education*, Londres, Sage Publications, 2010.

Biesta, G., *The Rediscovery of Teaching*, Nova Iorque/Oxon, Routledge, 2017.

BLAIS, M.-C., *et al.*, *Pour une philosophie politique de l'éducation*, Paris, Hachette, 2002.

BLAIS, M.-C., *et al.*, *Conditions de l'éducation*, Paris, Fayard, 2010.

CANELAS, A. *et al.* (orgs.), *Lei de Bases do Sistema Educativo, Balanço e Prospetiva*, vol. II, Lisboa, Conselho Nacional de Educação, 2017.

CORTINA, A. *et al.*, *Public Reason and Applied Ethics: The Ways of Practical Reason in a Pluralist Society*, Londres, Routledge, 1991.

DEWEY, J., *Democracia e Educação*, Lisboa, Plátano, 2007.

GUINOTE, P., *Educação e Liberdade de Escolha*, Lisboa, Fundação Francisco Manuel dos Santos, 2014.

JUSTINO, D., *Difícil é Educá-los*, Lisboa, Fundação Francisco Manuel dos Santos, 2010.

LYNCH, M., *In Praise of Reason: Why Rationality Matters for Democracy*, Cambridge Massachusetts, The MIT Press, 2014.

PATRÃO NEVES, M. (coord.), *Ética: dos fundamentos às práticas*, vol. I, Lisboa, Edições 70, 2016.

PENA-RUIZ, H., *Qu'est-ce que l'école?*, Paris, Folio, 2005.

SAVATER, F., *O Valor de Educar*, Lisboa, Presença, 1997.

SIMONS, M. *et al.* (orgs.), *Re-Reading Education Policies*, Roterdão, Sense Publishers, 2009.

# A nova educação ou os valores esquecidos da democracia e da modernidade

*David Justino*

Universidade Nova de Lisboa

Se pudéssemos perguntar a qualquer político minimamente ilustrado, de entre os muitos que marcaram o regime liberal oitocentista, o que esperava da *instrução pública* para o desenvolvimento do país, não seria difícil identificar três preocupações centrais: liberdade, ordem e progresso. Se formularmos a mesma questão aos políticos actuais, é provável que as respostas não se afastem muito de: igualdade, cidadania e desenvolvimento.

Não se trata de uma mera actualização terminológica. São conceitos diferentes que se sustentam em raízes, significados e propósitos também diferentes. Neles se sintetizam as finalidades, as concepções da escola e da educação ou mesmo as ideologias, quando a interpretação do legado se orienta para a construção de um futuro desejado.

Neste contexto, a educação e a escola de massas constituem um objecto privilegiado de problematização social das sociedades modernas: em primeiro lugar, como instrumento potencial de mudança social associado às ideias de progresso e de desenvolvimento; em segundo, como espaço privilegiado de socialização institucionalizada; em terceiro, como instituição orientada para a reprodução do conhecimento (socialmente) válido, assegurando a ligação, nem sempre linear e periodicamente tensional, entre o legado das culturas e a construção ideológica do futuro. Presente nestas três dimensões, assumindo mesmo uma incontestável centralidade, identificamos o papel do Estado e das políticas públicas que estão associadas à sua acção.

## 1. Os pilares do sistema nacional de ensino

Liberdade, ordem e progresso – a velha trilogia emergiu com a consolidação do regime liberal, e a indisfarçável inspiração maçónica depressa perdeu esta conotação a favor da visão humanista e universalista da sua concepção. Essa trilogia sustentava outra que traduzia as finalidades estruturantes da nova educação: indivíduos livres e autónomos; cidadãos responsáveis, amantes da *pátria* e do regime liberal; profissionais competentes e habilitados para a produção de riqueza indispensável ao progresso.

Para aqueles que viveram a repressão e o exílio porque opositores do regime absoluto do rei D. Miguel, o desenvolvimento da instrução pública era, antes de mais, um pilar da liberdade e um requisito para a sustentabilidade do regime liberal. Só com a formação de cidadãos livres, autónomos e iguais perante a lei e o Estado se poderia almejar a continuidade das instituições liberais e os fundamentos de uma sociedade aberta e «civilizada». A instrução pública teria como primeiro propósito formar esses cidadãos, «ilustrá-los» através dos instrumentos elementares da literacia susceptíveis de os capacitar para autonomamente acederem ao conhecimento, à informação e ao desempenho das mais simples funções de participação na gestão da coisa pública.

Este princípio não era tarefa fácil de concretizar. Em meados do século XIX, Portugal apresentava, juntamente com a Rússia e os países dos Balcãs, a mais elevada taxa de analfabetismo da Europa, nunca inferior a 85%, quando os países do Centro e Norte da Europa apresentavam à época taxas de alfabetização próximas de 95%. A Europa de tradição protestante há muito se distanciara do atraso e imobilismo da Europa católica e ortodoxa. Naqueles países, os sistemas educativos foram construídos a partir das comunidades locais, de baixo para cima, enquanto na Europa periférica surgiram a partir da acção coerciva e centralizada do Estado, de cima para baixo.

Para além do atraso herdado da sociedade de Antigo Regime, a elite liberal nunca conseguiu construir um sistema educativo que representasse uma oportunidade de romper com o ensimesmamento da tradição paroquial e da cultura de analfabetismo que lhe estava arreigada. Por isso a Monarquia Liberal falhou, tal como falhou a República, nesse propósito de educar para a liberdade. Alfabetização e escolarização revelavam-se, ao longo do século XIX e primeira metade do século XX, como uma ferida insanável da sociedade portuguesa contemporânea. Não obstante o limitado acréscimo registado nos indicadores, o fosso com a Europa e o mundo ocidental aprofundou-se, tornando-se o atraso educativo, em meados do século XX, incómodo e motivo de preocupação, mesmo para um regime totalitário que em grande parte o alimentou.

A segunda preocupação central associa-se à ideia de ordem, nomeadamente a de uma ordem social assente num conjunto de valores que assegurasse a coesão e a disciplina indispensáveis ao funcionamento de uma sociedade aberta. À tradicional ordem de base religiosa pretendia-se contrapor uma ordem moral de base cívica ou mesmo civilista, remetendo os valores religiosos para o domínio da esfera privada dos indivíduos, enquanto a esfera pública se orientaria para uma moral laica de valores, direitos e deveres, de uma cidadania imaginada.

A escola seria a instituição decisiva na socialização dessa ideia de disciplina social e de cidadania.

Reconheçamos que, neste aspecto particular, nem a Monarquia Liberal nem a República conseguiram impregnar e mobilizar uma sociedade que maioritariamente se regia pelos valores tradicionais de base religiosa. O Estado Novo mais não fez do que institucionalizar esses valores tradicionais e reinstalar os pilares da velha moral que nunca soube conviver com os princípios da liberdade e da cidadania. Voltávamos a ser – se alguma vez o deixáramos de ser – um país de crentes, muito mais do que uma sociedade de cidadãos livres e autónomos. A ordem sufocava a liberdade.

A terceira e derradeira preocupação é a da instrução como instrumento de progresso. Desde cedo se percebeu a importância da educação para o desenvolvimento do país. Pretendia-se formar cidadãos livres e autónomos, mas também profissionais que respondessem aos desafios que a primeira revolução industrial exigia e que o progresso espantoso das nações europeias comprovava. São de meados dos anos cinquenta do século XIX as primeiras propostas de ensino industrial e agrícola visando a formação de operários e técnicos qualificados que pudessem lidar com o arsenal tecnológico que a revolução do maquinismo havia produzido. Daí que à instrução elementar se pretendesse complementar a formação das novas gerações com os «conhecimentos úteis» que permitissem quebrar a rotina e o atraso da agricultura tradicional e sustentar a nova indústria emergente.

Não obstante a criação de escolas de nível médio e superior, reconhece-se que nem a agricultura floresceu nem o país se industrializou. A exploração rudimentar dos campos, pouco mercantilizada e predominantemente orientada para o autoconsumo, agonizou lentamente até ao último quartel do século XX. Quanto à indústria, não conseguiu libertar-se da dependência de um mercado interno exíguo e pobre, confinando-se a alguns centros urbanos que não lhe conferiam escala para se desenvolver. Os poucos quadros técnicos que se formaram ao longo de décadas tiveram mais sucesso no emprego público, incorporando-se na elite dirigente, do que propriamente na actividade económica, onde a estrutura empresarial não tinha dimensão para os aproveitar.

Passado um século sobre o lançamento do primeiro projecto de modernidade construído pelo Fontismo – para além de dotar o país de uma rede de infra-estruturas, a segunda metade do século XIX foi marcada por uma mudança assinalável das instituições políticas, económicas e sociais –, Portugal acentuava o seu dualismo entre uma modernidade confinada a alguns enclaves urbanos e uma sociedade tradicional em agonia que só o progressivo envelhecimento e a emigração conseguiram romper. A escola de massas não conseguira disfarçar o traço dominante do analfabetismo. A muito custo, o Salazarismo cedeu na generalização da escola primária, mas manteve os níveis de ensino seguintes restritos à limitada classe média nacional. As taxas reais de escolarização do 2.º e 3.º ciclos e do secundário não iam além dos 20%, por finais da década de sessenta do século XX. O atraso educativo era bem mais evidente do que o atraso económico, cujo crescimento nos anos cinquenta e sessenta se havia atenuado.

## 2. A educação no regime democrático

Com a consolidação do regime democrático, criou-se a oportunidade de a educação recuperar do seu atraso. Nas duas primeiras décadas, a rede escolar revelou grandes dificuldades em acompanhar o crescimento demográfico. A procura de educação andou sempre à frente da capacidade do Estado em responder com os recursos necessários. As novas classes médias – em grande parte alimentadas pelo crescimento do chamado «Estado social» e pela expansão do sector de serviços – investiam na educação dos filhos como até então nunca se verificara. Os grupos sociais de menores rendimentos raramente as conseguiram acompanhar: o elevado abandono escolar precoce e a selectividade expressa pelas elevadas taxas de insucesso escolar eram os melhores reveladores dos mecanismos de reprodução das desigualdades sociais. Não obstante a evolução muito positiva que o sistema educativo registou nas décadas seguintes, esses mecanismos continuam a funcionar e a fazer da sua selectividade social a marca indelével do seu funcionamento.

Por alguma razão, Portugal mantém-se entre os países europeus em que são mais acentuadas as desigualdades salariais, de distribuição de rendimento e de riqueza. Como bem salientou David Card numa entrevista recente ao jornal *Público* (edição de 18 de Julho de 2016), «a educação é o principal factor que determina as diferenças salariais» e com estas vêm as outras «desigualdades». A situação agrava-se ainda mais quando sabemos que a estagnação económica dominou os últimos quinze anos, que as oportunidades de inserção na vida activa são cada vez mais exíguas, mais desvalorizadas e mais precárias e que as novas gerações que tanto investiram na sua educação tardam em ver o retorno do seu esforço.

Paradoxalmente, foi durante as quatro décadas do regime democrático que os valores da igualdade social, da equidade, do igual acesso às oportunidades e aos direitos, da solidariedade ou da inclusão ganharam centralidade no sistema social português. Outros valores e princípios, como os de liberdade, justiça, cidadania e progresso, perderam essa centralidade. Que melhor prova podemos invocar que não seja analisar os *curricula* dos ensinos básico e secundário para verificar como nos últimos vinte anos essa mudança tem vindo a ser feita?

A escola e o sistema educativo, para cumprirem a sua missão, não podem menosprezar estes valores, nem a responsabilidade de formar pessoas livres e autónomas, cidadãos responsáveis e profissionais competentes. O sacrifício total ou parcial de cada uma destas três finalidades é um rombo sério nos alicerces do regime democrático.

## 3. Os princípios da Lei de Bases do Sistema Educativo

Essa tripla finalidade da educação ainda está bem presente na actual Lei de Bases do Sistema Educativo (1986), em especial no seu artigo 2.º, em que os valores associados à dimensão personalista e democrática da educação se enunciam como estruturantes da escola e do ensino.

Esta está presente, com efeito e em primeiro lugar, pela centralidade do desenvolvimento pessoal, expressa pelo princípio do «desenvolvimento pleno e harmonioso da personalidade dos indivíduos» (artigo 2.º, n.º 4). Ou seja, a primeira e mais decisiva finalidade da educação centra-se na formação da *pessoa*. E quais são os principais atributos dessa dimensão? Em primeiro lugar, a expressão emancipatória da *liberdade* e da *autonomia*; em segundo, o indispensável complemento expresso pelo conceito de *civilidade* e de *disciplina*, sendo que pessoas livres e autónomas exigem a interiorização das regras indispensáveis às sociedades modernas organizadas em torno de uma moral cívica e da capacidade de autoconformação dos indivíduos; em terceiro lugar, os valores e atitudes característicos de sociedades abertas à diversidade social e cultural, como o *respeito*, a *tolerância* e a *solidariedade* perante a diferença; por último, o desenvolvimento do *espírito crítico*, que, aparentemente, poderia ter o significado da expressão, tão em voga, de «pensamento crítico». Ambos os conceitos assentam no que preferimos designar por *capacidade de questionamento do adquirido*. Saber questionar é o requisito básico para *saber pensar*, ambos indissociáveis do *conhecimento*.

Ora, é o conhecimento que confere à escola o seu poder institucional que a diferencia do senso comum e de outras instituições modernas sustentadas pelas culturas dominantes. Se a escola se deixar aprisionar pelas orientações para a acção e para o imediato, perde inexoravelmente o seu poder e reconhecimento social como instituição do saber e do conhecimento.

Porém, esse poder também lhe é conferido pela educação estética e pela educação física. A educação estética não se confina ao aprimoramento da «sensibilidade artística». Tal como a capacidade de questionamento é fundamental na ciência e nas maneiras de pensar, na educação dos sentidos torna-se decisivo saber olhar para além do evidente, saber ouvir e escutar na complexidade de uma obra musical ou na diversidade sonora de uma paisagem natural ou humanizada, saber perscrutar na multiplicidade dos sentidos. Estes são os requisitos para a experiência do belo que as obras de arte nos proporcionam, mas também as oportunidades construídas pelo quotidiano. Nesta perspectiva, a «criatividade» não é uma qualidade intrínseca e dificilmente se pode expressar a partir da ignorância. Só o conhecimento suscita a (re)criação. Do conhecimento e experiência do que nos rodeia e estimula construímos o conhecimento do «eu», a começar pelo nosso corpo, pela sua motricidade e capacidade de resposta perante a rotina, o treino e o jogo, ou a contingência, o risco e o desafio. É a partir da consciência e do domínio do corpo que se pode potenciar o domínio do bem-estar.

A segunda finalidade da educação, expressa na Lei de Bases do Sistema Educativo, prende-se com a dimensão da *cidadania*. O que transforma uma pessoa num cidadão? Antes de mais, o que poderemos designar por ética da responsabilidade, que pressupõe a consciência e o conhecimento dos direitos e dos deveres dos cidadãos para com os outros cidadãos, e destes para com a sociedade. Já não se trata apenas de uma dimensão moral exclusiva do foro privado de cada cidadão, mas cada vez mais de uma expressão social da esfera pública. Por isso faz sentido falar em cidadania activa e participativa nos diferentes contextos da acção colectiva: do local ao nacional, do europeu ao universal. Referimo-nos a uma cidadania que se afirma a partir de identidades «concêntricas», as quais são construídas a partir do conhecimento das instituições, desde a freguesia às organizações transnacionais, dos movimentos que pretendem contrariar as causas do aquecimento global às acções colectivas de defesa do património material e imaterial de uma pequena comunidade. Neste sentido, é necessário reconhecer um novo conceito de cidadania que vá muito além da tradicional dimensão política para se afirmar em domínios como o ambiente, a solidariedade social e a cultura.

Por último, a dimensão profissional está presente na Lei de Bases do Sistema Educativo como finalidade incontornável da educação e da instituição escolar. Para além de formar pessoas e cidadãos, desde a sua origem que aos sistemas nacionais de ensino foi acometida a missão de formar profissionais capacitados para integrarem a vida adulta, assegurarem o seu sustento e contributo para a criação de riqueza.

Neste contexto, *conhecimento, habilidades e competências* formam a trilogia indispensável à aquisição das *qualificações* pretendidas pelos indivíduos e exigidas pelo mercado de trabalho. Se a definição dos perfis profissionais é aparentemente menos complexa em sociedades e economias relativamente estáveis, torna-se bem mais problemática quando estes se desenvolvem em contextos de incerteza e acelerada obsolescência tecnológica, como se verifica nas sociedades actuais. Não basta a capacidade de mobilização das técnicas e a destreza no domínio das novas tecnologias, porque essas confrontam-se com ciclos de vida cada vez mais curtos. Exige-se, em primeiro lugar, uma capacidade de adaptação que só o conhecimento teórico e as maneiras de pensar cientificamente conduzidas (por mais elementares que sejam) proporcionam. Em segundo lugar, exige-se a capacidade e disponibilidade para *aprender ao longo da vida* em sistemas de educação e formação para activos adultos. Por fim, e em terceiro lugar, exige-se um sistema independente e eficaz de *orientação escolar e vocacional* que não se pode confinar às vésperas da concretização de opções por cursos profissionalizantes. Pelo contrário, deverá acompanhar o estudante ao longo da sua carreira escolar.

São estes os princípios e os valores que constituem os pilares sobre os quais se edifica a escola como instituição da modernidade.

## 4. A crítica recorrente da «escola de massas»

A «escola de massas» que o século XIX consagrou como modelo e «tecnologia» educativa foi, desde as suas origens, confrontada com visões críticas alternativas, contestando quer a sua missão socializadora, quer os modelos organizacionais e pedagógicos que a sustentavam. A ideia da «escola nova» surge como contraponto à «escola burguesa» ou à escola da era industrial. A disciplina e a racionalidade despidas de afectos, a pedagogia autoritária e a memorização, bem como as aprendizagens passivas constituíam os objectos privilegiados da contestação.

Muito antes do filósofo Michel Foucault enunciar os princípios do «poder disciplinar» exercido pela escola – segundo ele, de igual natureza ao das prisões ou dos quartéis –, o movimento romântico havia já encabeçado a contestação dessa escola racionalizada, disciplinadora, desprovida de afectos e insensível à individualidade de cada criança. É a partir desse movimento de contestação que vamos encontrar, logo nos primeiros anos do século XX, as primeiras formulações da «educação nova», da «escola nova» ou mesmo da «escola moderna». Inspirados pelas concepções de J.-J. Rosseau e pelas experiências de Pestalozzi, estes movimentos pedagógicos têm em comum a aprendizagem «activa» a partir do concreto e da experiência, a desvalorização da perspectiva disciplinadora e punitiva da pedagogia dominante e o centramento do processo de aprendizagem no aluno.

A multiplicação de experiências, um pouco por todo o mundo ocidental, não lhes conferiu, entretanto, o poder de se assumirem como alternativas credíveis ao modelo da escola de massas. Uma das hipóteses para explicar este confinamento social prende-se com o carácter alternativo e, de certa forma, com a dimensão marcadamente utópica que assumiam: uma escola à revelia da sociedade que pretendia mudar, transformando-a numa ilha cultural imune aos males da sociedade, uma comunidade de iguais susceptível de promover uma sociedade sem desigualdades.

Conceber a escola como instrumento de mudança e de transformação social está presente na maioria dos projectos que estruturam a experiência da modernidade, e compreendê-la como instituição passa por explicar o seu papel enquanto produto dessa tensão reflexiva entre mitos e utopias. A particularidade de a sua missão antecipar uma visão do mundo e, acima de tudo, do seu futuro transforma-a nesse *espelho idealizado da sociedade*, destinado a assegurar a continuidade entre as representações do passado comum e as projecções aspiracionais do futuro colectivo. Por outras palavras, a visão da escola do futuro é necessariamente ideológica.

A segunda frente de contestação à escola de massas é liderada pelos modelos e ideologias de algumas organizações transnacionais, com especial destaque para o Departamento de Educação da Organização para a Cooperação e Desenvolvimento Económico (OCDE), os quais têm vindo a ser adoptados por um vasto conjunto de países, incluindo, mais recentemente, Portugal. A tese central expressa-se pelo adquirido que a escola e os sistemas educativos nacionais, as escolas e os processos de ensino e aprendizagem, tal como os conhecemos, precisam de operar uma profunda mudança de modo a poderem mais facilmente adaptar-se à sociedade da informação e do conhecimento. Como conceito-chave estão as *competências* a adquirir pelos alunos, julgadas como indispensáveis ao cidadão do futuro, para melhor se adaptar às novas exigências do mercado de trabalho.

«Competência» pode ser genericamente definida como a *capacidade de mobilizar o conhecimento para o desenvolvimento de uma determinada acção, dado um determinado contexto.* Porém, não poderemos ignorar a sua banalização e a progressiva imprecisão, que o transforma num «conceito-gazua» ou, noutra perspectiva, um «conceito difuso» (*fuzzy concept,* na terminologia anglo-saxónica), que em pouco ou nada contribui para uma adequada apropriação por parte da diversidade dos actores educativos que têm de o operacionalizar. Através de que processos de ensino-aprendizagem se desenvolvem essas competências? Se a concepção e o desenvolvimento curricular passar a privilegiar esse conceito-chave, com que tipo de instrumentos se avaliam os alunos? Estarão os professores preparados para passar da avaliação de conhecimentos à avaliação de competências?

O conceito de «competência» é originário do desenvolvimento das teorias do capital humano e dos modelos de gestão de recursos humanos (a chamada *gestão por competências*), cuja difusão à escala global tem marcado as últimas quatro décadas do pensamento económico e social nos países ocidentais. O conceito fez-se moda em domínios específicos como a economia da educação e a acção das organizações transnacionais, por exemplo, no caso da OCDE. Nas políticas europeias, o conceito começou por ser objecto de debate e de aplicação generalizada no domínio da educação vocacional e da formação profissional, claramente contaminadas pelas necessidades identificadas pelas empresas e pelo mercado de trabalho.

Se faz sentido a constituição de um referencial de competências para os cursos e trajectos escolares orientados para o mercado de trabalho, afigura-se problemática a sua generalização à diversidade dos cursos e trajectos existentes no sistema de ensino. Poderemos mesmo dizer que existe uma *vocacionalização dos sistemas educativos*, acentuando a sua dimensão profissionalizante e de orientação preferencial para o mercado de trabalho. A opção está entre querer formar *profissionais competentes*, de modo a responder às qualificações exigidas por esse mercado, ou *pessoas capazes* de corresponder aos desafios e problemas de uma emergente sociedade do conhecimento e da cultura.

Vale a pena questionar a dimensão ética desta opção. O processo educativo deve estar orientado preferencialmente para o enriquecimento da vida humana ou deverá ser apenas entendido como um contributo para satisfazer as supostas exigências do mercado? Deveremos avaliar as pessoas pelo que são capazes de fazer ou, de forma bem diferente, pelo potencial do seu ser e pela capacidade de se adaptarem às mais diversas circunstâncias e contextos que a vida adulta vai enfrentando? Podemos entender a educação na sua relação com a liberdade humana ou com a produtividade humana?

## 5. Perfil dos alunos à saída da escolaridade obrigatória

Estas questões tornam-se pertinentes quando enquadradas no debate sobre o *curriculum* e a pedagogia. Este é o domínio mais complexo, mas, ao mesmo tempo, mais decisivo, onde pretendemos contextualizar as problemáticas e os processos de mudança que estão neste momento em curso no sistema educativo em Portugal. Refiro-me a um documento que pretende ser a referência obrigatória «para a organização de todo o sistema educativo e para o trabalho das escolas»: *Perfil dos alunos à saída da escolaridade obrigatória.* Aprovado por despacho do secretário de Estado da Educação (n.º 6478/2001, de 9 de Julho de 2017), explicita como principal finalidade «contribuir para a organização e gestão curriculares e, ainda, para a definição de estratégias, metodologias e procedimentos pedagógico-didácticos a utilizar na prática lectiva». Em todo o documento, identifica-se de forma explícita ou implícita a existência de *uma visão* do que deve ser o desenvolvimento curricular em função de *um futuro* considerado relevante para os jovens portugueses do nosso tempo.

Uma das primeiras questões que merece ser colocada é a de saber se é admissível que o Estado imponha uma visão do que deve ser o ensino e a aprendizagem, em função da sua visão do que é um *futuro relevante.* A segunda questão prende-se com a imposição de um mesmo perfil face à diferenciação de trajectos escolares, especialmente no ensino secundário, que está claramente cindido entre o objectivo de prosseguimento de estudos para o ensino superior e o da integração no mercado de trabalho.

Uma análise mais pormenorizada do documento permite ainda constatar como princípios e conceitos fundamentais são ou desvalorizados ou mesmo ignorados. O conceito de «liberdade individual» é remetido para um plano retórico e instrumental nas três referências encontradas. O conceito de «disciplina» foi pura e simplesmente ignorado, não fazendo parte de qualquer objectivo ou competência a desenvolver. É neste contexto que a invocação de um «perfil de base humanista» soa a falso, não porque os seus autores não o perfilhem, mas porque não o concretizam.

Por último, mas não menos importante, importa reflectir sobre se o *curriculum* pode ser condicionado pela concepção de um perfil orientado exclusivamente para o desenvolvimento de competências e qualificações, entendidos como produto ou resultado do processo de ensino e aprendizagem. Se partirmos da definição mais restrita e mais rigorosa de *curriculum – o que ensinar!* –, entendemo-lo como o produto da concepção, organização e programação racional do conhecimento. Neste sentido, o *curriculum* distingue-se da pedagogia – *como ensinar e como fazer aprender!* –, mas ambos se imbricam no seu processo de desenvolvimento. Nesta perspectiva, o desafio que se coloca é o de saber se queremos um currículo cuja centralidade deverá ser a do conhecimento e das maneiras de pensar (capacidades metacognitivas) ou, em alternativa e como decorre da lógica do «perfil», se essa centralidade deverá ser sujeita à lógica das competências. Conhecimento e competências são indissociáveis, mas, a partir do momento em que são as competências a estruturar os processos, é lícito pensar que poderemos assistir a uma desvalorização do conhecimento.

## 6. Ética da responsabilidade política

Chegamos, por fim, à questão decisiva: onde reside a legitimidade de desencadear um processo cujas consequências poderão ser tão profundas e (des)estruturantes do sistema de ensino, sem que a decisão possa estar ancorada numa ética da responsabilidade política que terá de assentar em três requisitos – fundamentação e oportunidade da decisão, o que pressuporia um diagnóstico exaustivo e rigoroso dos problemas do sistema de ensino em Portugal; tempo para reflectir, avaliar e planear a mudança entendida como necessária; e compromisso entre as mais importantes forças políticas e outros actores educativos de forma a garantir a continuidade de um processo que se prolongará muito além do actual ciclo político.

Esta ética da responsabilidade política é tanto mais necessária quanto o domínio da educação tem sido em Portugal, especialmente na última década, um espaço de confronto e de polémica, em que a dimensão ideológica tende a ser cada vez mais marcante. Por um lado, confrontam-se visões de futuro, por outro, concepções sobre o ensino, o *curriculum*, a pedagogia. A escola transforma-se, assim, nesse *espelho idealizado da sociedade* porque nela coexistem o espaço «sacralizado» da existência colectiva e as projecções e anseios de uma sociedade futura que se pretende aperfeiçoada através da concretização das ideias, das teorias e das ideologias, quer as entendamos como dominantes ou periféricas.

A convicção de que a escola tem de mudar porque o mundo mudou, a sociedade mudou e mudou também a própria ideia de educação cria a urgência irracional de correr atrás de tudo o que muda sem que se conceba um projecto colectivo, elaborado com tempo, reflexão, debate, compromisso e planeamento.

Sonha-se com uma «educação nova» que corresponda ao que pretendemos que seja o futuro. Mas, perante a incerteza das tendências e a obsolescência dos adquiridos, esse mito de uma escola do século XXI poderá tornar-se um infindável pesadelo que lançamos sobre as novas gerações. Essa é uma responsabilidade ética que não podemos desprezar.

## Referências e leituras recomendadas

1. O Conselho Nacional de Educação publicou duas obras que merecem uma consulta aturada sobre a forma como se desenvolveu o sistema nacional de ensino em Portugal e quais os desafios que se colocam no presente:

*Reformas e Bases da Educação – legado e renovação (1835–2009)*. Lisboa: CNE, 2017.

*Lei de Bases do Sistema Educativo: balanço e prospectiva*. 2 volumes. Lisboa: CNE, 2017.

2. Publicámos uma síntese sobre alguns dos temas mais relevantes da evolução do sistema de ensino português e dos cenários que se colocam para futuro:

JUSTINO, David, *Difícil é Educá-los*, Lisboa, FFMS, 2010.

3. De um dos autores mais destacados na investigação e reflexão sobre a educação em Portugal sugerimos dois livros:

NÓVOA, António, *Evidentemente. Histórias da educação.* Porto, ASA, 2005.

NÓVOA, António & Lawn, Martin (orgs.), *Fabricating Europe. The Formation of an Education Space*, Dordrecht, Kluwer Academic Publishers, 2002.

4. Indicamos ainda as seguintes obras para perspectivas mais sectoriais:

CANDEIAS, António, *Educação, Estado e Mercado no Século XX. Apontamentos sobre o caso português numa perspectiva comparada*, Lisboa, Edições Colibri, 2009.

FLORES, Maria Assunção (org.), *Profissionalismo e Liderança dos Professores*, Santo Tirso, De Facto Editores, 2014.

MORAIS, José, *Lire, écrire et être libre. De l'alphabétisation à la démocracie*, Paris, Odile Jacob, 2016.

NUSSBAUM, Martha C., *Creating Capabilities. The Human Development Approach*, Harvard, Harvard University Press, 2011.

RAMOS, Conceição Castro, *Os Sistemas Educativos da União Europeia. Para uma leitura do espaço europeu da educação*, Lisboa, Universidade Aberta, 2011.

# Educação e ética da equidade

*António Pedro Barbas Homem*
Universidade Europeia

«Educação», «ética» e «equidade» são três conceitos complexos, cada um com uma longa história, e todos implicados neste breve ensaio sobre *educação e a ética da equidade.* Começo por assumir os limites do meu conhecimento de filosofia: certamente não sou especialista em ética. O meu interesse pelo tema releva da filosofia do direito e da política. Vou apenas debruçar-me sobre um problema em concreto, o acesso à educação.

Em termos metodológicos, um título um pouco mais longo e certamente prolixo poderia ser o seguinte: o problema da igualdade no acesso ao ensino superior como tema central da ética política e jurídica. Prudentemente, poderia acrescentar, para contextualizar o tema: nos modernos Estados democráticos de direito, especialmente Portugal.

Se acrescentássemos os pressupostos de cada um destes conceitos, teríamos os seguintes tópicos: direitos (à educação e na educação), deveres (ética) e critérios de ponderação (equidade).

Importa ainda considerar uma advertência preliminar: a filosofia política não pode perder de vista as situações empíricas a que se dirige. Este é um domínio onde dominam pré-compreensões, frequentemente deslocadas da realidade. Recordo uma importante passagem da *Teoria da Justiça*, de John Rawls, acerca da distribuição dos talentos naturais e das contingências das circunstâncias sociais:

> A distribuição natural não é justa nem injusta; nem é injusto que as pessoas nasçam na sociedade com uma determinada posição. São, muito simplesmente, factos naturais. O que é justo e injusto é a forma como as instituições lidam com esses factos.

Vejamos alguns dados de facto relevantes, especialmente sobre a situação portuguesa. Depois veremos como as instituições lidam com os factos.

## 1. A situação em Portugal

As instituições internacionais têm vindo a desenvolver comparações das políticas de ensino e ciência dos países do mundo e a medir a sua repercussão social. Em especial, estudos de instituições oficiais, como a Organização para a Cooperação e Desenvolvimento Económico (OCDE) (*Education at a Glance* e *Programme for International Student Assessment*/PISA) e a Organização das Nações Unidas para a Educação, a Ciência e a Cultura (UNESCO), e privadas, como o Fórum Económico Mundial, permitem compreender as grandes linhas dos resultados comparativos das políticas educativas adoptadas em cada momento pelos Estados. Destes estudos, duas conclusões evidentes podem ser desde logo retiradas: por um lado, que a frequência do ensino superior implica benefícios para os próprios e para as sociedades; por outro, que essas vantagens não são apenas económicas, mas podem reflectir-se na felicidade das pessoas e dos povos.

Estudos portugueses recentes medem estas duas dimensões, as financeiras e as não financeiras. Assim, um estudo dirigido por Hugo Figueiredo demonstra que, dentro do ensino superior, o mestrado compensa cada vez mais no plano financeiro, sobretudo para os homens, e com um efeito ainda mais pronunciado em áreas CTEM (Ciência, Tecnologia, Engenharia e Matemática): um mestre chega a ter uma remuneração 80% superior. Depois da introdução do chamado processo de Bolonha, os benefícios pecuniários são, nos últimos anos, mais evidentes quanto a mestrados e a doutoramentos.

No entanto, os benefícios de ter formação superior não são unicamente pecuniários: os diplomados têm uma maior participação cívica, melhor percepção do interesse da democracia e desempenho superior em termos de saúde. Efectivamente, apenas metade do efeito positivo do ensino superior resulta do impacto no rendimento.

> Demonstramos igualmente que a educação superior está associada a um conjunto de comportamentos que denominamos de virtuosos do ponto de vista coletivo: maior envolvimento social e político, maior capacidade cognitiva para interpretar fenómenos sociais, maior tolerância, maior confiança nas instituições. Em último grau é de maior qualidade e maior satisfação com a democracia portuguesa que falamos, algo desejável em si mesmo. (Hugo Figueiredo *et al.*, *Benefícios do Ensino Superior*, FFMS, 2017)

No mesmo sentido, outro estudo, também publicado pela Fundação Francisco Manuel dos Santos, agora sobre as desigualdades económicas em Portugal, observou que os trabalhadores auferem um ganho médio superior quanto maior for o nível habilitacional, embora atenuado nas últimas décadas: em 1994, o ganho deste grupo representava 2,6 vezes o ganho médio total, passando para 1,9 em 2009. As habilitações académicas continuam, portanto, a ser um factor diferenciador das desigualdades económicas e sociais em Portugal.

Uma campanha recente do Ministério da Ciência e Ensino Superior, com o objectivo de motivar os jovens a «continuar a estudar», enumera os seguintes argumentos para os estudantes não desistirem dos estudos:

- maior empregabilidade, 85% com ensino superior, 79% com ensino secundário, 65% sem ensino secundário;
- melhores salários, 70%;
- menor risco de desemprego, 6,5% com ensino superior e 8 a 10% sem ensino superior;
- maior autonomia, maior realização pessoal, mais competências, maior integração, maior capacidade de adaptação à mudança.

Estes factos só podem ser interpretados no sentido concordante com outros estudos sobre o desenvolvimento humano: actualmente, um dos diferenciadores sociais mais relevantes são as qualificações de nível superior [Carlos Farinha Rodrigues (coord.), *Desigualdades Económicas em Portugal*, FFMS, Lisboa, 2012].

A esta caracterização geral das vantagens pessoais que resultam da frequência do ensino superior acrescentemos dois outros elementos, importantes para uma visão caleidoscópica da temática, um incidente na distribuição dos custos pela frequência do ensino superior e outro atinente às qualificações do grupo familiar a que já pertencem os diplomados.

De acordo com os estudos da OCDE, Portugal é, entre os países europeus da OCDE, aquele em que o peso do financiamento público é menor (62%), muito abaixo da média da UE (78%) e da OCDE (70%). Na realidade, é o país com maior peso de financiamento privado na despesa com as instituições de ensino superior (OCDE, *Education at Glance 2017*, gráfico B3.1).

Por outro lado, investigação recente acerca dos custos dos estudantes do ensino superior português sublinha:

> Outro aspeto relevante decorre do facto de os pais dos estudantes possuírem mais qualificações académicas do que a população em geral, facto que confirma a elitizaçao do ensino superior, em virtude de os estudantes serem oriundos dos estratos portadores de maior «capital cultural». Em Portugal, em 2016, a população com grau superior situava-se no valor de 17,8%, enquanto o grupo dos estudantes com pais com grau superior é significativamente mais elevado (pai 26,8%; mãe 32% com Superior), como de resto já ocorria em 2010/2011.

Portanto, aos factores económicos acresce hoje o capital cultural dos pais – e especialmente da mãe – como elemento relevante para explicar o acesso ao e o sucesso no ensino superior.

Democratizar o acesso ao ensino superior constitui uma tarefa central da ética política dos nossos dias, à imagem do que, no século XIX, foi uma das bandeiras das campanhas republicanas de generalização das escolas e liceus. Observe-se que, no caso português, aliás, este modelo de ética republicana constituiu uma das ideias de força das ideias sobre instrução da Monarquia Constitucional, assumindo o conceito de republicanismo o sentido antigo de bem comum. As concepções pedagógicas da Primeira República reforçam esta preocupação social, mas, como é conhecido, nas vésperas da revolução de 1974, Portugal continuava a ser um dos países mais atrasados da Europa no acesso à educação.

O debate deve agora tomar em consideração a situação do ensino superior. Como sublinha Martha Nussbaum,

> Só uma educação cosmopolita permite às crianças e aos jovens adquirir um maior autoconhecimento de si próprios, uma

educação na qual todas as atividades e conteúdos escolares prestam especial atenção à temática da justiça social, aqui entendida como a criação de oportunidades para o desenvolvimento de um conjunto de capacidades que são os melhores indicadores daquilo que as pessoas são efetivamente capazes de fazer e ser. (*Educação e Justiça Social*, tradução, Mangualde, Pedago, 2014)

Se a relação entre educação e construção da cidadania sempre foi observada, tem passado desapercebida a relação entre realização pessoal e social e acesso e frequência do ensino superior. Estamos perante um problema nuclear de uma sociedade assente na igualdade de oportunidades.

## 2. Acesso ao ensino superior, coesão social e políticas de emprego

Esta temática do acesso e frequência do ensino superior e da realização pessoal e social tem diversas chaves de leitura. Vejamos duas posições possíveis em torno da problemática do emprego e acerca da justa repartição dos impostos.

Refiro, primeiro, uma preocupação dos sindicatos de diversas partes do mundo: a chegada de novas gerações de trabalhadores jovens e qualificados ao mercado de trabalho pode ser sentida como uma ameaça para os trabalhadores mais antigos e menos qualificados. O receio de que o patronato opte pelos novos trabalhadores e proceda ao despedimento de trabalhadores indiferenciados pode justificar o aumento dos anos de formação, com o objectivo de atrasar a chegada ao mercado de trabalho dessas novas gerações.

Foi também denotando estas preocupações que a Europa criou o conceito e as políticas de coesão social e que tem vindo a sugerir a necessidade de harmonizar as políticas educativas com as sociais, especialmente as de formação profissional.

Formação profissional permanente, flexibilização no acesso ao ensino superior, educação ao longo da vida são algumas das vias sugeridas para adequar as necessidades de formação das pessoas às transformações tecnológicas, económicas e sociais. Sociedades coesas assumem especial atenção às políticas de qualificação profissional.

Contudo, as qualificações exigidas para efeitos profissionais não coincidem necessariamente com os graus e diplomas oferecidos pelos estabelecimentos de ensino. Uma tendência significativa na Europa é a de aproximar as duas dimensões, de modo a chamar a atenção das escolas – e especialmente de universidades e politécnicos – para a questão da empregabilidade dos cursos que ministram. Se esta tendência é controvertida por muitas instituições e académicos, é, em qualquer caso, expressiva de uma preocupação fundamental: a de que, no contexto do fenómeno da globalização, certos países e inclusivamente continentes não fiquem para trás face à concorrência dos sistemas de ensino e de formação mais preparados. Conceitos como transferência de conhecimento, fuga de cérebros, atractividade dos sistemas de ensino, mobilidade dos talentos, evolução das aprendizagens, adaptação à mudança, economia do conhecimento, entre outros, exprimem esta preocupação.

O referido Programa Internacional de Avaliação dos Estudantes (PISA) constrói diversos tipos de *rankings* das políticas educativas e dos seus resultados, evidenciando inclusivamente a natureza competitiva dos países em relação à educação.

Por outro lado, e como é conhecido, desde a Convenção de Lisboa sobre o reconhecimento de diplomas que os Estados abdicaram de colocar entraves administrativos à circulação de diplomados. Com o processo de Bolonha, renunciaram igualmente a examinar as qualificações obtidas num estabelecimento de ensino de outro Estado. A confiança mútua entre os Estados e os seus estabelecimentos de ensino é, assim, um elemento central deste processo e um pilar da liberdade de circulação de trabalhadores dentro da União Europeia.

Deste modo, a sociedade da igualdade de oportunidades deixou de ser um problema exclusivamente nacional. No caso português, sabemos como este contexto europeu e mundial ajudou a mitigar a crise económica recente, porquanto os portugueses qualificados conseguiram rapidamente colocação noutro país. Deixaram atrás de si, no entanto, e para além das famílias, um país menos qualificado. Ironicamente e durante os últimos anos, um país supostamente com uma população pouco qualificada «exportou» e «exporta» arquitectos, engenheiros e enfermeiros, entre outros diplomados.

Utilizando elementos estatísticos da União Europeia, Portugal é um dos países europeus com a taxa mais elevada de pessoas altamente qualificadas que emigraram (11%). Se, entre 2001 e 2011, a percentagem de cidadãos portugueses com um diploma universitário que saíram do país terá conhecido um aumento de 87,5%, teve um crescimento de 40 mil pessoas entre 2012 e 2014, os anos mais graves da crise económica portuguesa. A percentagem de cidadãos portugueses altamente qualificados registados como residentes noutros países europeus que emigraram entre 2011 e 2014 é de 63,1%, o que demonstra a nível nacional um grave problema de «fuga de cérebros» (Comissão Europeia, *Monitor da Educação e da Formação de 2016. Portugal*, Setembro de 2016).

## 3. Ensino superior: limites para as escolhas

Acrescentemos mais alguns dados relevantes para apreciar o problema entre pessoas com formação superior e pessoas sem ela, para além das profundas diferenças salariais:

– um dos factores mais relevantes para explicar as escolhas dos jovens em relação ao acesso ao ensino superior é a escolaridade dos pais e, especialmente, da mãe: esta circunstância vai determinar a frequência do ensino superior por parte do filho. Portanto, o acesso ao ensino superior continua marcado por profundas diferenças sociais: o estatuto dos pais e as suas pré-compreensões e vivências são determinantes;

- a qualidade do ensino é muito diferente entre as escolas secundárias, públicas e privadas, das cidades e do interior, de meios qualificados e de bairros desfavorecidos. Os *rankings* das escolas secundárias, baseados nos resultados dos exames do ensino secundário, revelam que essas diferenças se têm vindo a agravar;
- cerca de 80% dos diplomados dos cursos regulares do ensino secundário (cursos científico-humanísticos e científico-tecnológicos) estudavam numa instituição de ensino superior um ano depois de terem terminado os cursos secundários. É muito diferente a situação de outros diplomados do ensino secundário: os diplomados dos cursos artísticos especializados (52%) e, de forma ainda mais marcante, os diplomados dos cursos profissionais (6%) [dados do *Relatório sobre a avaliação do acesso ao ensino superior (diagnóstico e questões para debate)*, 2016, coord. de João Guerreiro, consultável em https://www.portugal.gov.pt/media/22022458/relatorio-avaliacao-acesso-ensino-superior.pdf]. Ora, cerca de 45% dos jovens que frequentam o ensino secundário estuda neste tipo de cursos, e a tendência registada é a do aumento deste número;
- não é reconhecido o direito de escolha de escola aos estudantes e respectivas famílias, nem entre escolas públicas e privadas, nem entre escolas públicas. As famílias não gozam do direito de escolher a escola pública que pretendem para os seus filhos, mesmo com conhecimento dos diversos *rankings* existentes dos estabelecimentos de ensino secundário; e, por outro lado, são irrelevantes os

apoios às famílias que pretendam matricular os filhos numa escola privada, mas não tenham dinheiro para pagar os respectivos custos.

## 4. Conclusão do ensino secundário e acesso ao ensino superior

A frequência do ensino não é gratuita. Alguém a paga: ou os beneficiários do ensino, ou toda a comunidade, ou ambos.

No caso do ensino superior, identificamos dois problemas específicos: a política de vagas que o Estado português impõe no acesso a cada curso e instituição; e as propinas devidas pela frequência do ensino superior. Um terceiro dado do problema pode ainda ser identificado: o sistema de conclusão do secundário e de acesso ao ensino superior. Não são neutros os seus efeitos na estrutura do acesso ao ensino superior. Num parecer do Conselho Nacional de Educação sobre esta temática, do qual fui relator, refere-se o enquadramento constitucional e legal dos regimes de acesso e ingresso, os seus resultados, as reformas do ensino secundário, especialmente desde o alargamento da escolaridade obrigatória para 12 anos (Parecer n.º 2/2017); aí se alerta igualmente para a necessidade de medir o número de licenciados e mestres que abandonaram o país nos últimos anos, facto que colocaria o país com outras percentagens de pessoas qualificadas no respectivo nível etário, como já referido.

Um quarto elemento a identificar, mas que não irei aqui considerar, respeita ao sistema de apoios económicos à frequência do ensino superior: bolsas, cantinas, residências. Utilizando as referências dos relatórios do Conselho Nacional de Educação, em 2016 todos os estudantes pagaram propinas, tendo 23% beneficiado de bolsas (as quais incluem o valor da propina). Os valores das comparticipações sociais têm diminuído nos últimos anos. Já o valor das propinas varia entre um mínimo de 659 euros e máximo de 1063 euros; no ensino privado, as propinas são quatro a cinco vezes superiores.

Todas estas questões são facetas do problema inicial: a ética da equidade no acesso à educação. Se tomarmos em atenção o ensino público, vagas e propinas estabeleceram um modelo complexo, na realidade profundamente selectivo ou talvez, mais exactamente, intencionalmente selectivo.

## 5. Ensino superior público e o discurso pretensamente igualitário

Podemos utilizar as indicações estatísticas e dados empíricos apresentados para recortar um exemplo. Imaginamos um jovem que, concluído o ensino secundário, não foi admitido ou não concorreu a um estabelecimento de ensino superior. Eventualmente precisa de trabalhar para viver. Irá desempenhar uma profissão para a qual não se exijam especiais qualificações e para a qual os empregadores preferem pessoas jovens. Por exemplo, operador de caixa de supermercado. O salário médio para esta profissão é de 620 euros líquidos, depois de pagos impostos e contribuições para a segurança social. Só de impostos paga cerca de 8% sobre o salário bruto. Se tivesse concluído estudos superiores, poderia concorrer a melhores empregos, com uma remuneração média pelo menos do dobro – remuneração média porque a conjuntura nem sempre favorece certo tipo de licenciaturas e mestrados.

Os seus impostos vão contribuir para muitas despesas do Estado, incluindo serviços públicos de que não beneficia directamente. Por outro lado, muitas das suas despesas pessoais não vão gozar de benefícios fiscais ou diminuir as suas contribuições directas e indirectas.

Lembremos agora o discurso de muitas universidades públicas: recrutam os melhores alunos do secundário; têm um número reduzido de vagas, eventualmente uma vaga para cada três ou quatro candidatos; são muito exigentes no sistema de acesso e apenas admitem estudantes já preparados para um mundo global, ou seja, bons a matemática, línguas, competências digitais, etc. O discurso destas universidades públicas exalta a empregabilidade: formam para os melhores empregos, nacionais e internacionais; têm uma vasta rede de antigos estudantes, que permite encontrar rapidamente colocação em qualquer parte do mundo.

Numa observação contextualizadora, temos de observar que este discurso está nas bocas de muitos apóstolos da política portuguesa, que encontram nas universidades púlpitos permanentes. Que o discurso universitário seja ideológico, não há que duvidar. Mas como não constatar que o discurso contrasta com a propaganda igualitária: as mesmas pessoas podem ao mesmo tempo defender políticas igualitárias, mas sustentar, sem assumir a hipocrisia, este mundo dual, em que muitos jovens estudantes ficam às portas da universidade, das suas universidades, e perante os elementos por elas anunciados, elitistas, exclusivistas, formadoras hegemónicas das futuras elites. Universidades públicas, acrescente-se, que raramente incluem cursos nocturnos na sua oferta formativa.

Será Portugal um país em que os jovens operadores de caixa também pagam, através dos seus impostos, a formação superior dos futuros administradores do seu supermercado? Ou ainda: será que o discurso acerca da universidade pública de excelência não é, afinal de contas, a máscara paternalista através da qual se pretende manter a hegemonia das elites económicas e sociais tradicionais?

A situação é contraditória com as ideias igualitárias: apenas para alguns é possível exercer a liberdade de escolher as melhores escolas secundárias, as quais proporcionam a melhor educação que o dinheiro pode comprar e, consequentemente e em função do sistema de acesso ao ensino superior, o ingresso nas melhores universidades.

As universidades públicas, por sua vez, gabam-se de seleccionar apenas os melhores estudantes do secundário e de preparar os futuros administradores das melhores empresas privadas.

Para outros, os que ficam pelo caminho, restam os empregos menos bem remunerados e a contribuição através dos impostos para a melhor educação dos futuros administradores das suas empresas. Se quiserem aceder ao ensino superior, terão de pagar do seu próprio bolso a formação, eventualmente em universidades privadas, as únicas que sistematicamente proporcionam ensino nocturno.

Na verdade, sabendo que as propinas apenas limitadamente pagam os custos do ensino e que estes, na sua grande maioria, são pagos por transferências do orçamento do Estado, a conclusão é a de que a utilização destes dinheiros públicos deve ser escrutinada de modo criterioso.

Como em relação a muitas outras despesas públicas, conforme sublinhado, as opções políticas de pagar serviços públicos que não são realmente universais devem ser sempre criticamente avaliadas.

## 6. Democratização da sociedade e ensino superior

Luísa Cerdeira tem alertado em diversos estudos que, para prestar atenção à contribuição que o ensino superior em Portugal dá para a sua democratização, importa considerar o conhecimento de inúmeras variáveis, entre as quais se salienta a origem social e económica da população estudantil (Luísa Cerdeira e Belmiro Cabrita, *Custos dos Estudantes do Ensino Superior. Relatório* CESTES, Lisboa, Educa, 2015; e Luísa Cerdeira *et al.*, *Custos dos Estudantes do Ensino Superior. Relatório* CESTES *2. 2015–2016*, Lisboa, Educa, 2018).

Confrontando estes estudos com os relatórios da OCDE, retiramos outras conclusões relevantes. Tomando em consideração os estudos *Education at a Glance*, verifica-se que, para os anos de 2012–2014, as instituições de ensino portuguesas gastam por estudante de licenciatura, mestrado e doutoramento (incluindo actividades de investigação) a média de 9900 dólares. A média da OCDE, em 2014, foi de 13 400 dólares, ou seja, mais de quatro mil dólares de diferença (valor harmonizando o custo de vida em cada país). A OCDE reconhece que o investimento privado assume particular importância no conjunto das despesas com o ensino superior e que o peso do financiamento não estatal em Portugal é maior do que na OCDE (38% contra 30% na OCDE), com as famílias a suportarem a maioria desses encargos.

O argumento a analisar criticamente e à luz das evidências empíricas referidas de modo sumário é este: afinal de contas, serão as universidades públicas um dos diferenciadores sociais dos nossos dias, isto é, causa de desigualdades futuras entre pessoas com e sem formação superior de qualidade, operadores de caixa e administradores de hipermercado?

## 7. O princípio da igualdade de oportunidades

A preocupação com a igualdade de oportunidades não constitui apenas uma questão política e ética. Também, e desde há muito, se encontra prevista no direito internacional dos direitos do homem e na Constituição.

O princípio da igualdade de oportunidades – verdadeira matriz do direito internacional dos direitos do homem e dos direitos fundamentais – aplicado ao acesso à educação é um elemento-chave nos textos internacionais do direito da educação. Invocado no preâmbulo do Acto Constitutivo da UNESCO – plena igualdade de oportunidades para a educação para todos –, viria a integrar outros instrumentos jurídicos internacionais (cf. Pedro Barbas Homem, *Temas de Direito da Educação*, Coimbra, Almedina, 2006).

Os documentos mais relevantes são os seguintes: o Pacto Internacional dos Direitos Económicos, Sociais e Culturais (de 1966); a Convenção Relativa à Luta contra a Discriminação no Campo do Ensino (de 1960), que estabelece o respeito pela diversidade dos sistemas nacionais de educação, a proibição de todas as discriminações no domínio de ensino e a promoção da igualdade de oportunidades e de tratamento a todas as pessoas neste campo; e a Convenção sobre os Direitos da Criança (de 1989), que reconhece o direito da criança à educação, nomeadamente tendo em vista assegurar progressivamente o exercício desse direito na base da igualdade de oportunidades (artigo 28.º/1).

Também a Constituição consagra o princípio da igualdade de oportunidades no domínio da educação em três ocasiões: o Estado promove a democratização da educação e as demais condições para que a educação, realizada através da escola e de outros meios formativos, contribua para a igualdade de oportunidades, a superação das desigualdades económicas, sociais e culturais, o desenvolvimento da personalidade e do espírito de tolerância, de compreensão mútua, de solidariedade e de responsabilidade, para o progresso social e para a participação democrática na vida colectiva (artigo 73.º/2); todos têm direito ao ensino com garantia do direito à igualdade de oportunidades de acesso e êxito escolar (artigo 74.º/1); o regime de acesso à universidade e às demais instituições do ensino superior garante a igualdade de oportunidades e a democratização do sistema de ensino, devendo ter em conta as necessidades em quadros qualificados e a elevação do nível educativo, cultural e científico do país (artigo 76.º/1).

Estas normas configuram os direitos económicos, sociais e culturais em matéria educativa. Abreviadamente designados *direitos sociais*, os direitos económicos, sociais e culturais são os direitos fundamentais dos cidadãos, que se traduzem em direitos a prestações do Estado. Deste modo, a cada um dos direitos constitucionalmente previstos correspondem tarefas do Estado, as quais se traduzem em deveres concretos – de criar escolas e estabelecimentos de ensino superior e de os dotar dos meios necessários para uma educação de qualidade, designadamente.

Entre os direitos sociais em matéria de ensino contam-se: o direito a uma escola (artigo 75.º/1); o reconhecimento pelo Estado das escolas do ensino particular e cooperativo (artigo 75.º/2); o direito de acesso ao ensino superior (artigo 76.º/1); e o direito de participação democrática no ensino (artigo 77.º).

O problema central colocado pelos direitos sociais consiste em saber se a concretização de todos os direitos sociais é sempre judicialmente exigível e se cabe à administração assegurar a cada cidadão, sujeito activo destes direitos, uma efectiva realização prática. A controvérsia em torno dos direitos sociais é essencialmente política, incidindo no modelo de organização do Estado e na sua relação perante a sociedade. Efectivamente, os direitos sociais traduzem-se tipicamente em prestações que só o Estado pode realizar, por exemplo, na saúde ou na educação. Ora, em geral, para que o Estado possa cumprir estas prestações, é necessária a verificação de três condições: a existência de recursos materiais disponíveis para esse efeito; a capacidade de o Estado juridicamente dispor desses recursos; e a existência de uma deliberação democrática quanto ao destino desses recursos escassos disponíveis. Se a previsão constitucional destes direitos implica uma obrigação política a concretizar pelo legislador e pela administração, o seu cumprimento apenas pode ser exigido de acordo com os meios financeiros e materiais existentes num dado momento.

É neste contexto que se coloca a questão de saber se o Estado pode rever e inclusivamente reverter políticas sociais concretizadas, por exemplo, impondo pagamentos ou comparticipações aos beneficiários dessas políticas. Embora a expressão seja redutora, este problema é frequentemente designado através da expressão «retrocesso social». O problema do retrocesso social tem sido objecto de apreciação pelas instâncias judiciais, em especial a propósito das regras de acesso ao ensino superior e do seu carácter *progressivamente* gratuito (de acordo com o Pacto Internacional dos Direitos Económicos, Sociais e Culturais/PIDESC) ou *tendencialmente* gratuito (expressão da Constituição).

Para resolver esta questão, alguns autores afirmam que os direitos sociais estão submetidos a uma «reserva do possível», expressão utilizada para exprimir o seguinte critério: o de que a satisfação dos direitos por parte do Estado depende de concretização legislativa e de uma actuação positiva do legislador e da administração, na medida em que seja possível ao Estado efectivá-los e nas *condições do presente*. Deste modo, e diversamente dos direitos, liberdades e garantias, não se pode afirmar a aplicabilidade imediata dos direitos sociais constitucionalmente previstos, porquanto a sua concretização não depende apenas das opções do legislador, depende também das disponibilidades financeiras do Estado em cada momento. Isto é, cada cidadão não goza do direito a exigir directamente do Estado o cumprimento de cada um dos direitos sociais, por exemplo, uma vaga num determinado curso e estabelecimento de ensino superior.

Também se deve sublinhar a indivisibilidade tendencial dos direitos fundamentais. Através deste princípio de indivisibilidade dos direitos, pretende sublinhar-se que existem direitos sociais imprescindíveis à plena concretização de outros direitos, nomeadamente na esfera política. É o que se passa com o direito à educação, indissociavelmente ligado à plena realização das pessoas enquanto cidadãos. Pode recordar-se, a este respeito, que a doutrina e a legislação liberal restringiram o acesso ao direito de sufrágio em função de diversos factores, entre os quais a instrução dos eleitores. É evidente que, quanto mais educadas forem as pessoas, melhor irão poder exercer os direitos de que são titulares, na vida política como na vida privada.

Estas referências são fundamentais para entender o modo como o legislador constituinte se exprimiu e as formas através das quais o poder jurisdicional e o poder administrativo devem contribuir para tornar efectivos os direitos sociais.

## 8. Reflexões finais

Não pretendo apresentar conclusões, apenas suscitar uma reflexão aprofundada acerca do regime de acesso e de sucesso no ensino superior. Verificada a sua importância para a construção de uma sociedade coesa e assente na igualdade de oportunidades, é tempo para uma discussão séria e aprofundada, partindo dos consensos já existentes e que estão presentes na Constituição e na Lei de Bases do Sistema de Ensino.

Fica uma pergunta: ao contrário do pretendido e do anunciado demagogicamente por políticos populistas, estarão a ser reconfiguradas as elites dirigentes através das universidades, especialmente das universidades públicas?

De certo modo regresso a uma pergunta que Michael Sandel enuncia no seu livro *O que o Dinheiro não Pode Comprar* e no subtítulo, *os limites morais dos mercados*. Se o livro é uma análise profunda da sociedade norte-americana, as conclusões são parcialmente transportáveis para a situação portuguesa:

> Numa altura de crescente desigualdade social, a mercantilização de tudo significa que as pessoas com posses e as pessoas de

recursos modestos vivem cada vez mais vidas separadas. Vivemos, trabalhamos, fazemos compras e jogamos em lugares diferentes. Os nossos filhos frequentam escolas diferentes... a democracia não exige uma igualdade perfeita, mas requer que os cidadãos partilhem uma vida comum. (*O que o Dinheiro não Pode Comprar. Os limites morais dos mercados*, Presença, 2015)

A interrogação acerca da ética da equidade no acesso à educação implica esta conclusão geral: a de que é necessário aprofundar a igualdade de oportunidades no acesso aos melhores empregos e à realização pessoal e profissional das pessoas. Este objectivo implica reformular pré-compreensões acerca do ensino superior, assumindo com clareza a necessidade de apoiar as escolhas de indivíduos e das suas famílias, nomeadamente quando optam pelo ensino privado ou simplesmente quando decidem ingressar no ensino superior tardiamente em relação à sua geração. O caminho não passa necessariamente por reforçar o financiamento das universidades e dos politécnicos públicos, especialmente quando se verifica o efeito desigualitário que estas políticas podem ter na estrutura da sociedade. Também não implica necessariamente financiamento directo aos estudantes, como na modalidade do chamado cheque-ensino. Mas passa necessariamente pelo apoio às escolhas individuais, base de uma sociedade livre e assente na igualdade de oportunidades.

## Referências e leituras recomendadas

Cerdeira, Luísa, e Cabrita, Belmiro, *Custos dos Estudantes do Ensino Superior. Relatório CESTES*, Lisboa, Educa, 2015.

Cerdeira, Luísa, *et al.*, *Custos dos Estudantes do Ensino Superior. Relatório CESTES 2. 2015–2016*, Lisboa, Educa, 2018.

CONSELHO NACIONAL DA EDUCAÇÃO, Parecer n.º 2/2017, http://www.cnedu.pt/content/deliberacoes/pareceres/dr_parecer_acesso_ao_ensino_superior.pdf).

FIGUEIREDO, Hugo, *et al.*, *Benefícios do Ensino Superior*, FFMS, 2017.

HOMEM, Pedro Barbas (coord.), *Temas de Direito da Educação*, Coimbra, Almedina, 2006.

NUSSBAUM, Martha, *Educação e Justiça Social*, Mangualde, Pedago, 2014.

RAWLS, John, *Uma Teoria da Justiça*, Lisboa, Presença, 2013.

*Relatório sobre a avaliação do acesso ao ensino superior (diagnóstico e questões para debate)*, 2016, coord. de João Guerreiro, consultável em https://www.portugal.gov.pt/media/22022458/relatorio-avaliacao-acesso-ensino-superior.pdf

RODRIGUES, Carlos Farinha (coord.), *Desigualdades Económicas em Portugal*, Lisboa, FFMS, 2012.

SANDEL, Michael, *O que o Dinheiro não Pode Comprar. Os limites morais dos mercados*, Lisboa, Presença, 2015.

# Princípios múltiplos em debate em torno da (des)centralização

*Susana Batista*

Centro Interdisciplinar de Ciências Sociais (CICS.NOVA), NOVA FCSH

A descentralização da administração pública é um princípio político inscrito na Constituição da República Portuguesa (1976) que marca a passagem para o regime democrático, num artigo em que surge hoje acompanhado pelos princípios de subsidiariedade e autonomia das autarquias locais (artigo 6.º, Revisão de 2005). Na Lei de Bases do Sistema Educativo, um compromisso alargado que orienta as políticas educativas desde 1986, prevê-se um modelo descentralizado, desconcentrado e diversificado do sistema educativo (Lei n.º 46/86, de 14 de Outubro, artigo 3.º). É tendo em vista a inserção, integração e adaptação das escolas às suas comunidades locais, a participação democrática destas na definição da política educativa e na gestão das escolas, bem como decisões mais eficientes, que se justifica a inclusão destes princípios nestes documentos.

Porém, o sistema educativo português mantém actualmente a centralização e burocratização como características dominantes, concentrando no governo central as questões-chave do ensino em matéria de provisão de serviços, concepção e definição do currículo, financiamento, recrutamento e mobilidade de professores, planeamento e gestão de recursos ou avaliação. Tendo-se verificado processos de desconcentração que complexificaram o sistema, deslocando certas competências para novos serviços integrados na administração directa do Estado, a verdade é que a tónica na elaboração e implementação de políticas educativas permanece centralizada. As autarquias locais – tradicionalmente encarregadas de domínios periféricos à educação, em particular no que diz respeito ao investimento financeiro, à manutenção de edifícios e às funções sociais (como transportes e cantinas) – detêm hoje certas responsabilidades a nível de gestão e planeamento, mas sempre numa posição de subalternidade e complementaridade em relação ao poder central. Apesar de a autonomia das escolas se constituir enquanto tema recorrente na agenda política e de motivar a implementação de diversos programas – como é o caso do recente projecto-piloto de autonomia e flexibilidade curricular (Despacho n.º 5908/2017, de 5 de Julho) –, as escolas permanecem sem grandes margens de decisão a nível pedagógico, administrativo e financeiro. A iniciativa privada possui um carácter residual no conjunto do sistema, face ao inegável domínio do Estado enquanto prestador de serviços.

As políticas de (des)centralização levantam celeumas por estarem relacionadas com questões de poder e de concepções específicas sobre a educação. Um dos recentes programas lançado por iniciativa governamental nesta matéria, conhecido erroneamente como projecto-piloto da «municipalização do ensino» (Programa Aproximar, Decreto-Lei n.º 30/2015, de 12 de Fevereiro), expôs as fracturas existentes e motivou contendas sindicais.

Com efeito, mais do que simples reorganizações administrativas, os processos com impacto na distribuição de competências e responsabilidades entre governo central, municípios, escolas e comunidade local são de natureza política e encerram um conjunto de questões de difícil resposta, as quais remetem para concepções diferenciadas sobre quem deve ter responsabilidades – e em que matérias – na educação formal das crianças e jovens. Deve ser o governo central o principal responsável pelas decisões relativas ao sistema de ensino? De que forma e até onde? É legítimo que se definam a este nível questões como os programas escolares, a selecção de professores, as suas modalidades de trabalho? Quais devem ser os papéis e as responsabilidades das famílias, municípios e comunidades locais? Que desafios coloca este alargamento do número de actores implicados na política educativa no conjunto do sistema?

Eis algumas das questões que remetem para discussões éticas no domínio da educação sobre as quais reflectimos neste ensaio.

## 1. Sobre as razões históricas da herança centralizada

Para se compreender a aparente dissonância entre os princípios consagrados na Constituição e na Lei orientadora da educação há mais de trinta anos e a resiliência de uma organização centralizada, é necessário remontar às origens da criação e consolidação do nosso sistema de ensino. A assunção, por parte do Estado, da responsabilidade sobre a educação tem fundamentos históricos que importa não descurar no debate actual acerca da (des)centralização.

A emergência dos sistemas nacionais de ensino na Europa surge estreitamente associada à dos Estados nação. A responsabilidade estatal pela sua construção, através de uma organização assente num ministério e seus serviços e do estabelecimento de leis de escolaridade obrigatória, seria legitimada em nome da coesão nacional. Só através de um sistema de ensino articulado e centralizado se poderia implementar um programa institucional que garantisse a transmissão e fortalecimento de uma cultura, língua e identidade nacionais na formação de futuros cidadãos, pois, desta forma, garantia-se a uniformidade em todas as escolas do país. Este argumento teve maior peso em países marcados por fortes clivagens internas (culturais, linguísticas, étnicas) que procuravam integração política ou naqueles ameaçados por forças externas, que se revelaram os mais céleres na construção de sistemas nacionais de ensino, necessários para a formação de uma consciência nacional.

Em Portugal, país cujas fronteiras continentais remontam ao século XIII, a questão da construção da nação por via da socialização escolar não se colocou com tal premência. Prevaleceu, sobretudo, a preocupação com a laicização, configurando-se a educação como um assunto de discórdia reiterada entre a Igreja e o Estado. Os primórdios de uma rede de ensino pública começaram a ser desenhados no século XVIII por via das reformas pombalinas, após a expulsão dos jesuítas do país. A educação, originalmente assegurada por dioceses e ordens religiosas, passou a estar, a partir desse momento, nas mãos do governo central através de uma administração centralizada que procurava substituir o predomínio da Igreja. A afirmação do Estado surge como indispensável para enfraquecer ou eliminar o controlo da ordem moral pelos poderes religiosos através da escola.

Enquanto instituição basilar do Estado nação, o sistema nacional de ensino justifica-se assim tendo em vista a «nacionalização» e «disciplinarização» das massas (CANDEIAS, 2009), objectivos facilmente associados a um Estado central.

Vários pensadores dos séculos XVIII e XIX vieram acrescentar razões para que o Estado assumisse responsabilidades neste domínio. Condorcet (1994 [1791]), no contexto iluminista, apelava a uma escola laica, gratuita e universal, como forma de concretizar a igualdade de direitos e de aumentar o número de indivíduos instruídos. Concebendo a instrução pública como um dever da sociedade para com os cidadãos, esta deveria ser da responsabilidade do Estado, que teria como missão definir objectivos gerais, gerir o corpo docente e mesmo controlar os métodos de ensino para que fossem coerentes com a razão de uma elite iluminada: «O poder público deve, pois, depois de ter fixado o objectivo e a duração de cada instrução, assegurar-se de que, em cada época, a escolha dos professores e dos manuais ou dos métodos esteja de acordo com a razão dos homens esclarecidos, e deixar o restante sob a sua influência» (p. 42).

Já John Stuart Mill sublinhava que, para além dos benefícios individuais, o «bem comum» da educação, ao elevar os níveis de qualificação dos indivíduos, proporcionava benefícios colectivos às sociedades, pelo que era um dos raros assuntos em que defendia a intervenção do Estado, para garantir o interesse geral – sendo essa intervenção tanto maior quanto menos desenvolvida fosse a sociedade em questão. Justificam-se, assim, leis sobre escolaridade obrigatória, desde que acompanhadas por uma rede de educação acessível e tendencialmente gratuita: «Se os seus pais, ou aqueles de quem dependem, têm o poder de obter para eles esta educação e falham ao fazê-lo, cometem uma dupla violação do dever, em relação às próprias crianças e em relação aos membros da comunidade em geral, sujeitos a sofrerem gravemente as consequências da ignorância e da falta da educação dos seus concidadãos. É, portanto, admissível que esteja nos poderes do governo a imposição aos pais de uma obrigação legal de dar educação elementar às crianças. No entanto, isto não pode ser feito com justiça sem se tomarem medidas para garantir que a educação está sempre acessível, seja gratuitamente ou a um custo mínimo» (Mill, 1909 [1848], Book V, Chapter XI, V.11.23&24).

Assumir a responsabilidade pela educação, alargando dessa forma o campo de actuação tradicional do Estado, asseverou-se capital para os regimes políticos em Portugal, nos séculos XIX e XX, no sentido de estimular mudanças culturais e de formar cidadãos.

De forma pioneira no contexto europeu, foi durante o regime liberal (1834–1910), em 1844, que surgiu a primeira formulação sobre a escolaridade obrigatória no país (Justino, 2014). A frequência escolar era necessária para poder contar com cidadãos instruídos, livres e responsáveis, aptos a contribuir para o progresso da economia e da sociedade. De forma distinta dos sistemas com origem descentralizada, que se desenvolveram pela integração de diferentes redes preexistentes num sistema nacional, procurou construir-se o sistema nacional partindo da iniciativa governamental e de forma a cobrir o território (Archer, 1979), equivalendo este processo a uma contenção do local e dos seus particularismos. Assim, de forma a conseguir afirmar-se em relação às iniciativas existentes em meados do século XIX – escolas criadas pela mão das comunidades locais, paróquias ou associações, geralmente ligadas a organizações religiosas –, o Estado não só instituiu a obrigatoriedade de frequência, mas procurou também assegurar uma rede de oferta integrada. Este sistema procurava chegar a todos e instruir o maior número de cidadãos, contrariando o domínio de instituições religiosas e afirmando o princípio de laicidade.

Numa sociedade ainda marcada por elevadas taxas de analfabetismo no início do século XX, a educação foi tida como prioridade para o regime republicano (1910–1926), que via igualmente na instrução primária a oportunidade de formar cidadãos. Mais uma vez, as questões da laicidade e da secularização colocaram-se com acuidade neste período, o que ficou atestado com a Lei de 1911 (Lei de Separação da Igreja do Estado), com os esforços de afastamento das ordens religiosas e a proibição de ensino religioso nas escolas primárias. Considerar a educação um assunto do Estado laico indicia uma natureza centralista da instrução pública não só a nível da organização, mas também a nível político e social (Barreto, 1995). Ao contrário da educação aristocrática e da religiosa, por essência descentralizadas, a educação republicana é centralizada, pautada pelos princípios da igualdade, universalidade, impessoalidade e uniformidade. O Estado, liberto das influências dos interesses da Igreja e dos caciques locais, pode assim difundir novos ideais e assegurar coerência e homogeneidade na organização, concepção e funcionamento do ensino. É desta forma que, contrariamente aos sistemas de origem descentralizada, que se caracterizam por uma menor estruturação e maior margem negocial, nos sistemas centralizados como em Portugal, o papel do Estado surge como particularmente relevante, ao ponto de vir progressivamente a tornar-se um «Estado Educador», responsável pela criação, regulação e oferta da educação, ao qual se associa uma administração complexa e burocrática de forma a gerir os seus vários aspectos e garantir a implementação do seu projecto de progresso.

Durante estes períodos, as políticas descentralizadoras ficaram associadas a experiências fugazes, respeitantes a competências periféricas, e ao seu relativo fracasso, devido a problemas financeiros e de clientelismo.

O centralismo no ensino consolidou-se e foi sobretudo evidente durante o período do Estado Novo (1933–1974), através de instrumentos como o currículo, a pedagogia, a avaliação, o modelo de administração e gestão e a formação de professores. Esta era a forma de organização adequada à instrumentalização da escola para o controlo ideológico de massas, transformando-a num aparelho de doutrinação (Mónica, 1978). Desta feita, em aliança com a Igreja Católica, era pela escola que se transmitiam valores conservadores. Em meados do século XX, permaneciam dúvidas sobre se era incumbência do Estado a criação de condições para a universalização da instrução pública, face ao esforço de manter a ordem social pela contenção das expectativas de educação e de mobilidade social ascendente. A relação das autarquias com o Estado neste contexto era desigual e subordinada: estas eram concebidas como elos da cadeia de administração central e não como administração local.

Durante o Estado Novo, o ensino não desempenhou unicamente um papel de inculcação ideológica. Na segunda metade do século XX, o imperativo de desenvolvimento económico associou-o ao investimento em capital humano ou mão de obra qualificada. As linhas gerais de reforma propostas no fim do regime, por iniciativa de Veiga Simão (ministro da Educação entre 1970 e 1974), mas não totalmente implementadas devido à sua queda, visavam um acesso alargado à educação, em parte por esta preocupação relacionada com o interesse público no crescimento económico.

Foi a revolução de Abril de 1974 que permitiu uma primeira mas curta mobilização das forças sociais como resultado do súbito vazio do poder do Estado, o que, na educação, correspondeu a uma deslocação do poder do Ministério para as escolas, directores e corpo docente, num movimento que ficou conhecido como «gestão democrática das escolas». A progressiva recuperação do controlo da educação por parte do Estado passou por uma desvalorização das instituições da sociedade civil, nomeadamente pela definição dos locais onde o ensino podia ser administrado, resultando no desaparecimento de muitas iniciativas populares (Stoer, 1986).

No contexto do regime democrático, outras ordens de razões justificam o centralismo do Estado em educação. Outrora uma imposição do Estado – devido à sua natureza pública, com efeitos no desenvolvimento social, político e económico –, realça-se agora o carácter privado da educação, que gera benefícios individuais, em particular ao nível da mobilidade ascendente. Considera-se, então, que o Estado social deve garantir a satisfação desse direito dos cidadãos, através de um serviço público assente no princípio de igualdade de oportunidades. Mais uma vez, o cumprimento de tal desígnio justifica a manutenção de um modelo centralista que permita a estandardização e neutralidade no tratamento dos alunos, acompanhado de um profissionalismo docente embrenhado por uma cultura de serviço público.

Em suma, a legitimação da maior concentração de responsabilidades no poder central em educação, em detrimento de iniciativas e protagonismos locais, decorreu de concepções da educação que, embora variassem consoante o regime político em vigor, acentuavam interesses gerais e princípios políticos nacionais a assegurar pelo Estado. Tal ficou patente nos argumentos a favor da formação de uma unidade nacional através: da difusão de uma história, língua e valores comuns; da construção de uma cidadania esclarecida pela diminuição do papel da Igreja; do crescimento social, político e económico pela formação de cidadãos ou pela democratização da sociedade e pela promoção da igualdade na educação.

Em Portugal, o fortalecimento, ao longo do tempo, de um sistema de ensino baseado num modelo burocrático-profissional, assente simultaneamente na legitimação da intervenção do Estado na educação e na consagração da competência profissional dos professores, teve por corolário um certo afastamento das famílias e das comunidades locais das matérias de educação escolar. Mas transformações políticas e sociais tornaram possível, desde meados dos anos oitenta, o consenso em torno da ideia de uma redistribuição de responsabilidades a favor dos actores locais.

## 2. Do consenso sobre a necessidade de descentralização...

O consenso sobre a necessidade de descentralização e o seu apelo discursivo em termos políticos e legais – como uma das principais tendências de mudança em Portugal desde o pós-25 de Abril e no contexto da entrada na então Comunidade Europeia – fundamentam-se em pelo menos três ideias principais que incentivam um papel acrescido por parte de municípios, escolas e outros actores locais na tomada de decisão educativa.

A primeira ideia, decorrente das críticas entretanto endereçadas ao aparelho burocrático do sistema educativo e às políticas centralizadoras, é a de que importa alcançar uma maior eficiência, eficácia e rapidez na tomada de decisão. São de destacar as orientações da Organização para a Cooperação e Desenvolvimento Económico (OCDE), num relatório produzido no início dos anos oitenta (OCDE, 1984), sobre este aspecto:

> Portugal tem [...] de se libertar da herança de uma administração excessivamente centralizada e estática [...]. Não há uma estrutura regional e os distritos locais apenas exercem alguns poucos poderes. Era certamente desejável aliviar o Ministério de um número dos seus actuais deveres e de muitas tarefas específicas, delegando tomadas de decisão em níveis mais baixos. (pp. 17–19)

De um ponto de vista administrativo e financeiro, o processo de descentralização de decisão reduz a burocracia e permite um uso mais eficiente de recursos, co-responsabilizando também os recém-envolvidos nos processos de decisão através de processos de prestação de contas pelos resultados.

A segunda ideia é a de que importa responder a particularidades e necessidades locais. Tal propósito surge pelo reconhecimento do fracasso do sistema educativo público, universal, estandardizado e neutro na concretização da igualdade de oportunidades. A ancoragem social e territorial está relacionada com a implementação dos chamados mecanismos de «desigualdade justa», que se baseiam na alocação de mais recursos e maior margem de manobra a contextos com características consideradas desvantajosas, que ficariam mais prejudicados caso houvesse de igualdade de tratamento. Além disso, e massificado entretanto o sistema de ensino, as escolas e professores confrontam-se com um público escolar cada vez mais diferenciado, social e culturalmente, que requer respostas adaptáveis e flexíveis dificilmente compatíveis com um sistema rígido, centralizado, burocrático e homogeneizador. Prevalecem então argumentos de ordem pedagógica que sustentam a autonomia no desenvolvimento de instrumentos diversificados e a flexibilização curricular com introdução de componentes locais ou adaptações tendo em conta as características da população.

A terceira ideia é a de que importa promover uma maior participação e mobilização dos actores locais na educação. Este aspecto, também mencionado no relatório da OCDE (1984), apoia-se numa crítica ao domínio excessivo do Estado, que teria efeitos nefastos na vida local, provocando o conformismo de professores, transformados em meros executantes das normas centrais, e o afastamento dos cidadãos dos serviços públicos, desde as famílias às instituições das comunidades locais. No quadro de uma sociedade mais escolarizada, entende-se que se deve reequacionar a preponderância do Estado e o espaço deixado a outros actores para desenvolverem e concretizarem novas aspirações. Uma vez garantida a universalidade de acesso, crê-se que a educação deve ser cada vez mais uma preocupação dos cidadãos e não do Estado. Estes argumentos podem ser relacionados com o princípio de liberdade de organização de alternativas e diferentes respostas organizacionais asseguradas por entidades distintas, resultando na coexistência de escolas públicas, comunitárias, associativas, internacionais ou municipais, com projectos educativos próprios e diversificados, tendo em conta o desenvolvimento pessoal e comunitário. Mas também dizem respeito à maior aproximação entre a escola e a comunidade local, a começar pelas famílias, como forma de gerir a maior diversidade e de garantir a sua participação colectiva nas decisões que os afectam. Assim se passou de um compromisso sobre a igualdade de oportunidades para um consenso em torno da necessidade de descentralização, que envolveria o desenvolvimento de acordos locais e a afirmação de outros pilares de regulação que não o Estado: o *quase-mercado* e a *comunidade local*.

O *quase-mercado* implica uma inversão do monopólio do Estado ao nível da provisão, financiamento e organização do sistema educativo e a introdução de lógicas e valores de mercado, como a comparação, a concorrência e a liberdade de escolha. Note-se que se trata de um «quase»-mercado, na medida em que as organizações em competição não visam forçosamente a maximização dos seus lucros, nem são necessariamente geridas de forma privada, e estão previstas ajudas financeiras para o acesso a determinados serviços. Tal permitiria uma maior diversidade nos fornecedores do serviço público e uma maior influência das famílias na educação e no controlo do serviço prestado. No caso da *comunidade local*, visa-se a coordenação entre actores locais de fora e de dentro da escola para a concretização de objectivos comuns, alicerçados na sua mobilização em torno de projectos de desenvolvimento local. Isto implica a multiplicação de espaços de partilha e participação, bem como poderes de decisão e responsabilidade acrescidos.

Em ambos os casos, o desequilíbrio de poderes que poderia resultar do processo de descentralização levanta uma série de questões que visam denunciar supostas intencionalidades escondidas por parte do poder central – *Serão estes processos motivados pelos princípios políticos enunciados (participação democrática, liberdade de escolha, etc.) ou pelas crescentes dificuldades em gerir e financiar o dispendioso e ineficaz sistema de ensino? Trata-se de aproximar o ensino das necessidades locais ou de um recuo do governo central, que dá carta verde às regras do mercado? Caminha-se para a construção de novos compromissos pela mobilização dos actores locais ou está o Estado a desresponsabilizar-se dos resultados educativos e dos seus efeitos?*

Os processos de descentralização enquadram-se geralmente na adopção de princípios da Nova Gestão Pública, o que, na verdade, não implica uma retirada do Estado dos serviços públicos, mas uma reconfiguração do seu papel na gestão desses serviços. Continuam a ser da responsabilidade do Estado a regulação, a fiscalização e a garantia da qualidade da educação. Estão patentes na Constituição as obrigações do Estado a respeito da garantia de acesso de todos, em condições de igualdade, a serviços de educação; e também o papel da educação na superação das desigualdades e o direito ao êxito escolar. A sua intervenção afigura-se assim indispensável para concretizar os objectivos colectivos do ensino obrigatório, nomeadamente a questão da universalidade do acesso e da equidade social, e para assegurar alguma unidade nacional, devendo assim preservar as competências de concepção de um currículo mínimo nacional, definição de objectivos de qualidade, financiamento, avaliação e inspecção. Mas o foco deixa de estar no centralismo do sistema e das políticas educativas para se situar na *accountability* (prestação de contas), envolvendo avaliação, prestação de contas e responsabilização dos actores locais, bem como a redefinição do papel do Estado em torno da regulação e da correcção de desigualdades.

Assim, num balanço entre centralismo e descentralização, há que concluir pela necessidade de equilíbrio entre uma redefinição do papel do Estado, assente em funções reguladoras, fundamentais para assegurar objectivos e princípios de âmbito nacional, e a transferência de competências e responsabilidades para o local, possibilitando maior proximidade, mecanismos de flexibilidade e diversidade, bem como uma maior participação.

## 3. ... mas diversas dificuldades à sua implementação

Se existe consenso em torno da ideia de descentralização, firmado em documentos estratégicos do país e do sistema de ensino em particular, por que motivo, então, continua este com um carácter predominantemente centralizado?

Uma das primeiras explicações tem que ver com a inscrição histórica de traços do modelo burocrático-profissional, fundado na primazia do governo central e das escolas, praticamente excluindo outros actores. O desequilíbrio de poderes fez-se sobretudo, ao longo do tempo, a favor da predominância do Estado, centralizador e educador, responsável pelas competências-chave na definição, gestão e acompanhamento do sistema de ensino. As escolas eram vistas como serviços do Ministério, numa relação de dependência financeira e de orientação por via legislativa; o próprio trabalho pedagógico era controlado, através da Inspecção. Continua a existir uma produção normativa intensa que condiciona a acção das escolas, como se todos os aspectos do seu dia-a-dia devessem ser enquadrados e orientados. Nota-se, por parte dos dirigentes políticos, uma certa contradição entre o discurso descentralizador e a sua operacionalização, muitas vezes em aspectos secundários, administrativos, deixando de lado aspectos essenciais relativos ao currículo, a questões pedagógicas e à gestão de professores.

O único (curto) lapso de tempo em que a relação de forças favoreceu os professores aconteceu no período pós-revolucionário, em que se assistiu à vitalidade de órgãos colegiais nas escolas, substituindo uma regulação de tipo burocrático-administrativa por uma regulação profissional com autonomia pedagógica. Este período é decisivo para a compreensão de acções e percepções actuais dos actores das escolas, nomeadamente pelas expectativas de modelos autogestionários que formaram e que estão na base das críticas aos diferentes modelos de gestão da escola propostos desde então, combinando aspectos administrativos com aspectos pedagógicos.

A nível do sistema educativo, o conflito entre estes dois modelos consubstanciou-se na influência e condicionamento crescente de sindicatos de professores, aplicados em defender interesses da classe profissional, sobre o poder centralizado. Esses interesses passam por manter o carácter centralizado do sistema, que facilita o seu poder negocial, e por determinados instrumentos, como é o caso da contratação nacional de professores e do estatuto da carreira docente (associado a um regime de funcionário do Estado, com suposta maior estabilidade laboral e financeira). Assim, a descentralização de competências para municípios não é vista com bons olhos, ao contrário daquela relativa a competências pedagógicas e gestionárias para professores, no interior das escolas.

Face a este quadro, as tentativas de implementação de processos de descentralização são classificadas como formas de economicismo ou neoliberalismo em educação, denunciando propósitos de redução da despesa do Estado social ou a privatização do ensino. Note-se que o ensino privado, que ocupa ainda um espaço residual no conjunto do sistema, é considerado com desconfiança, seja por associação ao seu carácter religioso, pela ameaça que pode constituir ao monopólio do ensino público ou pelos receios de acentuar desigualdades sociais.

Outra resistência prende-se com a questão da prestação de contas e da responsabilização. Face às transformações políticas e sociais abordadas, que justificam uma alteração do seu papel, o Estado convoca outros actores a partilharem responsabilidades sobre o sistema educativo. Mas quem deve então assumir outras responsabilidades e de que forma? O receio de não se conseguirem imputar responsabilidades em gestões colegiais nas escolas tem-se traduzido na individualização de lideranças, por exemplo, na figura do director. Porém, uma responsabilização mais individualizada e próxima de quem deve prestar contas é difícil de arcar, além de que se procura denunciar uma sobrecarga de professores e escolas, limitados à produção de resultados e à satisfação do mercado, quantas vezes sem as margens de autonomia desejadas. A dificuldade em definir responsáveis está também associada à falta de precisão sobre o papel e as competências dos vários actores a nível local, o que levanta problemas de legitimidade, nomeadamente dos municípios.

Finalmente, estes processos colidem com o défice de participação, vontade e por vezes capacidade de actores locais, tradicionalmente afastados da tomada de decisão sobre educação, como é o caso das famílias.

## 4. Em jeito de conclusão, sobre os princípios múltiplos em debate

Esta mudança a favor da transferência de competências e responsabilidades para o nível local significa, acima de tudo, a emergência de princípios múltiplos de difícil conciliação (Derouet, 1992) e de acesos debates sobre os propósitos, as áreas e os actores em jogo, em educação.

Se outros actores, para além da administração e dos profissionais de ensino, devem regular as políticas de educação, há que chegar a compromissos entre as posições ideológicas sobre a missão da escola e sobre quem deve assegurá-la e os vários princípios em confronto, mesmo a nível local: deve o Estado promover uma competição saudável entre os diferentes fornecedores de educação, assegurando a qualidade do serviço prestado, ou deve assegurar que o serviço público educativo seja providenciado preferencialmente por uma rede pública? Como garantir o direito de escolha da escola por parte dos pais e evitar que se criem desigualdades, através de fenómenos como a segregação escolar? Como conciliar a promoção do sucesso e dos resultados escolares com a atenção a crianças com origens e necessidades diferenciadas? Como compatibilizar as responsabilidades dos diferentes actores educativos, o interesse público e os interesses individuais, o currículo e avaliação nacionais, a autonomia profissional, a coesão social e o respeito pela diferença, as oportunidades iguais e a liberdade de escolha?

Parece-nos que o problema fulcral reside sobretudo na tensão entre o respeito dos particularismos familiares, contextuais, locais, e do universalismo, tendo em conta o interesse geral do território nacional. Em contexto de quase-mercado, por exemplo, os consumidores prosseguem os seus interesses, havendo um maior risco de desigualdades, com repercussões em termos de coesão social e política; a dimensão comunitária pode pender para uma componente mais corporativa, baseada na defesa de determinados interesses, à custa da missão nacional. O debate sobre os caminhos da (des)centralização não se deve limitar às questões sobre a gestão do sistema, mas incidir o quanto antes sobre estas questões políticas.

## Referências e leituras recomendadas

ARCHER, Margaret, *Social Origins of Educational Systems*, Londres, Sage, 1979.

BARRETO, António, «Centralização e descentralização no sistema educativo», *Análise Social*, XXX (130), 1995, pp. 159–173.

CANDEIAS, António, *Educação, Estado e Mercado no Século XX. Apontamentos sobre o caso português numa perspectiva comparada*. Lisboa, Edições Colibri/Faculdade de Ciências Sociais e Humanas da Universidade Nova de Lisboa, 2009.

CONDORCET, Marie Jean Antoine Nicolas de Caritat, Marquis de, «Cinq mémoires sur l'instruction publique», in COUTEL, Charles, e

KINTZLER, Catherine, *Présentation, notes, bibliographie et chronologie,* Paris, Garnier-Flammarion, 1994 (1791).

DEROUET, Jean-Louis, *École et justice: de l'égalité des chances aux compromis locaux?* Paris, Éditions Métaillé, 1992.

JUSTINO, David, «Escolaridade obrigatória: entre a construção retórica e a concretização política», in RODRIGUES, Maria de Lurdes (org.), *40 Anos de Políticas de Educação em Portugal. A construção do sistema democrático de ensino,* vol. I, Coimbra, Almedina, 2014, pp. 109–129.

MILL, John Stuart, *Principles of Political Economy with some of their Applications to Social Philosophy* (org. William J. Ashley), Londres, Longmans, Green and Co, 1909 (1848).

MÓNICA, Maria Filomena, *Educação e Sociedade no Portugal de Salazar (1926–39),* Lisboa, Presença-Gabinete de Investigações Sociais, 1978.

OCDE, *Reviews of National Policies for Education – Portugal,* Paris, OECD Publishing, 1984.

STOER, Stephen, *Educação e Mudança Social em Portugal. 1970–1980, uma década de transição,* Porto, Afrontamento, 1986.

# II

# PROBLEMAS ESPECÍFICOS

# Para uma ética do sucesso escolar

*Anabela Grácio*

Professora e ex-directora do Agrupamento de Escolas de Constância

## 1. Do direito universal à educação à pressão para o sucesso escolar

O direito universal à educação, consignado nas leis fundamentais nacionais, em tratados e convenções internacionais, é assumido como um bem social e eixo fundamental do desenvolvimento das sociedades, contribuindo para a igualdade de oportunidades, para a promoção da cidadania e dos valores comuns da liberdade e da tolerância (EURYDICE, 2016), para o progresso social e para a participação democrática na vida colectiva, para a superação das desigualdades económicas, sociais e culturais, bem como para o desenvolvimento da personalidade, da compreensão mútua, da solidariedade e da responsabilidade. Perante novos e ameaçadores problemas com que somos hoje confrontados, como é o caso de diversas formas de terrorismo que têm avassalado a vida quotidiana, é na e pela educação que se acredita residir a forma mais eficaz de prevenção da marginalização, intolerância, racismo e radicalização que têm estado na génese desses movimentos (EUROPEAN COMMISSION, 2015).

A promoção da democratização da educação, realizada através da escola, deve assegurar o direito ao ensino com garantia do direito à igualdade de oportunidades no acesso e êxito escolar. Um sistema educativo, para cumprir a sua missão, deverá ser inclusivo e integrador, e todos os seus actores deverão agir no sentido da promoção da educação escolar com equidade. Sendo a educação um direito universal, a sua efectiva realização torna-se uma obrigação de todos os que têm responsabilidades nesse domínio. No entanto, fazer cumprir o Direito à Educação não implica simplesmente proporcionar o acesso universal à escola, mas, igualmente, a possibilidade de sucesso nos diferentes percursos educativos, através de construção de uma resposta adequada aos desafios que trazem os processos de aprendizagem de cada uma das crianças, jovens ou adultos.

### *1.1. Sucesso escolar: um mandato com múltiplas interpretações*

Os professores, profissionais centrais dos sistemas educativos, desempenham um papel fundamental no cumprimento deste ambicioso desiderato da educação. Efectivamente, é sobre o corpo docente que são colocadas a esperança e a responsabilidade do desenvolvimento da acção educativa e são eles que dão corpo à actividade conjunta de cada escola.

Na mensagem conjunta emitida anualmente pelos responsáveis da UNESCO/OIT/UNICEF/PNUD/EI por altura do Dia Mundial do Professor, em 2014, é afirmado, «um sistema educativo é apenas tão bom quanto os seus professores. Os professores são essenciais para uma educação universal e de qualidade para todos: são fundamentais na formação de mentes e atitudes das gerações vindouras para lidar com os novos desafios e oportunidades globais. Um ensino inovador, inclusivo e orientado para os resultados é crucial para 2015 e além, se desejarmos oferecer as melhores oportunidades possíveis a milhões de crianças, jovens e adultos em todo o mundo» (UNESCO *et al.*, 2014 – tradução da autora).

Nesta declaração conjunta, são, assim, enunciados os princípios de um ensino que proporcione as melhores oportunidades de sucesso aos alunos: inovador, inclusivo e orientado para os resultados.

O sistema educativo português, a par da maioria dos demais, tem feito um percurso que vai ao encontro deste enunciado, nomeadamente no que se refere: a) ao desenvolvimento de iniciativas de inovação em diversos domínios da educação – do qual o desenvolvimento de acções no âmbito das novas tecnologias na área educativa é um exemplo; b) ao desenvolvimento do movimento de construção de um sistema escolar inclusivo, entendido como a possibilidade de acesso a alunos com necessidades educativas especiais, no qual Portugal se destaca como um dos países europeus com maior taxa de inclusão (European Parliament, 2017); c) e à orientação do ensino para os resultados. Entende-se que o processo de orientação do ensino para os resultados pressupõe o desenvolvimento de uma cultura de avaliação com a produção e divulgação de dados profusos e variados relativos ao desempenho de alunos, professores e escolas (Eurydice, 2010).

Assim, a par de um movimento de transformação das escolas públicas em espaços de inclusão, onde alunos com diferentes características de aprendizagem coexistem e para os quais é necessário planear e desenvolver percursos e formas de apoio diferenciados, também se espera que a escola prepare alunos para desempenhos académicos de sucesso, medido em provas e exames nacionais – testes normalizados e provas organizadas a nível central –, que foi ganhando centralidade ao nível dos diferentes sistemas educativos mundiais, incluindo o português. Como afirmava o Comissário Europeu responsável pela Educação, Formação, Cultura e Juventude em 2010, «a importância dos exames nacionais de alunos enquanto instrumento de medição e controlo da qualidade do ensino e de planeamento dos sistemas educativos é cada vez maior em toda a Europa» (European Commission/eacea/Eurydice, 2010: 5)

A introdução dos exames nacionais é, assim, assumida como instrumento de melhoria da qualidade do ensino que permite a recolha de informações fiáveis sobre o desempenho dos alunos, o que favoreceu a sua afirmação como um importante instrumento de medição do sucesso escolar (*idem*).

A assunção da importância dos exames como forma de controlo e medida da qualidade do ensino trouxe, para o universo escolar, novos desafios a que se acrescenta, no caso português, o facto de esses resultados serem analisados e publicitados por responsáveis educativos, tendo os meios de comunicação social mediatizado amplamente esses resultados, hierarquizados em *rankings*, com um impacto importante na percepção pública da qualidade das escolas e na auto-imagem escolar.

A pressão para o sucesso académico medido em resultados de exames, sob o escrutínio público, tem colocado as escolas sob um dilema ético relativamente ao enfoque da sua acção educativa: deverão as escolas desenvolver a sua acção colocando a tónica no desenvolvimento de aprendizagens e competências complexas, não passíveis de serem medidas em exames normalizados, ou deverão organizar a sua resposta educativa no sentido de seleccionar e treinar alunos para responderem com eficácia ao tipo e aos critérios de prova normalizada?

Por oposição a esta tendência, recentemente, a comunidade académica, bem como organizações nacionais e internacionais e responsáveis políticos e educativos, têm vindo a alertar para os efeitos perversos causados pela excessiva centralidade que os exames e outras provas normalizadas têm assumido no âmbito do desenvolvimento do processo de ensino e aprendizagem. Destacam-se, entre outros efeitos, o estreitamento curricular, o obstáculo à inovação pedagógica, a promoção da selectividade no acesso e no percurso escolar, a obstrução à inclusão, a limitação da autonomia profissional docente e escolar. Nesse sentido, têm sido feitos apelos à reorientação dos modos de agir, ao profissionalismo e sentido ético da acção educativa de professores e líderes escolares.

Um dos exemplos da apreensão face à orientação para os processos de ensino-aprendizagem para a resposta a provas normalizadas está patente na Mensagem Conjunta dos responsáveis por diferentes agências da Organização das Nações Unidas (ONU), emitida por ocasião do Dia do Professor, desta vez em 2017 e com uma interessante mudança de tónica em relação à produzida em 2014, anteriormente citada. A Mensagem, intitulada Ensinar em Liberdade, Capacitar Professores, emite o seguinte alerta: «[...] em muitos países a liberdade académica e a autonomia dos professores estão sob pressão. Por exemplo, nas escolas primárias e secundárias de alguns Estados, sistemas de responsabilização rigorosos colocam as escolas sob uma enorme pressão para atingirem bons resultados em testes estandardizados, ignorando a necessidade de se certificarem que o currículo-base vai ao encontro das diversas necessidades dos estudantes.» (UNESCO *et al.*, 2017)

A contrapor a análise redutora e até perversa – e diria mesmo intelectualmente desonesta – dos *rankings* que compara os resultados de provas finais e de exames de realidades incomparáveis – escolas elitistas e escolas verdadeiramente inclusivas –, algumas instituições e investigadores desenvolvem uma análise desses mesmos resultados à luz dos diferentes contextos e cruzando-os com eventuais práticas escolares de exclusão e retenção escolar. São exemplo desta análise multidimensional de resultados escolares o processo de avaliação externa das escolas levado a cabo pela Inspecção Geral da Educação (IGE) ou o que nos é trazido pelo Atlas da Educação realizado pelo Centro Interdisciplinar de Ciências Sociais da

Universidade Nova de Lisboa e pela Empresários Pela Inclusão Social (EPIS) (MARIE JEAN ANTOINE NICOLAS DE CARITAT, MARQUIS DE *et al.*, 2017).

É neste contexto de movimentos de pressão (aparentemente) antagónicos que se encontram as escolas, os professores e os líderes escolares que se movem entre as normas deontológicas e éticas que os regem e que determinam que a sua acção se deve orientar para a equidade e igualdade de oportunidades para todos os seus alunos, e a pressão social para o sucesso académico socialmente visível.

Qual a orientação educativa das escolas no sentido de desenvolver percursos escolares de sucesso?

O conceito de sucesso escolar não é unívoco. Como se pode ler o conceito de sucesso escolar? Que indicadores o determinam? É o desempenho em provas normalizadas a nível nacional ou internacional? São as taxas de transição/conclusão de ano e ciclo? É resultado do processo de avaliação externa das escolas? É a taxa de procura por parte das famílias? É a capacidade de inclusão de uma escola entendida pela diversidade de alunos que acolhe e para quem organiza respostas educativas? É o conjunto de actividades promovidas às quais subjaz a intencionalidade de desenvolvimento de competências diversas?

Haverá uma ligação entre estas diversas acepções de sucesso escolar? Quais as implicações da ênfase que é colocada em cada uma delas? Como desenvolver a actividade de uma escola em função do sucesso de percursos escolares diferenciados e eficazes para cada um dos seus alunos?

É a partir da tensão entre estas diferentes perspectivas e das opções tomadas na construção de cada escola que se podem ler as prioridades e os valores que as orientam, os quais podem incorporar ou contrariar os princípios enunciados em documentos orientadores das suas escolas e os direitos universais expressos em leis, convenções e tratados.

No caso particular do sistema educativo português, identificamos o cruzamento de dois movimentos antagónicos que colocam escolas e profissionais em constante dilema: a retenção escolar e a construção de escolas inclusivas. O primeiro, fruto de uma cultura secular, está associado à ideia da limitação das possibilidades de sucesso para todos os alunos, com base nas suas (in)capacidades de aprender. O segundo implica a necessidade e a obrigatoriedade de se construírem percursos educativos diferenciados, centrados nas possibilidades de sucesso, e que identificam no contexto as barreiras à aprendizagem, que devem ser removidas, para permitir a todos e cada um dos alunos da escola o desenvolvimento pleno das suas capacidades, aptidões e competências.

### *1.2. Retenção escolar: uma «chaga» educativa e social*

A retenção escolar continua a assumir em Portugal contornos alarmantes. Apesar dos dados do PISA (Programme for International Student Assessment) 2015 mostrarem uma ligeira melhoria nos valores da retenção escolar entre 2009 e 2015 – cerca de 6% – (OCDE, 2017), Portugal é o segundo dos quatro únicos países europeus com mais de 30% de alunos que apresentam pelo menos uma retenção durante a escolaridade.

Os efeitos da retenção escolar estão já amplamente estudados e divulgados: conforme podemos ler na Recomendação do Conselho Nacional de Educação relativa à Retenção Escolar, ao invés de proporcionar uma melhoria das aprendizagens, «a investigação demonstra que alunos retidos, nomeadamente nos anos iniciais da escolaridade, não melhoram os seus resultados e são mais propensos a uma nova retenção para além da evidente associação, sustentada na literatura, entre a retenção e o aumento dos níveis de desmotivação, indisciplina e abandono escolar.» (Conselho Nacional de Educação, 2015).

Adicionalmente, alunos com piores condições socioeconómicas e alunos estrangeiros têm maior probabilidade de serem retidos, o que é confirmado pelos dados do PISA 2015 e traduz maior iniquidade num sistema educativo que preconiza esta estratégia como medida de promoção das aprendizagens.

Apesar de se sentirem alguns avanços na compreensão desta problemática, na sociedade portuguesa, em geral, grassa ainda uma forte «cultura de retenção», ou seja, a convicção de que a retenção é uma inevitabilidade perante quadros de aprendizagem deficitários e que a tentativa de desmontar as peças desta crença significa um apelo ao facilitismo, lido no sentido de «deixar passar os alunos sem saber». Ora, esta ideia é duplamente falsa: por um lado, o que se preconiza, por oposição à medida generalizada da retenção, é a definição e implementação de diferentes estratégias de promoção de aprendizagens não realizadas, as quais podem ter raízes tão diferentes como dificuldades de aprendizagem, desmotivação para a aprendizagem ou contextos desfavoráveis à criação de condições para a aprendizagem, sendo evidente que diferentes problemáticas requerem diferentes estratégias de intervenção; por outro, a retenção constitui-se como uma medida sem qualquer dificuldade de implementação, bastando repetir. Não traz esforço acrescido por parte de alunos, pais, professores ou escolas e é, na larga maioria das vezes, ineficaz: não melhora as aprendizagens. Fazendo uma analogia com a medicina, é como a prescrição continuada de um mesmo medicamento depois de este se revelar ineficaz na sua primeira aplicação. Na realidade, o que é difícil é «fazer passar» os alunos no quadro de uma acção educativa eticamente comprometida.

Neste contexto, é importante referir que a cultura de retenção também persiste no meio escolar e é partilhada por muitos líderes escolares, professores, pais e alunos. No âmbito da acção educativa nas escolas, é importante que, na discussão desta problemática, sejam debatidas as suas diversas vertentes e que os professores e líderes educativos organizem a sua actividade não no sentido da melhoria cosmética das taxas de transição, mas antes no do desenvolvimento de condições que permitam a melhoria das aprendizagens escolares. Neste âmbito, diversos programas de promoção do sucesso escolar têm sido desenvolvidos a nível nacional e local e implementados nas diversas escolas, os quais têm permitido a discussão sobre formas de combate da retenção escolar e a implementação de estratégias que visem a promoção de aprendizagens e o desenvolvimento de percursos escolares de qualidade. Importa, no entanto, que as diversas possibilidades que estes programas contemplam sejam acompanhadas da reconfiguração da cultura de retenção ainda vigente, através de formação de professores e líderes escolares orientada para o desenvolvimento de estratégias de intervenção específicas para responder às diferentes problemáticas que impedem o acesso às aprendizagens.

A construção de diversos caminhos que respondam às distintas capacidades e dificuldades evidenciadas pelos alunos pode e deve extravasar as respostas que cada escola promove dentro do seu espaço de acção. A organização de respostas escolares e educativas pode, e deve, ser articulada entre as diversas instituições e organizações que se movem no universo escolar a nível local e/ou regional, permitindo a cada aluno encontrar o seu caminho de aprendizagem e desenvolvimento pessoal. Neste processo, assegurar as condições (transporte, acompanhamento, adaptação de horários, apoios educativos e de acção social, entre outros) que permitam a exploração e o desenvolvimento de percursos educativos conjugados entre as diversas instituições é condição fundamental para a construção de um espaço (alargado) que possibilite o desenvolvimento de aprendizagens com significado e das capacidades e aptidões de cada aluno.

## 2. As escolas como espaços de inclusão: acesso, percursos e sucesso

Entendendo a educação como um direito humano básico e universal e alicerce para a construção de uma sociedade mais justa, o maior desafio dos sistemas educativos é responder à diversidade dos seus alunos, independentemente das suas características, desvantagens ou dificuldades. Criar as condições necessárias à igualdade de oportunidades no acesso e no sucesso de todos os alunos só será possível se os sistemas educativos forem capazes de proporcionar a todos seus alunos o desenvolvimento pleno das suas capacidades e aptidões, em percursos escolares de qualidade. Embora a ideia de educação inclusiva tenha a sua génese no âmbito da educação de alunos com necessidades educativas especiais, a sua leitura actual configura uma abrangência mais ampla que engloba a eliminação de todas as formas de exclusão, no respeito pela diferença e pela autonomia de cada um dos seus alunos e no desenvolvimento pleno das suas capacidades e aptidões (UNESCO, 2001).

A acção da educação inclusiva é desenvolvida no sentido de eliminar as barreiras que possam impedir o acesso às aprendizagens e ao currículo. Desta forma, a inclusão como princípio e orientação para o respeito pelos diferentes modos de aprendizagem torna inevitável a diversidade curricular e de estratégias de ensino/aprendizagem e a rotura com uma escola de tipo «tamanho único», com currículos, metodologias e formas de avaliação rígidos, centrados na ideia da justiça escolar, como dar a todos as oportunidades e ter as mesmas exigências em relação a todos os alunos, independentemente das suas diferenças.

Uma escola verdadeiramente inclusiva, justa e eticamente comprometida pressupõe processos de ensino e aprendizagem exigentes e de qualidade, que permitam desenvolver a plenitude de capacidades e aptidões de cada criança, jovem ou adulto. É, portanto, essencial que se faculte a cada um dos alunos as condições para chegar o mais longe possível no seu caminho de aprendizagem e resistir à tentação de redefinir currículos reduzindo, cortando, minimizando por referência a um currículo «padrão». Todos os alunos têm o direito a que se lhes exija que aprendam mais e que todos os dias subam mais um degrau da escadaria infindável do saber. Alunos em dificuldades não precisam de compaixão, mas da paixão de professores que acreditam nas possibilidades dos discentes desenvolverem mais e melhores aprendizagens.

A construção de uma escola inclusiva pressupõe a diversidade como oportunidade, a possibilidade de aprender como princípio orientador e que a construção de processos de ensino e aprendizagem de qualidade seja assumida por todos os seus actores, para todos os alunos, como um dever profissional inalienável.

A assunção destes princípios está intrinsecamente ligada à necessidade de as escolas disporem de margens de autonomia que permitam adequar as respostas aos diversos percursos educativos e às necessidades de aprendizagem dos seus alunos, bem como de terem alocados os recursos e profissionais que possibilitem construções de percursos educativos de sucesso.

A ideia de educação inclusiva reúne largo consenso no âmbito do sistema educativo português. Há, no entanto, alguns constrangimentos que podem fazer dos processos de inclusão uma mera construção retórica com gravíssimas implicações na qualidade dos processos de ensino-aprendizagem e nas possibilidades de percursos educativos de qualidade, inviabilizando o princípio da equidade e a possibilidade de sucesso. Entre outros constrangimentos, o Parecer do Conselho Nacional de Educação relativo às políticas Públicas de Educação Especial (CNE, 2015) refere: a rigidez curricular e dos processos de avaliação, a formação inicial docente, com gravíssimas lacunas na preparação dos professores no sentido de responderem à diversidade da sala de aula, e a falta de qualidade da formação de docentes de educação especial, que traz dilemas éticos a líderes educativos e professores, que se vêem confrontados com a impossibilidade de proporcionar uma educação de qualidade a todos os seus alunos.

Como organizar a escola para o sucesso nas suas diversas dimensões? Como construir uma escola mais justa e eficaz? Como estabelecer compromissos entre os diferentes desafios éticos no desenvolvimento da actividade escolar?

Professores e líderes escolares eticamente comprometidos confrontam-se com estas questões no seu dia-a-dia e trazem ao debate interno as diversas variáveis que intervêm nas questões e nas decisões a tomar. A procura de soluções e o estabelecimento de compromissos possíveis para os dilemas éticos com que são confrontados no desenvolvimento da sua actividade profissional constituem-se como oportunidades para o crescimento profissional, para a aferição da orientação educativa e da afirmação de valores estruturantes da acção educativa.

Durante os vários anos de experiência profissional, enquanto professora, mas sobretudo como directora de Agrupamento, fui confrontada com estes dilemas. Para quase todos fomos encontrando o melhor (ou o possível) caminho. O norte orientador da acção foi sempre balizado pelos princípios e valores assumidos colectivamente, e alguns princípios estruturantes de acção educativa (abaixo enunciados) foram emergindo como factores de promoção de escolas de sucesso: inclusivas, exigentes e de qualidade.

### *2.1. Expectativas elevadas para todos os alunos*

As expectativas que são colocadas numa acção condicionam os seus resultados. Ter expectativas elevadas em relação ao desempenho de todos os alunos e profissionais é o primeiro passo para criar um compromisso com vista ao desenvolvimento educativo e profissional de uma comunidade escolar.

Expectativas elevadas obrigam a olhar mais longe e mais alto, aumentam os níveis de (auto)exigência, combatem a tendência para o laxismo, estimulam a confiança no sucesso, elevam a auto-estima individual e colectiva, promovem alunos (e professores) mais comprometidos e persistentes na aprendizagem. A comunicação clara e eficaz do caminho que se propõe percorrer, dos resultados que se espera obter, das responsabilidades de cada um e o comprometimento de todos os actores educativos no desenvolvimento do(s) percurso(s) educativos e profissionais são factores fundamentais para que as expectativas sejam alcançadas.

As escolas são locais de oportunidade para: aprender, crescer em conjunto, conviver, celebrar o conhecimento e a vida. Desenvolver a acção educativa em torno da cultura da possibilidade por oposição a uma cultura cinzenta da resignação, do desalento e do queixume significa transformar cada erro numa oportunidade de aprendizagem, cada dificuldade numa ocasião para encontrar novos caminhos ou para perseverar e cada vitória num motivo para celebrar.

Estabelecer e manter expectativas elevadas em relação à aprendizagem e à possibilidade de sucesso de todos os alunos é particularmente importante no caso dos alunos oriundos de contextos socioeconómicos desfavorecidos, para quem a retaguarda familiar é muitas vezes um obstáculo às suas possibilidades de sucesso. De igual forma, é fundamental que, no caso de alunos com baixa motivação para a vida escolar, em risco de retenção, com uma baixa autopercepção do desempenho escolar ou com necessidades educativas especiais, as expectativas para a sua aprendizagem sejam elevadas: esperar o melhor dos alunos tem um impacto poderoso na forma como estes percepcionam a sua possibilidade de sucesso, sendo que, muitas vezes, apenas não acreditam serem capazes.

Para a construção da imagem da possibilidade de sucesso de cada um dos alunos, é preciso acautelar os sinais que lhes são enviados: cada gesto conta, cada momento é importante, cada palavra pode fazer a diferença. Perante um momento de insucesso, proferir o enunciado «não fomos capazes» tem uma leitura completamente diferente de «ainda não fomos capazes». Neste caso, o advérbio «ainda» traz a dimensão da possibilidade e do caminho que inevitavelmente se tem de percorrer até «sermos capazes».

No entanto, para que as expectativas se cumpram, é preciso mais do que simplesmente acreditar. É fundamental demonstrar que as expectativas são alcançáveis, agindo de forma coerente, intencional e continuada, em cada momento da construção do processo de ensino e aprendizagem: da escolha dos objectivos de aprendizagem à determinação das actividades, aos métodos da avaliação, à celebração dos sucessos ou à redefinição de novos caminhos, em caso de obstáculos. Professores e comunidades que optam por estabelecer expectativas elevadas trabalham arduamente para que estas sejam interiorizadas e assumidas por todos os actores do processo de ensino e aprendizagem.

### *2.2. Capacitar os professores para o sucesso*

Outra dimensão do estabelecimento de expectativas elevadas em relação às possibilidades de sucesso escolar dos alunos é o efeito que este tem no desempenho profissional docente. Um professor que espera o melhor dos seus alunos também espera o melhor de si. Assume a inteira dimensão da sua responsabilidade profissional, orienta a sua acção em função dos processos de aprendizagem dos seus alunos, age em conformidade com os princípios éticos e deontológicos da sua profissão e reconhece o impacto decisivo que a sua acção tem no desempenho académico dos seus alunos.

Da mesma forma, uma comunidade escolar que tem expectativas elevadas para os seus alunos reconhece nos seus profissionais a capacidade de desenvolver tão exigente tarefa, porque, efectivamente, os professores são os principais actores do sistema educativo. Recuperando as palavras da Declaração Conjunta da UNESCO, proferida em 2014, a qualidade de um sistema educativo reflecte a qualidade dos seus professores.

O reconhecimento da centralidade e importância da acção dos professores no acto educativo deve estar reflectida na forma como as escolas se organizam para permitir a criação das melhores condições para ensinar e aprender. Valorizar e respeitar o trabalho dos professores por parte das comunidades educativas restritas e alargadas é condição fundamental para a sua motivação e satisfação profissional, factores importantes para a melhoria do seu desempenho.

Muito se tem escrito sobre o mal-estar docente, sobre a falta de reconhecimento social da importância dos professores. No entanto, é essencial que se tenha uma visão mais panorâmica sobre os indicadores do reconhecimento dos professores. Os relatórios relativos aos testes internacionais PISA 2015 e TIMSS 2015 demonstram que alunos, pais e directores escolares portugueses são os que exprimem uma opinião mais positiva dos professores em comparação com os seus pares europeus em termos de competência e disponibilidade.

Na verdade, num contexto de mudanças contínuas, de desafios sociais, de diversidade cultural, de contextos e proveniências que coexistem no seio da escola, é nos professores que se deposita a chave para a construção de percursos de sucesso para todos os seus alunos. Neste sentido, espera-se que os professores desenvolvam práticas de ensino eficazes, maximizando as possibilidades de aprendizagem dos seus alunos, que comuniquem claramente com alunos e pais sobre os objectivos de aprendizagem e que caminhem de uma forma determinada, sistemática e exigente no sentido de proporcionar o desenvolvimento pleno de capacidades e aptidões de todos os seus alunos.

### *2.3. Foco nas aprendizagens curriculares em interacção com a avaliação*

Actualmente é atribuída às escolas uma miríade de mandatos educativos que extravasam o campo escolar e que causam uma sensação de incumprimento e de insucesso, percepcionado pela opinião pública e sentido por líderes escolares e professores. Adicionalmente, as múltiplas responsabilidades e tarefas e os projectos de natureza diversa que chegam às escolas conduzem a uma descentração do foco da acção educativa e comprometem a sua consecução. Um planeamento intencional e coerente que identifique as prioridades educativas e o foco no currículo e nas aprendizagens a desenvolver ajudam à identificação do centro da acção educativa.

A centralidade da acção educativa das escolas no currículo e nas aprendizagens implica que as diferentes formas e tipos de avaliação estejam ao serviço das aprendizagens e permitam a professores, alunos e famílias identificar as fragilidades e áreas de sucesso e, com esta informação, reorientar a acção educativa. Nesse sentido, é através de formas de avaliação formativa que se consegue alcançar o objectivo primeiro da avaliação – promover melhores aprendizagens (avaliar para as aprendizagens). No entanto, são as formas de avaliação sumativa que assumem a centralidade e a valorização por parte de alunos, famílias e (alguns) profissionais, criando uma estéril «cultura da nota», com impacto negativo na percepção que se tem do trabalho educativo e na qualidade do trabalho desenvolvido em prol das aprendizagens escolares.

Tenho defendido que «a cultura da nota», em oposição ao interesse pelas aprendizagens e competências desenvolvidas, é, no caso português, potenciada pela prática da divulgação (obrigatória) dos resultados individuais dos alunos nas avaliações internas, em pautas expostas publicamente (em nome de uma pretensa transparência), com efeitos nefastos na forma como alunos e famílias percepcionam as aprendizagens escolares e com impacto negativo na auto-imagem escolar de alunos que apresentam baixo rendimento escolar.

O sucesso de uma escola está obviamente associado aos percursos de aprendizagem e ao desempenho dos seus alunos. A existência de um currículo escolar prescritivo e de critérios de progressão definidos a nível nacional – nos anos terminais de ciclo, no caso do ensino básico, e no ensino secundário – e, em muitos casos, a nível de escola – no caso de anos intermédios de ciclo – determina as condições para que um aluno possa progredir na sua escolaridade ou ficar retido no mesmo ano.

A validade e fiabilidade da avaliação interna, planeada e executada pelos professores de cada turma, é questionada, uma vez que apresenta uma forte variabilidade em função dos contextos e é realizada sem recurso a formas externas de validação. É, no entanto, inquestionável que a avaliação interna, desenvolvida ao longo do percurso escolar, nas suas diversas modalidades – diagnóstica, formativa e sumativa, e com recurso a instrumentos de avaliação diversificados e complementares –, é a que permite avaliar o desenvolvimento de aprendizagens e competências diversas, das mais elementares às mais complexas, e a que permite dar a informação adequada para eventuais processos de reconfiguração dos processos de ensino e aprendizagem. Por seu turno, a avaliação externa das aprendizagens escolares realizada através de provas normalizadas – exames e provas finais e de aferição – tem como objectivo certificar as aprendizagens escolares (no caso de exames e provas finais) e permite identificar áreas de fragilidade das aprendizagens escolares sentidas a nível sistémico ou em escolas cujos resultados evidenciem uma necessidade de apoio e intervenção. A informação desagregada dos resultados disponibilizada pelas entidades organizadoras dos exames e provas nacionais permite, ainda, a cada escola fazer uma aferição externa dos resultados dos seus alunos, comparando-os com os das restantes escolas do sistema.

Porém, os processos de avaliação externa das aprendizagens têm limitações porque avaliam o que é mais fácil de medir, através de provas padronizadas de caneta e papel (e a maioria com uma parte significativa em questões de escolha múltipla). Dificilmente este tipo de provas poderá promover ou avaliar competências essenciais como a criatividade, o pensamento crítico, a capacidade empreendedora ou as competências sociais.

Reconhecendo as potencialidades e limitações de cada uma das formas de avaliação, é fundamental que avaliação externa e interna se complementem e que o conjunto de informações recolhidas nos diferentes processos de avaliação dos alunos seja usado de forma eficaz com vista à identificação de fragilidades e forças dos processos de ensino e de aprendizagem e à determinação de medidas que visem colmatar as fragilidades identificadas e potenciar os aspectos positivos como alavanca para a capacitação e para o sucesso.

Neste contexto, é fundamental que professores e líderes escolares assumam a sua autonomia profissional e os valores deontológicos inerentes à função de ensinar, resistindo à tentação de orientar o trabalho educativo para o que é apenas visível aos olhos, relegando para um plano menor o desenvolvimento de competências e aprendizagens estruturantes.

É necessário garantir que as escolas e os seus líderes e professores ajam eticamente, segundo os princípios de uma escola inclusiva e para todos, abolindo práticas de exclusão, selecção e discriminação de alunos em nome da construção da ideia de «escola de sucesso», que, na realidade, apenas existe nas folhas de um jornal e no imaginário de alguns, que têm uma visão limitada e clitista da escola.

Finalmente, é também condição essencial para a melhoria de processos e de desempenho profissional a assunção por parte de professores e líderes escolares de uma postura crítica, reflexiva e de humildade intelectual em relação às suas práticas e aos resultados do seu trabalho, utilizando todas as informações e dados disponíveis para melhor conhecer e intervir na promoção de percursos escolares de sucesso.

### *2.4. Envolvimento activo das famílias e estabelecimento de um clima de confiança*

Um dos vértices fundamentais do processo educativo é a ligação com as famílias dos alunos. O estabelecimento da uma relação de confiança mútua entre a escola/professores e as famílias é o primeiro e decisivo passo para o desenvolvimento de um trabalho profícuo, orientado para o trilhar de caminhos de sucesso de cada um dos alunos e para a escola enquanto comunidade. Pais, professores e lideranças escolares têm o mesmo objectivo: proporcionar aos alunos percursos educativos bem-sucedidos. Porém, é necessário clarificar conceitos, comunicar bem o que se espera de cada uma das partes, dar voz e escutar.

Assumindo que famílias e escolas nem sempre partilham as mesmas perspectivas e ambições, os princípios fundamentais para o estabelecimento de relações de confiança e respeito mútuo, potenciadoras de sinergias com impactos positivos nos percursos escolares dos alunos, são a assunção da transparência na acção e na comunicação e da coerência na defesa dos valores de uma escola inclusiva para todos, que celebre a diversidade, promova a tolerância, rejeite a exclusão e a fatalidade do insucesso e desenvolva a sua acção, estabelecendo expectativas elevadas em relação aos processos de aprendizagem e possibilidades de sucesso para todos e cada um dos seus alunos.

O envolvimento das famílias no percurso escolar dos seus filhos e educandos e a participação na vida escolar cimenta a relação de confiança que se deve estabelecer entre escola e famílias, com evidentes benefícios para o desenvolvimento de climas de aprendizagem em que alunos, professores e famílias se sintam parte na construção de caminhos de sucesso. O reconhecimento, por parte das famílias, do papel estruturante que a educação escolar assume na construção do percurso de vida e de aprendizagem dos seus filhos e educandos deverá ter como ponto fundamental a assunção da autoridade e competência profissional da escola, em particular dos seus principais agentes: os professores. Desafiar e minar a autoridade da escola e dos seus professores traz consequências nefastas para o desenvolvimento de um clima de aprendizagem positivo e de confiança, com reflexos nefastos na disciplina e aprendizagens escolares e nas possibilidades de sucesso dos seus alunos.

As escolas inclusivas e de sucesso fazem-se com as famílias. Todas as famílias. Com as suas diferentes potencialidades e limitações, expectativas e ambições. É no tecer de caminhos diversos, como a diversidade da sociedade que as famílias representam, que se constrói a tolerância à diferença e se estabelecem princípios e valores comuns sobre os quais assentam caminhos partilhados em direcção a percursos escolares de sucesso.

### *2.5. Lideranças escolares eticamente comprometidas*

Os desafios da construção de uma escola inclusiva, orientada para a equidade e promoção da aprendizagem e que assume como principal finalidade da sua acção o sucesso dos seus alunos, exigem a afirmação de lideranças escolares empenhadas, eticamente comprometidas, solidárias, competentes e corajosas. Construir na escola ambientes propícios ao desenvolvimento de processos de ensino e aprendizagem estimulantes, no quadro da diversidade de alunos, expectativas, contextos, famílias, desempenhos escolares e profissionais, exige, por parte dos líderes escolares, uma correspondente capacidade de resposta à complexidade, à incerteza e à mudança, orientada pelos valores assumidos e partilhados por todos os membros da comunidade educativa (como os do respeito, responsabilidade, integridade, transparência, tolerância, liberdade – sendo que a tónica que é colocada em cada um dos valores define a orientação da acção de cada escola).

Numa organização escolar que centra o foco da sua acção, nos seus variados níveis, na promoção das aprendizagens, é fundamental que os líderes escolares criem as condições para que os professores, obreiros da actividade educativa escolar, a possam desenvolver plenamente. Das lideranças é esperado que incentivem, apoiem e criem o espaço e a oportunidade para construção de novas soluções pedagógicas para problemas novos (ou antigos, mas para os quais ainda não se encontrou solução), dando o respaldo necessário para que professores e alunos trilhem novos caminhos, sem sobressaltos ou receios.

Dar a possibilidade aos actores educativos de criarem novas soluções pedagógicas para problemas da acção educativa exige uma liderança solidária – porque partilha os processos de criação, incluindo as dúvidas e os problemas – e corajosa – porque, quando e se necessário, assume os riscos inerentes à alteração da(s) cultura(s) vigente(s).

A coragem exigida às lideranças não se esgota na possibilidade de inovação. Resistir à tentação de ficar no espaço confortável do conhecido, de ficar pelo que é facilmente visível ao olhar, embora efémero, de não ceder à pressão do imediato ou às forças que apelam à exclusão de alguns para uma imagem mais favorável no instantâneo fotográfico de uma escola exige uma bravura e tenacidade escorada nos valores da democracia e da equidade educativa, que permitem a construção de espaços de inclusão onde todos os alunos têm oportunidade de aprender e ter sucesso.

Num quadro de mudança constante, muitas vezes contraditória, de apelos diversos, de mandatos educativos impossíveis de cumprir, é preciso que as escolas e os seus líderes não percam o foco da sua acção: nas e pelas aprendizagens que permitam a cada um dos seus alunos desenvolver plenamente as suas capacidades e aptidões, construindo percursos escolares e educativos de sucesso.

## Referências e leituras recomendadas

Conselho Nacional de Educação, Recomendação n.º 1/2014, de 23 de Junho de 2014: Políticas Públicas de Educação Especial. *Diário da República* n.º 118, 2.ª série.

Conselho Nacional de Educação, Recomendação n.º 2/2015, de 25 de Março de 2015: Retenção Escolar nos Ensinos Básico e Secundário. *Diário da República* n.º 59, 2.ª série.

European Commission, *Declaration on Promoting citizenship and the common values of freedom, tolerance and non-discrimination through education,* 2015. https://ec.europa.eu/commission/sites/cwt/files/dp_mobilisation_europeenne_20150317.pdf (último acesso em Outubro de 2017).

European Commission/eacea/Eurydice, *Exames nacionais de alunos na Europa: objectivos, organização e utilização dos resultados,* Lisboa, Gabinete de Estatística e Planeamento da Educação, Ministério da Educação, 2010.

European Commission/eacea/Eurydice, *Promoting citizenship and the common values of freedom, tolerance and non-discrimination through education: Overview of education policy developments in Europe following the Paris Declaration of 17 March 2015*, Luxemburgo, Publications Office of the European Union, 2016.

Justino, David *et al. Atlas da Educação,– Contextos Sociais e Locais do Sucesso e Insucesso. Atualização de 2016*, Lisboa, cics.nova-fpis.OCDE, 2017.

Parlamento Europeu, *Inclusive education for learners with disabilities: Study for the Peti Committee*, 2017. http://www.europarl.europa.eu/RegData/etudes/STUD/2017/596807/IPOL_STU(2017)596807_EN.pdf (útimo acesso em Outubro de 2017).

Patrão Neves, Maria do Céu (coord.), *Ética: dos fundamentos às práticas*, vol. I, Lisboa, Edições 70, 2016.

ocde, *pisa 2015 Assessment and Analytical Framework: Science, Reading, Mathematic, Financial Literacy and Collaborative Problem Solving*, Paris, pisa, OCDEPublishing, 2017. http://dx.doi.org/10.1787/9789264281820-en (útimo acesso em Outubro de 2017).

ocde, *pisa 2015 Results in Focus, 2016* https://www.oecd.org/pisa/pisa-2015-results-in-focus.pdf (último acesso em Outubro de 2017).

unesco. *Open File on lnclusive Education Support Materials for Managers and Administrators*, 2001. http://unesdoc.unesco.org/images/0012/001252/125237eo.pdf (último acesso em Outubro de 2017).

unesco, oit, pnud, unicef, Educação Internacional, Joint Message on the occasion of the World Teachers' Day, 2014. http://unesdoc.unesco.org/images/0022/002299/229945E.pdf (último acesso em Outubro de 2017).

unesco, oit, pnud, unicef, Educação Internacional, Ensinar em Liberdade, Capacitar Professores: Mensagem conjunta por Ocasião do Dia Mundial do Professor, 2017. https://www.unescoportugal.mne.pt/pt/noticias/494-dia-mundial-do-professor (último acesso em Outubro de 2017).

# Educação intercultural, minorias e descendentes de imigrantes

*Maria Margarida Marques*
Instituto Português de Relações Internacionais (IPRI)
da Universidade Nova de Lisboa

Este é um texto de opinião. Baseia-se, obviamente, na minha experiência enquanto estudiosa das migrações, mas explora as perplexidades que, na qualidade de investigadora e também enquanto cidadã, se me colocaram – e continuam a colocar – no que respeita ao acolhimento no sistema de ensino de crianças e jovens descendentes de estrangeiros, nascidos fora do país ou não, e dos que pertencem a grupos étnicos minoritários, e ao papel deste sistema na sua formação enquanto futuros produtores e cidadãos.

Sabendo-se que a expressão relativa da parcela de crianças e jovens em idade escolar com esta experiência familiar, com ou sem cidadania nacional, continuará muito provavelmente a crescer, assumo esta contribuição para a discussão como um imperativo moral. Neste entendimento, é também um contributo para uma discussão com implicações éticas sobre os princípios que regem o sistema de ensino e a sua tradução na prática escolar.

No lançamento da Rede de Escolas para a Educação Intercultural, que contou com a presença da secretária de Estado para a Cidadania e a Igualdade e do secretário de Estado da Educação, para além do alto comissário para as Migrações, a primeira saudou a formação da rede como política de remediação perante a maior fragilidade dos desempenhos escolares dos jovens descendentes de imigrantes: «Não podemos ficar tranquilos perante esta realidade! Queremos igualdade de oportunidades para todos e todas, independentemente da raça ou da nacionalidade.»[1] Esta declaração está, aliás, em linha com uma orientação formalmente adoptada por várias organizações internacionais a que Portugal pertence.

Concentro-me, neste texto, particularmente na ideia de interculturalidade, assumida como uma orientação de Estado em Portugal, embora, em meu entender, insuficientemente discutida quanto aos propósitos e às condições de implementação, mas também quanto à eficácia dos resultados.

## 1. Quadro institucional

À partida, a noção de interculturalidade sugere a ideia de existência de colectivos com identidades culturais distintas, sendo que as diferenças que os separam (por força de distintas capacidades de comunicação verbal, da actuação de preconceitos e ideias feitas ou por outra razão) podem tolher

---

[1] Não consegui identificar a data de lançamento da referida rede, uma vez que no sítio do Alto Comissariado para as Migrações, onde fui procurar a notícia (http://www.acm.gov.pt/-/sessao-de-lancamento-da-rede-de-escolas-para-a-educacao-intercultural, acedido a 5 de Outubro de 2017) apenas é referido o dia 13 de Outubro, mas não o ano; são também identificados os membros do governo presentes: Catarina Marcelino (Cidadania e Igualdade) e João Costa (Educação).

a comunicação e a interacção entre esses mesmos colectivos, resultando em prejuízo para o todo, se não forem criadas condições para as aproveitar como recursos. Sugere assim que, não obstante essas mesmas diferenças, é possível a criação de um colectivo (escola, cidade ou sociedade) assente em valores e práticas comuns, que aproveite essas mesmas diferenças como oportunidades para construir uma síntese mais rica do que as culturas que lhe deram origem. Educação intercultural assenta, pois, em dois pressupostos que são, simultaneamente, de natureza moral e programática: primeiro, que, não obstante as diferenças culturais que possam existir no seio da escola, é possível criar condições para a comunicação e a troca através das fronteiras que definem os colectivos (linguísticos, religiosos, etc.); e, em segundo lugar, que as trocas entre entidades avaliadas como distintas são desejáveis e portadoras de benefícios para o colectivo.

Um dos benefícios maiores será a preparação para a realidade da globalização (ou «um mundo interligado», como refere um documento da Comissão Global sobre as Migrações Internacionais, de 2005), uma vez que os jovens começarão, desde os bancos da escola, a familiarizar-se com uma pluralidade de referências e a aprender a viver com ela. Tal contribui, aliás, para remover um dos obstáculos ao desenvolvimento pessoal, apontado na Declaração Universal dos Direitos do Homem, de 1948, como um dos objectivos da educação. Em termos mais latos e abrangentes, a UNESCO refere-se aos benefícios para a coesão social e a paz mundial que serão expectáveis de uma aposta na interculturalidade na educação. Esta organização internacional – inaugurando uma era de governança multilateral, que se foi institucionalizando e consolidando desde o fim da Segunda Grande Guerra – tem sido, aliás, um agente com uma influência determinante à escala mundial na formação de novos termos de entendimento normativo da educação e na criação de parâmetros para a sua avaliação.

Com efeito, a UNESCO, traduzindo uma preocupação com a pluralização dos públicos escolares – historicamente reportável, primeiro, ao fim dos impérios coloniais europeus e, depois, à perspectiva de assentamento duradouro ou definitivo dos fluxos dirigidos às antigas metrópoles que acompanharam os processos de descolonização e se intensificaram com o recrutamento de mão-de-obra para o relançamento do pós-guerra e, sobretudo, com a abertura ao reagrupamento familiar – publica, em 2007, as «Orientações para a Educação Intercultural». Neste documento, os rumos que as instituições de ensino são convidadas a seguir, com vista a passarem do simples reconhecimento da diversidade cultural, ou multiculturalidade, para para uma política activa de interculturalidade, incluem uma atenção especial aos descendentes de migrantes e às suas «necessidades culturais particulares», não descurando ainda a sua «participação plena na sociedade»[2].

Acompanhando esse desenvolvimento, o Ano Europeu para o Diálogo Intercultural, celebrado em 2008, marca uma viragem na União Europeia (UE), com a adopção da interculturalidade como referência normativa, que vai ter consequências de monta, às escalas nacional e local, nas políticas (de ensino, investigação, solidariedade social...), nas oportunidades de representação na esfera pública, etc. Em Portugal, o Alto Comissário para a Imigração e Minorias Étnicas, criado em 1996, assume, em 2007, a designação de Alto Comissariado para a Imigração e o Diálogo Intercultural. Alguns municípios acompanham esta mudança: em Lisboa, por exemplo, o Conselho Municipal para as Comunidades Imigrantes e Minorias Étnicas, criado em 1993, assume a designação de Conselho Municipal para a Interculturalidade e a Cidadania, em 2008. Não é um caso isolado.

---

[2] UNESCO, *Guidelines on Intercultural Education*, 2007, pp. 15, 35.

É ao nível local que mais rapidamente se fazem sentir vozes discordantes com a forma como são seleccionados os porta-vozes ou representantes das diferentes «culturas» e as consequentes lutas pelo que Schmitter designou por «monopólio da representação»; mas também as perplexidades com a co-optação de líderes associativos locais pelos organismos públicos onde passam a ter assento, deixando algumas das estruturas locais órfãs de liderança[3].

Esta experiência local suscita duas questões iniciais importantes: como definir as culturas presentes no contexto local e/ou institucional e as suas fronteiras; e como acolher essa diversidade cultural, sem asfixiar expressões diversas dos indivíduos – evitando aquilo que Maalouf designou por «identidades assassinas»[4]. Há duas outras questões que se relacionam com a operacionalização do dispositivo intercultural e que não são menos importantes: quais os problemas de confiança que a figura dos mediadores interculturais, devendo reflectir realidades socioculturais com alguma homogeneidade, poderá suscitar, uma vez que as comunidades reais são internamente heterogéneas; e qual o contributo (involuntário ou não) das definições de partida (das culturas contextualmente relevantes) para a cristalização de estereótipos. Por fim, outra questão a considerar é a da repercussão dessas escolhas à escala dos agrupamentos escolares e das escolas individuais, mormente na rede ora criada.

---

[3] Elaborámos sobre esta situação, a partir da observação realizada no concelho de Oeiras, em: Marques, M. Margarida, «As associações de origem migrante enquanto instituições sociais», in Lucinda Fonseca *et al.* (org.), *Migrações na Europa e em Portugal. Ensaios de homenagem a Maria Ioannis Baganha,* Porto, Afrontamento, 2013, pp. 101–122.

[4] Maalouf, Amin, *As Identidades Assassinas. Um manifesto de indignação contra a loucura que incita à violência e à morte em nome da «identidade»*, Lisboa, Difel, 2009.

## 2. O peso da cultura

«Pequenos mundos que se tocam, mas não se interpenetram», foi assim que Robert Ezra Park definiu a cidade de Chicago no início do século XX[5]. Queria deste modo referir-se à formação de comunidades de imigrantes europeus que transportavam para o espaço de acolhimento os seus sistemas de valores e de crenças, bem como as suas práticas e instituições, e às relações entre essas comunidades no espaço urbano que partilhavam: uma relação de proximidade física, mas não necessariamente acompanhada de proximidade social. Décadas mais tarde, estudos sobre renovação urbana em Londres (Young e Willmott), Boston (Gans) ou Paris (Coing) confirmaram a importância dos elos fortes que se desenvolvem no seio de vizinhanças onde predominam as classes trabalhadoras e que fecham estas comunidades sobre si mesmas, ao mesmo tempo que as protegem do exterior. Estes elos sustentam relações de entreajuda e por eles circula informação. Em suma, são o cimento de uma solidariedade que se tece entre indivíduos que partilham uma mesma posição subalterna na estrutura social desigual e hierárquica da cidade, sejam eles imigrantes ou autóctones.

Já no último quartel do século passado, com a perspectiva multicultural a impor-se na UE como o novo quadro de referência para pensar a formação de comunidades imigrantes e as fronteiras sociais e culturais na cidade e nas suas instituições, mormente a escola, uma visão mais direccionada para o estudo das diferenças de valores, crenças e visões do mundo ganha estatuto de novo cânone, nas ciências sociais.

---

[5] PARK, Robert Ezra, *et al.* *The City*, Chicago e Londres, The University of Chicago Press. 1984 [1.ª ed. 1925].

Várias pesquisas mostram a importância da partilha de entendimentos comuns para explicar comportamentos tidos como particulares a determinadas comunidades. As formas de identificação constroem-se por contraposição a «outros», vistos como diferentes, por vezes até como ameaças, havendo ainda quem demonstre a sua importância para a resiliência das comunidades, mormente as mais desprotegidas. Zhou e Bankston, para os Estados Unidos da América (EUA), e Modood, para o Reino Unido, sublinham a importância do capital social familiar e comunitário e dos modelos sociais de referência dos jovens na formação das aspirações escolares e na protecção contra as discriminações[6]. Nos Países Baixos, Lindo aponta o acompanhamento que as mães portuguesas fazem dos filhos como principal factor responsável pelos seus melhores desempenhos escolares, em comparação com alunos de famílias turcas[7]. No mesmo sentido, Portes e Rumbaut atribuem à maior capacidade de escolha, que decorre da manutenção da cultura de origem dos progenitores, que se conjuga com a aquisição da cultura *mainstream* (ou nuclear) do país de acolhimento, as trajectórias ascendentes de mobilidade dos jovens de origem imigrante nos Estados Unidos e a sua maior protecção contra factores e dinâmicas de discriminação.

Num clássico do estudo das relações raciais neste país, Du Bois foi pioneiro do que hoje designaríamos por crítica

---

[6] ZHOU, Min, e BANKSTON, III, Carl L., «Social Capital and the Adaptation of the Second Generation: The Case of Vietnamese Youth in New Orleans», *International Migration Review*, 28–4, 1994, pp. 821–845; MODOOD, Tariq, «Capitals, Ethnic Identity and Educational Qualifications», *Cultural Trends*, 13–2, n.º 50, June 2004, pp. 87–105.

[7] LINDO, Flip, «Does Culture Explain? Understanding Differences in School Attainment between Iberian and Turkish Youth in the Netherlands», in VERMEULEN, Hans, e PERLMANN, Joel (org.), *Immigrants, Schooling and Social Mobility*, Houndmills, Macmillan Press, 2000, pp. 206–224.

pós-colonial, ao mostrar como a ausência de (ou a anulação do) pensamento produzido de modo autónomo por negros sobre a condição dos negros em sociedades onde a maioria dominante é de origem europeia produz efeitos directos na formação do que designa por dupla consciência («olharmos para nós próprios através dos olhos dos outros»)[8] – forma de epistemicídio, na expressão de Sousa Santos[9]. Paralelamente, as críticas à persistência no sistema escolar de uma norma simbólica (associada a população branca, de classe média) na formação de aspirações dos alunos (e seus progenitores) e das expectativas e consequentes práticas dos professores (o efeito Pigmalião, nos termos de Rosenthal e Jacobson[10]) levaram Bourdieu e outros a criticarem a escola enquanto instituição de reprodução social[11]. Estas críticas serão respaldo de vários relatórios denunciando a prevalência de um sistema de valores e de crenças que sustentaria um racismo institucional, como refere um artigo de jornal sobre um estudo recentemente publicado pelo Observatório das Migrações português[12].

---

[8] Du Bois, W. E. B., *The Souls of Black Folk,* Chicago, A.C. McClurg & Co.; [Cambridge], University Press John Wilson and Son, 1903; Bartleby.com, 1999 (disponível *online* em: www.bartleby.com/114/).

[9] Sousa Santos, Boaventura de, e Meneses, Maria Paula (org.), *Epistemologias do Sul,* Coimbra, Edições Almedina, 2009.

[10] Rosenthal, Robert, e Jacobson, Lenore, *Pygmalion in the Classroom: Teacher Expectation and Pupils' Intellectual Development,* Boston, Holt, Rinehart & Winston, 1968.

[11] Bourdieu, Pierre, e Passeron, Jean-Claude, *Les héritiers: les étudiants et la culture,* Paris, Les Éditions de Minuit, 1964; *La reproduction: éléments d'une théorie du système d'enseignement,* Paris, Les Éditions de Minuit, 1970.

[12] Henriques, Joana Gorjão, «Alunos dos PALOP em Portugal chumbam três vezes mais do que portugueses no 1.º ciclo», *Público,* 24 de Abril de 2016 (https://www.publico.pt/2016/04/24/sociedade/noticia/alunos-de-palop-em-portugal-chumbam-tres-vezes-mais-que-portugueses-no-primeiro-ciclo-1729946).

Assumindo-se como herdeiros destas tradições, vários estudos culturais, e mais especialmente os estudos pós-coloniais, exploram como os valores e as práticas que emanam das próprias comunidades podem, não obstante a recusa de seguir a maioria, assegurar protecção efectiva contra as discriminações.

A este reconhecimento de uma dimensão colectiva está associado, portanto, não apenas um determinado posicionamento numa estrutura social particular, como ainda o entendimento de uma dimensão propriamente cultural do colectivo. É justamente aqui que radica a ideia da educação intercultural: «a existência e a interacção equitativa de diversas culturas, bem assim como a possibilidade de emergência de expressões culturais partilhadas, nascidas do diálogo e do respeito mútuo.»[13]

A pesquisa mostra, ainda, a importância do contexto: o forte dinamismo empresarial do enclave cubano de Miami, estudado por Portes, dificilmente se poderá replicar em Madrid, enquanto os fracos desempenhos escolares de estudantes cabo-verdianos do sexo masculino na periferia de Lisboa não têm equivalente em Roterdão. A dimensão contextual reporta-se à experiência histórica e às bases relacionais em que assentam quer a integração, quer a figura simétrica da discriminação. Regressando à esfera política e, concretamente, à recém-criada rede para educação intercultural, a questão que então se coloca é a de saber quais os factores contextuais que fazem que a política de Estado não a torne de adesão obrigatória para todas as escolas, incluindo as que são essencialmente frequentadas por alunos da maioria?

---

[13] UNESCO, *op. cit.* p. 15.

## 3. Escola e migrações em Portugal

Passo agora a referir-me especialmente aos resultados obtidos em dois projectos de investigação[14], em que me apoio para fazer esta reflexão crítica. Ambos foram financiados pela Fundação para a Ciência e a Tecnologia e tiveram como foco principal de análise a integração no sistema escolar português de jovens nascidos no estrangeiro ou descendentes de pessoas naturais de fora deste país. No primeiro, a pesquisa focalizou-se nos jovens (com e sem experiência migratória) que frequentavam o sistema escolar público de Oeiras, um município onde já havíamos realizado uma ampla pesquisa sobre o processo de realojamento municipal das famílias residentes em barracas nos anos noventa do século passado; no segundo, a observação incidiu no sistema escolar e os seus actores institucionais (professores, directores, outro pessoal de apoio). Os resultados mais relevantes foram oportunamente publicados e apresentados e discutidos publicamente, pelo que menciono brevemente aqui apenas as conclusões que entendo mais relevantes para a presente discussão.

No estudo feito junto dos jovens que frequentavam o sistema de ensino (terceiro ciclo e secundário), a observação revelou uma forte empatia dos alunos em geral para com os professores e a escola enquanto espaço de sociabilidade.

[14] Projectos em que tive o privilégio de trabalhar com uma equipa de jovens investigadores de grande qualidade e com uma enorme energia e vontade de fazer pesquisa académica. Permito-me destacar muito especialmente um deles, Thierry Dias Coelho, que foi um dos pulmões da equipa, estando sempre pronto para fazer mais e assim aprender sobre o tema estudado e também sobre como fazer pesquisa. Foi também um instilador de ideias e de energia pela maneira de estar na equipa: sempre bem-humorado, directo na discussão, pronto para ensaiar novos caminhos, disponível e solidário – um amigo que deixou grandes saudades.

A disparidade de resultados escolares declarados entre categorias de alunos com origens sociais distintas e as reservas expressas quanto ao reconhecimento e valorização do mérito lançam, no entanto, uma sombra importante quanto à confiança dos estudantes na instituição e à sua missão de os preparar para o futuro.

Numa análise multivariada, em que se controlaram os efeitos da posição da família na estrutura social, das três categorias de alunos consideradas – filhos de autóctones; naturais de fora do país, filhos de pessoas nascidas fora; naturais de Portugal, filhos de pessoas nascidas fora –, foram os últimos, mais concretamente os jovens descendentes de imigrantes da África lusófona, já nascidos em Portugal, que revelaram maiores problemas escolares e maior descrença em relação ao futuro. Eis o que nos pareceu de imediato como contra-intuitivo: como explicar que jovens que haviam sido socializados no país, sendo descendentes de pessoas pelo menos parcialmente familiarizadas com a língua, a religião, as instituições do país e que residiam no país há algum tempo, revelassem mais problemas do que os outros, de instalação mais recente? Admitindo que o racismo institucional, de que se começa a falar a propósito do relatório já citado, tenha responsabilidade na produção dos resultados, como explicar que os naturais de fora não apenas se revelem mais protegidos no que diz respeito à sua *performance* escolar, como ainda cultivem maiores expectativas de futuro do que aqueles que, já estando instalados, já ultrapassaram algumas das principais barreiras que os primeiros ainda enfrentam?

Perante estes resultados e as novas questões que suscitaram, a equipa de investigação decidiu submeter nova proposta de pesquisa à Fundação para a Ciência e a Tecnologia, fazendo incidir a observação desta vez sobre os agentes institucionais. As escolas foram seleccionadas à escala nacional, a partir das bases cedidas pelo Ministério da Educação. Dado o fraco peso da população de origem imigrante em Portugal, foram seleccionadas apenas as instituições que apresentavam maior presença de população escolar nascida fora do país ou cujos progenitores fossem naturais de um país estrangeiro. Nas entrevistas preparatórias realizadas e na análise documental, ficou clara a diversidade de opiniões em relação à orientação intercultural entretanto assumida pelo Estado português. Esta orientação, implicando embora a aceitação da comunidade étnica de referência como interlocutora da prática da interculturalidade, traduz-se em práticas lectivas bastante diversas.

O questionário permitiu registar a apreensão da larga maioria dos professores em relação à capacidade do sistema escolar para fazer face a alunos com ascendência extra-europeia e a adopção generalizada de novas práticas para lidar com os novos públicos escolares, envolvendo frequentemente um esforço adicional feito em regime de voluntariado. Mais de metade dos inquiridos adoptou formas diferenciadas de tratamento da situação, enquanto pouco mais de um terço declarou fazer um acompanhamento estandardizado, sendo ainda de destacar que cerca de três em cada dez professores canalizam os alunos com ascendência migrante para as vias profissionais e *curricula* alternativos. Os jovens com origem familiar nos Países Africanos de Língua Oficial Portuguesa (PALOP) são associados ao insucesso escolar por mais de um terço dos professores da amostra; em contrapartida, os casos de sucesso são atribuídos não aos méritos do corpo docente e do sistema escolar, mas aos hábitos trazidos da origem e ao acompanhamento feito em casa pelas famílias. Curiosamente, apesar dos resultados algo desanimadores expressos pelos professores, verificámos ainda que estes, quando procuravam aconselhamento, o faziam junto de colegas e de associações locais de imigrantes, mas só marginalmente junto das instituições centrais do Estado, incluindo as agências do Ministério da Educação e o Alto Comissariado.

Em suma, pode ser-se tentado a concluir que as percepções e os comportamentos diferenciados assumidos pelo corpo docente da amostra são manifestações de racismo institucional, mas como excluir a influência de um pensamento alicerçado na visão intercultural? O racismo, quando assumido como prática institucional, é matricialmente igual ao racismo banal: discriminação visando excluir determinada categoria de indivíduos do acesso a determinados recursos, neste caso por via da produção de normas institucionais, da sua interpretação e da sua passagem à prática. Ora, atendendo aos resultados obtidos no inquérito, parece estarmos aqui em presença de várias lógicas: para além de atitudes racistas, caso típico da categorização dos alunos de origem africana como um todo (em termos de percepção hierárquica do mérito escolar, mas também na canalização dos alunos para trajectórias escolares desigualmente valorizadas), também se observa a atribuição dos comportamentos em contexto escolar à herança cultural familiar dos alunos, o que parece apoiar-se numa leitura da realidade escolar de tipo intercultural. Tenha-se presente ainda a satisfação expressa pelos alunos em relação ao ambiente escolar, mormente quanto às relações que mantêm com os seus professores, e dificilmente se vislumbra aqui quer uma sensação de privação ou de perseguição, da parte dos alunos, quer uma deliberada vontade de exclusão, da parte dos professores, que permita uma explicação simples dos desempenhos escolares.

O exposto não nega a existência de escolas, vias de formação ou turmas desproporcionalmente frequentadas por alunos negros ou de origem não europeia e de desigualdades estruturais nas trajectórias escolares (para além de casos de discriminação). Aqui o que se pode questionar é: por que razão não é feito um acompanhamento sistemático do desempenho escolar de jovens com e sem experiência migratória? Que avaliação foi feita da introdução da interculturalidade no sistema de ensino? E quais os méritos e as lacunas dos programas e dos materiais didácticos produzidos para acompanhar esta ambição intercultural no ensino? E, finalmente, uma vez que só pode haver interculturalidade no sentido em que a UNESCO a define quando houver uma mudança no sentido da aproximação de todas as partes envolvidas com vista à construção de uma cultura mais cosmopolita, em que medida se verifica essa evolução junto da população escolar de origem maioritária?

## 4. A cultura como unidade de análise?

Do ponto de vista académico, o que me suscita mais dúvidas e reservas é sobretudo a ausência de acompanhamento avaliativo sistemático dos desempenhos dos novos públicos escolares e, especialmente, das novas orientações educativas no sentido da interculturalidade (incluindo dos pressupostos que levaram à sua adopção), mormente a identificação dos efeitos das políticas adoptadas sobre o aproveitamento escolar e as culturas particulares consideradas, da relação com a diversidade social nos contextos de acolhimento e dos resultados obtidos em relação ao cosmopolitismo visado com a adopção da interculturalidade nas escolas. A formação de uma rede de escolas, que podem trocar experiências, aprender e apoiar-se mutuamente[15], não pode substituir-se à avaliação pública independente.

Tendo uma formação de base que privilegia o estudo das relações, aprendi, com a pesquisa da realidade migratória, que a cultura, enquanto sistema de crenças e valores, é uma realidade incontornável para compreender as mobilidades internacionais e os seus resultados quando se verifica assenta-

---

[15] D.G.E., A.C.M., FUNDAÇÃO AGA KHAN, *Rede de Escolas para a Educação Intercultural. Termos de referência*, Janeiro 2017.

mento; que deve, porém, ser considerada com grandes cautelas. Lembro-me de um professor dizer que, em prol da parcimónia, devemos sempre que possível concentrar a explicação nas relações entre variáveis objectivas: rendimentos, capital cultural, estádio no ciclo de vida, mobilidade ocupacional, etc. Quando incontornável, o recurso à cultura deve enunciar claramente o colectivo envolvido (nação, classe social, grupo étnico, etc.) e as possíveis sobreposições entre sistemas de representação simbólica, atendendo ao «cruzamento dos círculos sociais», como bem sublinhava Simmel[16].

Aprendi, com a experiência de pesquisa de terreno, a pensar que atribuir à cultura a responsabilidade por diferenças (ou semelhanças) comportamentais passa, por vezes, ao lado do sincretismo da realidade social e que o apelo da generalização pode cegar quanto às *nuances* de uma realidade que é complexa. Quando o grande politólogo norte-americano Samuel Huntington atribui à existência de grandes sistemas culturais (civilizações) diferenças básicas no entendimento do mundo[17], o contraste não pode ser maior com a metodologia adoptada por Max Weber, procurando desentranhar as lógicas complexas e contraditórias na génese do capitalismo[18].

A partir dessa experiência de contacto com a polifacetada realidade do terreno, aprendi igualmente que, apesar de as identidades influenciarem a formação de entendimentos, sustentando assim a formação das instituições e condicionando as práticas sociais, a cultura forma um sistema complexo, interna-

---

[16] Simmel, Georg, «El cruze de los circulos sociales», in *Sociologia 2. Estudios sobre las formas de socialización*, Madrid, Alianza Universidad, 1986, pp. 425–478 [1.ª ed. 1908].

[17] Huntington, Samuel P., «The Clash of Civilizations?», *Foreign Affairs*, 72–3, 1993, pp. 22–49.

[18] Weber, Max, *A Ética Protestante e o Espírito do Capitalismo*, Lisboa, Editorial Presença, 2015 [1.ª ed. 1904–5].

mente diferenciado, em que se enfrentam, de modo mais ou menos pacífico, diferentes entendimentos, vontades, projectos. As «identidades assassinas» são espartilhos que ignoram, mas por vezes também censuram, a multiplicidade de identidades que se cruzam em cada indivíduo, tantas quantas as referências significativas e o «cruzamento dos círculos sociais». O indivíduo não é mero receptor de mensagens, antes pelo contrário, alimenta-se da diversidade de afiliações e influências para construir as suas capacidades, mormente para construir de forma activa as suas interpretações e orientações para a acção – para além de que o foco na cultura não pode, como lembra Bourdieu, fazer esquecer o «sistema de relações históricas e sociais» em que se enraízam as desigualdades sociais.

Para além disso, entendo que a democracia liberal deve ser defendida, mas pode aperfeiçoada. Considero que extrapolar características individuais para determinar atributos grupais, e vice-versa, pode esconder formas de manipulação ideológica contrárias à lógica da democracia. Sem querer atribuir a persistência dos estereótipos sobre qualquer categoria social apenas à perpetuação de equívocos ou à actuação de forças mal-intencionadas, são de rejeitar as leituras que atribuem às «mulheres», aos «negros», aos «pobres», aos «islâmicos», aos «nacionais de determinado país» intenções, visões do mundo, desejos convergentes; são agregados heterogéneos, e as «identidades colectivas» devem ser entendidas e estudadas tanto em relação aos contextos em que são forjadas com vista à afirmação de uma unidade interna como atendendo às distinções em relação a determinados outros colectivos[19]. A rejeição de «identidades naturais» não implica, naturalmente, que se descurem as consequências bem reais na forma como as «identidades vividas» se traduzem nos relacionamentos em

---

[19] ANDERSON, Benedict, *Comunidades Imaginadas. Reflexões sobre a origem e a*

sociedade, mormente por parte dos actores públicos, agentes importantes no funcionamento das sociedades democráticas.

Em suma, penso que uma opção de política baseada na interculturalidade tem de começar por um trabalho complicado e difícil de especificação dos distintos sistemas de valores e crenças em presença e dos limites que os circunscrevem. Para além disso, como qualquer política pública, tem de ser avaliada regularmente naquilo que faz e considerando os resultados que produz. Em termos mais imediatos, e atendendo à maior concentração de problemas de desempenho escolar que têm sido reportados pela investigação junto dos alunos de ascendência africana, cuja presença é a mais antiga e que formam os maiores contingentes de alunos com ascendência não nacional, a minha dúvida maior radica no que se pretende exactamente atingir com uma política educativa que assenta na identificação de culturas autónomas, cujas diferenças são valorizadas e cultivadas, para aquela que tem sido uma aposta constante desde a democratização do país: a criação de uma comunidade de países que usam o português como língua oficial.

## Referências e leituras recomendadas

CRUL, Maurice R. J., SCHNEIDER, Jens, e LELIE, Frans (org.), *The European Second Generation Compared. Does the Integration Context Matter?*, Amesterdão, Amsterdam University Press, IMISCOE Research Series, 2012.

MARQUES, Maria Margarida, e LOPES MARTINS, Joana, «Escola e Migrações», in SILVA, Manuel Carlos, e SOBRAL, José Manuel (org.),

---

*expansão do nacionalismo*, Lisboa, Edições 70, Colecção História & Sociedade, 2012 [1.ª ed. 1983].

*Etnicidade, Nacionalismo e Racismo. Migrações, Minorias Étnicas e Contextos Escolares*, Porto, Afrontamento, 2013, pp. 271–286.

Portes, Alejandro, e Rumbaut, Ruben, *Legacies. The Story of the Immigrant Second Generation*, Berkeley, University of California Press & Russell Sage Foundation, 2001.

Portes, Alejandro, Aparicio, Rosa, e Haller, William, *Spanish Legacies. The Coming of age of The Second Generation*, Oakland, University of California Press, 2016.

Silva, Manuel Carlos, e Sobral, José Manuel (org.), *Etnicidade, Nacionalismo e Racismo. Migrações, minorias étnicas e contextos escolares*, Porto, Afrontamento, 2013.

Suárez-Orozco, Carola, Suárez-Orozco, Marcelo M., e Todorova, Irina, *Learning a New Land. Immigrant Students in American Society*, Cambridge, MA, Belknap Press, 2008.

# Dimensões éticas da educação inclusiva

*David Rodrigues*

Universidade de Lisboa

Consideremos primeiramente as percepções sobre a frequência das mudanças que vão ocorrendo no sistema educativo.

Ouvem-se, amiúde, opiniões de famílias, de professores e de decisores políticos sobre a excessiva velocidade destas mudanças. Esta representação sobre a cadência acelerada de reformas radica em dois argumentos principais. O primeiro advoga ser preciso que a educação tenha um projecto coerente que assegure aos alunos percursos escolares sem mudanças. É assim mal recebida qualquer mudança que sugira instabilidade no percurso dos alunos e das famílias. Argumenta-se que a educação deveria ser um espaço previsível do princípio ao fim. O segundo argumento incide sobre a própria natureza parcial das reformas: o facto de estas nunca serem globais, isto é, incidirem sobre um ciclo, sobre um aspecto particular do currículo, sobre um aspecto da avaliação, conduzindo a uma percepção de descoordenação provocada pela coexistência do «velho» e do «novo». Ambos os argumentos partem da premissa de que o sistema educativo deve ser impolutamente coerente, sequencial, sem qualquer surpresa e sem qualquer mudança ao longo do seu desenvolvimento. Espera-se, enfim, que um sistema educativo seja um espaço de coerência e de previsibilidade, ainda que se desenvolva numa sociedade em mudança acelerada. A representação é a de que educação deve ser entendida como uma ilha de paz num contexto turbulento. Qualquer mudança, mesmo que estabeleça pontos e pontes de contacto com as realidades existentes a montante e a jusante, é vista como ameaçadora deste espaço de coerência que é a educação.

Ao conhecermos as resistências às mudanças em educação, entenderemos melhor o percurso longo, contraditório e, por vezes, penoso que a educação inclusiva (EI) tem feito. Estas dificuldades inspiram-se nos argumentos apresentados, que questionam as reformas, ainda que com algumas particularidades próprias. A reforma inclusiva das escolas depara-se com resistências que questionam: a instabilidade que a frequência de alunos com dificuldades provoca num sistema que, como vimos, deveria ser coerente e previsível; o facto de haver espaços educacionais de maior inclusão coexistentes com espaços de exclusão; e a preparação das escolas para desenvolver práticas inclusivas.

Mencionamos estas dificuldades não para as discutir em detalhe (não é certamente o âmbito deste trabalho), mas sobretudo para avaliarmos a extensão de inovações e mudanças necessárias para implementar um sistema educativo que respeite e promova os valores da inclusão.

Quais são estes valores? A UNESCO definiu a EI como «um processo que se dirige e responde à diversidade de necessidades de todas as crianças e jovens através do incentivo à participação na aprendizagem, nas culturas e comunidades, reduzindo e eliminando a exclusão na e originada pela Educação» (UNESCO, 2009). Este conceito de «inclusão» é muito interessante sobretudo porque realça que a educação não promove automaticamente a inclusão e pode mesmo originar a exclusão (cf. «reduzindo e eliminando a exclusão [...] originada pela

Educação»). Não é, pois, óbvio que a inclusão seja promovida por qualquer melhoria da educação, dado que, como a UNESCO recorda, sistemas mesmo muito inovadores, organizados e com recursos abundantes, podem constituir-se como sistemas educativos fortemente excludentes. A inclusão deve ser encarada como um processo que perpassa todo o sistema educativo e que se dirige e responde à diversidade de todos os alunos. A função da EI é pois a de levar o sistema educativo a criar valores e modelos de intervenção que conduzam toda a comunidade escolar a apropriar-se de instrumentos (por exemplo: interacção, participação, comunicação, simbólicos...) que permitam a todos a participação e o sentido de pertença a diferentes comunidades (por exemplo: a escola) em efectivas condições de equidade.

Não é difícil avaliar a distância a que estes princípios se encontram daqueles outros dominantes em escolas ditas tradicionais, frequentemente preocupadas com a homogeneidade, com a transmissão, com a selecção através do mérito académico, da reprodução de um conhecimento único e que deve ser apreendido sincronicamente por todos.

É inevitável pensar que a ética da homogeneidade é antinómica da ética da diversidade, que a ética da equidade é oposta à da selecção, enfim, que ter uma educação de qualidade para todos implica valores muito diferentes de ter uma educação de qualidade para alguns. A ética que enforma os modelos mais tradicionais de educação fundamenta-se em valores absolutos de responsabilidade e de liberdade que acabam por se assumir eles próprios como justificações para a desigualdade. Vejamos: na educação dita liberal ou neoliberal, defende-se que o aluno deve ter a liberdade de gerir o seu próprio percurso, e esta liberdade acarreta-lhe a responsabilidade de ser persistente, bem-sucedido e, enfim, responsável pelas suas escolhas. Na verdade, estes princípios, que parecem modernos e consensuais, podem apresentar-se como falaciosos, na medida em que se atribui liberdade e responsabilidade de forma universal, mas em condições sociais e culturais muito distintas. Dizer a um aluno pobre da periferia de uma grande cidade que tem liberdade e é responsável pelo seu percurso é muito diferente de dizer o mesmo a uma criança de classe média num meio estimulante e dispondo de retaguardas de apoio.

A EI implica, pois, a adopção de um conjunto de valores que são estruturalmente diferentes e mesmo antagónicos dos valores que fundamentaram e guiaram a organização e as práticas da escola tradicional. É esta mudança que vamos abordar neste texto.

## 1. Ética e educação inclusiva

É bastante complexo falar de ética, dado que esta apela simultaneamente aos nossos valores mais profundos e essenciais e, ao mesmo tempo, a quadros muito desafiantes e complexos para a sua aplicação. A ética continua, hoje como ontem, a protagonizar uma esperança de mudança social, ainda que esta se confronte na actualidade com configurações de obstáculos muito distintos. Realçaria dois destes obstáculos. O primeiro diz respeito à volatilização das relações sociais. Zygmunt Bauman (2002) teorizou esta volatilização com o conceito de «modernidade líquida», por oposição a uma «modernidade sólida». Estas relações sociais são rápidas, leves, flexíveis, desenvolvem-se em quadros de menor consideração pela ética e de (hiper)valorização da eficácia, num processo já designado por «a hegemonia da mão direita», isto é, a valorização exclusiva e excessiva do que se faz bem, com eficiência e com eficácia, sem questionamento sobre se é um procedimento ético ou deontologicamente correcto.

Outra configuração que problematiza a discussão contemporânea de ética é a que deriva da hegemonia da sociedade tecnológica. O crescente contacto virtual entre as pessoas, a mediação electrónica, induz um sentido de hiper-realidade no nosso mundo, e este facto está a tornar a nossa sensibilidade ética de tal forma nebulosa e difusa que não conseguimos enfrentar as nossas próprias obrigações (Dintrona, 2002). Não é, pois, possível pensar a ética em qualquer domínio social sem levarmos em conta estas novas configurações, nomeadamente a volatilidade das relações sociais e a influência dos *media*, que claramente as influenciam na sua consideração e exercício.

A relação epistemológica entre ética e educação é – diríamos – óbvia. O processo educativo desenvolve-se em períodos precoces da vida humana e, por este motivo, condiciona mais fortemente a formação de valores de vida. Por outro lado, a educação constitui-se como um processo holístico de construção de valores éticos, desde o conhecimento à conduta pessoal. A educação proporciona à pessoa um quadro ético, um referencial básico, e é a partir deste referencial construído que o indivíduo organiza a sua presença no mundo, ausculta os limites da sua liberdade, organiza o seu sistema de valores e de relações, cria enfim a sua visão do mundo. Esta ligação é óbvia, mas não simples ou inequívoca. Não é simples, antes de mais, pela multiplicidade de éticas que estão presentes na educação: há valores éticos diferentes nos diferentes actores educativos, nas diferentes éticas das famílias e nas diferentes éticas ao nível das estruturas que mais directa ou indirectamente se fazem presentes da escola. Podemos talvez dizer que a educação e a ética estão ligadas pela práxis (isto é, pela prática reflectida e consciente), e só nela a ética encontra a sua centralidade.

Assim, uma reflexão ética sobre a educação inclusiva (EI) não é apenas uma reflexão sobre a ética ou sobre a deontologia dos profissionais, nomeadamente dos professores. É muito mais do que isso: é pensar a ética como sendo um conjunto de valores assumidos por pessoas, por grupos profissionais, por famílias, por comunidades, por decisores políticos que interagem entre si e que se relacionam por tensões e procura constante de equilíbrios. Em suma: é preciso pensar a ética da EI segundo um modelo inclusivo, abrangente e participativo (Plaisance, 2010).

A adopção de uma «ética da inclusão» é um processo dialéctico (no sentido de se apoiar em premissas que estão sujeitas a uma refutação e evolução permanentes) que se destina a assegurar condições de efectiva presença, participação e sucesso a todos os alunos. Não falamos de igualdade de oportunidades (ou «oportunidades de igualdade»), dada a conotação que a palavra «igualdade» assumiu com «homogeneidade». A simples enunciação da palavra «igualdade» sugere que todos devem ser tratados de igual maneira para atingirem as mesmas finalidades, quando, na verdade, um tratamento rigorosamente igual é, ele sim, originador de desigualdades.

Para assegurar a presença (condições de acesso), a participação (condições e sentido de pertença) e o sucesso (desenvolver maximamente as suas competências), é preciso que a educação se organize com base noutro conjunto de valores. Estes valores radicam-se e fundamentam-se em quatro dimensões que apresentaremos de seguida.

### *2.1. Dimensão dos Direitos Humanos*

As sociedades laicas, como as que são dominantes da cultura europeia e «ocidental», elegeram os Direitos do Humanos (DH) como a lei fundamental da qual derivam todas as formulações éticas. Outras sociedades, porém, consideram outros códices como inspiradores da sua ética, como, por exemplo, o Alcorão nas sociedades islâmicas. Esta filiação da reflexão ética nos Direitos Humanos tem implicações complexas que, não cabendo aprofundar no âmbito deste texto, não podem deixar de ser apontadas.

Em primeiro lugar, considerar que os Direitos Humanos estão, eles próprios, em permanente evolução e mudança. Apesar de o texto original – a Declaração Universal dos Direitos do Homem (DUDH) – datar de 1948, é muito animador constatar que os direitos não se transformaram num «texto sagrado», imutável e auto-suficiente, mas que foram sendo reinterpretados, e o seu âmbito permanentemente discutido e questionado. Hoje é consensual falar de várias gerações de Direitos Humanos que foram colocando ênfase em diferentes matérias. Este conceito de Direitos Humanos continua a renovar-se e a incidir sobre aspectos que estavam insuficientemente realçados em textos anteriores. Assim, para além das quatro gerações de entendimentos sobre os Direitos Humanos, continuamos a assistir a novas e desafiantes interpretações e novos campos de aplicação (Rodrigues, 2013). Citaríamos três breves exemplos: o movimento de organizações não governamentais que proclamou uma Declaração Universal de Direitos Humanos Emergentes, que procura «actualizar e complementar os Direitos Humanos a partir da perspectiva da cidadania participativa». Esta declaração considera como Direitos Humanos Emergentes, por exemplo, a segurança, a inclusão social, a interdependência, a multiculturalidade, etc. Um segundo exemplo acaba de ser enunciado pelo presidente da Bolívia (Outubro de 2017), ao assumir que «os serviços públicos, como a energia, a água e o gás, são parte integrante dos Direitos Humanos». Um terceiro exemplo, também noticiado em Outubro de 2017, são as declarações do líder religioso do ramo católico do Cristianismo, o papa Francisco, que declarou, na Cimeira das Nações Unidas sobre a Alimentação, que a alimentação saudável é um direito humano. Muitos mais exemplos se poderiam acrescentar para ilustrar esta dimensão evolutiva e dinâmica dos Direitos Humanos. Outro aspecto a considerar é o bem conhecido o carácter indissociável dos DH, isto é, que valem pelo seu conjunto, e qualquer desrespeito por um deles tem impacto e efeito no exercício de todos os outros.

Assim, a filiação ética das nossas sociedades nos DH suscita uma reflexão sobre o seu carácter mutável e dinâmico e ainda sobre a complexidade destes direitos, que, sendo aparentemente autónomos, se encontram, na verdade, profundamente ligados e indissociáveis.

O artigo 26.º da DUDH, no seu parágrafo 2, afirma que «A educação deve visar à plena expansão da personalidade humana e ao reforço dos direitos do homem e das liberdades fundamentais. Esta deve promover a compreensão, tolerância e amizade entre todas as nações, grupos religiosos e raciais [...]». A questão que emerge deste ponto é muito simples: como se pode cumprir este desiderato de «promover a compreensão, tolerância e amizade» sem que sejam desenvolvidas e postas no terreno filosofias e práticas de inclusão?

Frequentemente tem sido referido direito à educação como «o direito dos direitos», dado o carácter claramente instrumental e de «alavanca» que este direito assume em relação aos outros. Diríamos que este direito dos direitos é na verdade a educação inclusiva, porque educação sem inclusão não poderá levar à densificação dos restantes direitos humanos. Recentemente, Sousa (2017) referiu-se à inclusão como «o direito dos direitos».

A primeira dimensão ética da EI é a sua fundamentação nos DH, uma fundamentação de realça a igual dignidade de todos os seres humanos e os seus direitos inalienáveis a disporem de instrumentos (diríamos de educação e de inclusão) que lhes permitam a «plena expansão da personalidade humana, reforço dos direitos do homem e das liberdades fundamentais» (DUDH, artigo 26, 2). Reforçando esta ideia, um relatório recente da UNESCO afirma que «Todas as crianças importam e importam o mesmo» (UNESCO, 2017).

### 2.2. *Dimensão da diversidade*

Se há alguma característica que seja homogénea na espécie humana é a diversidade. Todos os seres humanos apresentam condições de singularidades que os tornam originais e irrepetíveis. Esta singularidade deriva de dois factores principais: a genética e a cultura. E a diversidade começa na genética. Desde o pensamento de Charles Darwin que se sabe que a evolução da espécie humana se encontra muito dependente de uma diversidade genética que permite que algumas destas singularidades prevaleçam em relação a outras em função de determinadas condições ambientais. Se não houvesse esta diferenciação, mesmo ao nível genético, permitindo o nascimento e o progresso de seres que são diferentes dos seus pais e cujas diferenças são mais adequadas a certos envolvimentos, a evolução humana não seria possível. É esta possibilidade de diversidade de características, desde o nascimento, que permite canalizar o progresso dos mais aptos para responderem às condições específicas do meio. A esta singularidade soma-se (diríamos multiplica-se...) a que é inerente à cultura. A produção de cultura por parte da humanidade é um extraordinário instrumento de adaptabilidade e de adequação e transformação da pessoa e do meio em que vive. E aqui seria importante considerar «as culturas» e não só «a cultura». Basta pensar, por exemplo, quantas culturas distintas e de âmbitos diversos influenciam cada pessoa (o que tem sido designado por *bricolage* identitária). O facto de sermos tão singulares na genética e na apropriação de culturas e distintas identidades não tem sido obstáculo para que possamos, na história da humanidade, realizar grandes empresas colectivas. Pelo contrário, têm-se observado telúricas conjugações de vontades entre pessoas diferentes para a consecução de objectivos comuns.

A criação no século XIX da escola como a concebemos hoje procurava uma ética de igualdade. Procurava receber pessoas diferentes e, dando a todas o mesmo, conseguir instituir um regime social justo por oposição aos regimes sociais de brutal desigualdade e de inexistência de quaisquer medidas promotoras dos direitos dos mais pobres e dos mais vulneráveis. Esta ética de «dar a todos o mesmo», apesar do seu eventual carácter benigno, não conseguiu os objectivos que se propunha. E por várias razões: antes de mais, porque nem o que era para ser para todos era efectivamente recebido por todos. As escolas públicas que deveriam assegurar este direito tiveram – nomeadamente em Portugal – um arranque lento, voluntarista e assimétrico. Em seguida, porque se constatou que a escola não era por si (e na sua filosofia de «dar o mesmo a todos») capaz de influenciar significativamente as condições de desigualdade que procurava colmatar. E ainda porque esta ideia de escola para todos foi durante muitas e muitas dezenas de anos a escola só para alguns: para os que, não tendo acesso a escolas particulares, tinham possibilidade de se conformar com as exigências de acesso e sucesso da escola.

A tomada de consciência da necessidade de fazer que a escola se tornasse uma estrutura que servisse todos os alunos em condições de equidade esbarrou antes de mais com a dimensão da diversidade. Se a escola fora criada para «dar a todos o mesmo», como poderia passar a diferenciar o que «dava»? Não seria este facto uma violação dos direitos dos alunos? Como conciliar uma escola que deveria – na lógica da escola republicana – proporcionar um conjunto de competências comuns, com uma escola que deveria olhar a diversidade e extrair desta diversidade consequências para a sua organização e para o seu trabalho pedagógico?

Levar em conta a diversidade dos alunos influencia mudanças muito sensíveis na escola. Estas mudanças podem sentir-se antes de mais ao nível do currículo. Se os alunos são diversos, como pode o currículo ser uniforme e «engessado» nos seus objectivos, estratégias e tempos? Se os alunos são diversos, podem ser todos e sempre ensinados como se fossem um só? Se os alunos são diversos, é necessário levar em conta a sua diversidade para melhor os educar? E, se os alunos são diversos, é possível avaliar os seus progressos com um único instrumento? São muitas as perguntas que chamam a atenção para a viragem importante na dimensão da diversidade, que deve ser assumida numa lógica de EI, isto é, de «não deixar nenhum aluno para trás». A escola pode ser, como vimos, produtora de homogeneidade e de indiferenciação. Não considerar as singularidades significa criar uma ética de classe cultural na escola, isto é, considerar que a única ética aceitável na escola é a das famílias que se movimentam numa cultura que se rege por valores semelhantes aos valores da escola (Rodrigues, 2012).

O compromisso ético da diversidade é não pensar e agir como se os alunos fossem todos e sempre iguais, partindo do mesmo ponto de partida, que todos aprendem com as mesmas estratégias e que todos chegam (talvez mesmo no mesmo dia...) aos mesmos resultados. Olhar para a pessoa como um ser singular (talvez mais do que como «diferente», que logo suscita a pergunta «diferente, de quê?») é uma postura ética que tem uma cascata de consequências, entre as quais ao nível da organização da escola, do currículo e do trabalho pedagógico.

### *2.3. Dimensão da participação*

A escola tradicional é concebida como uma estrutura consequente de transmissão e de apreensão de um conjunto de aprendizagens. A participação, isto é, a possibilidade de alterar o rumo das aprendizagens através de factores externos, é praticamente inexistente. E não só para os alunos. Muitos professores sentem que a sua participação na discussão e consecução da missão da escola é muito restrita. As famílias juntam queixas semelhantes: são pouco ou nada ouvidas nas opções sobre a vida escolar dos seus educandos. É certo também que as escolas estão «impermeabilizadas» da vida nas suas comunidades e que é sempre visto como uma «excepção», como um acto a louvar, de cada vez que a escola se compromete com a comunidade ou a comunidade com a escola. A questão da participação está certamente nos antípodas de uma escola que se reservou a missão de transmitir o conhecimento com o mínimo possível de interferências (as interferências, neste caso, seriam a participação «a despropósito» de alunos, famílias, professores, comunidades, etc.).

Esta concepção de escola transmissiva e incólume às vozes das pessoas que nela participam é muito antagónica à perspectiva da EI. Só se pode valorizar a diversidade se se conhecer essa diversidade, e não é possível ter este conhecimento sem que exista uma ética de valorização da participação de todos na escola. Uma EI é, na sua essência, um espaço plural não só na aprendizagem, mas também na recolha, consideração e implementação de contributos de todos os actores. A voz da escola, a voz dos alunos, é essencial para se construir a equidade e a excelência. Sem criar comunidades disponíveis para a efectiva escuta do outro – sem evocar preconceitos de idade, maturidade, deficiência, estatuto académico, social, económico ou outras condições –, não será possível refundar a escola para o século XXI, num tempo de urgência para repensar as motivações, as estratégias, a missão e finalidades da escola numa sociedade tecnológica, desigual, complexa. Esta dimensão ética significa que todas as crianças e jovens são indispensáveis para entender o processo de aprendizagem nas suas vertentes de atitudes, capacidades, conhecimentos e competências.

A dimensão ética da participação relaciona-se assim com o valor da escuta do outro; também com a preocupação de não discutir, de não tomar decisões sem ouvir e de considerar a opinião, a postura do «outro». A ideia central é a da criação de uma escola que seja uma *comunidade participada de aprendizagem*, isto é, em que todas as pessoas – incluindo aquelas que tradicionalmente têm menos poder (por exemplo: alunos, pais pobres, pessoal auxiliar, etc.) – são ouvidas, e a sua opinião considerada para as decisões que afectam a instituição. A abertura de canais de expressão, diálogo, negociação, participação, decisão e acompanhamento dos processos educativos é fundamental.

### *2.4. Dimensão da aprendizagem*

A construção de uma ética compatível com a EI tem uma das suas dimensões mais importantes na forma como se concebe e como se organiza a aprendizagem. Sinteticamente, apontaríamos cinco aspectos fundamentais.

Um primeiro sublinha a necessidade de conceber uma aprendizagem para todos os alunos. Do ponto de vista da ética inclusiva, é impensável pensar em deixar alguém para trás sem mobilizar todos os meios de que a escola dispõe e necessita para motivar e conseguir a aprendizagem de todos os alunos. Sabemos que não será possível que todos aprendam se for exactamente o mesmo que todos tenham que aprender. E aqui floresce a ideia de «diversidade do currículo». Um currículo que terá certamente de se focar em aspectos essenciais, que devem constituir uma linguagem, uma base comum para todos os alunos, mas um currículo que deixe uma parte importante da aprendizagem a diferentes áreas, a trabalhos que se centrem em projectos dos alunos, a uma aprendizagem que possa contemplar diferentes ritmos e meios.

O segundo afirma que, para que a aprendizagem possa ser para todos, não é possível olhar a homogeneidade como um valor positivo (que persegue a escola tradicional desde a constituição das turmas ao ensino e à avaliação). A aprendizagem pressupõe assim que se ponha em prática (dado que ao nível do conhecimento isso é do senso comum) uma organização do trabalho pedagógico que estimule sempre os alunos de forma que a proposta de aprendizagem possa ser satisfeita. Isto implica uma multiplicidade considerável de enquadramentos de aprendizagem, uma grande diversidade de estratégias, etc.

O terceiro alerta para o facto de a dimensão da participação ter também um grande impacto na aprendizagem. Muitos professores afirmam não poderem trabalhar com grupos porque não têm possibilidade de se concentrar em cada um ao mesmo tempo. Sem dúvida que é assim se o professor não puder delegar nos alunos uma parte da aprendizagem, isto é, uma aprendizagem cooperada, em que «a voz dos alunos» é também uma forma de se implicar e participar no processo de aprendizagem.

O quarto aspecto indica ser essencial uma mudança nos modelos de concepção do currículo. Desde há alguns anos, têm-se popularizado vários modelos que procuram apresentar o currículo de uma forma mais flexível e diversificada para poder ser adaptável a todos os alunos. Por exemplo, o Desenho Universal da Aprendizagem (Rose & Meyer, 2002) procura encontrar, dentro de uma proposta comum de áreas de competência, diferentes formas de motivação de representação e expressão do conhecimento. Pensar em modelos curriculares que não se assumam como «especiais», mas flexíveis e susceptíveis de serem usados por alunos com diferentes competências e motivações, é certamente um dos resultados visíveis da adopção de uma ética educacional inclusiva.

Finalmente, o quinto aspecto incide sobre a alteração do foco da aprendizagem de conteúdos construídos e prontos para uma lógica de participação no processo de aprendizagem. As metodologias expressivas e activas têm estado muito ausentes das escolas precisamente porque se assistiu a um exacerbamento da quantidade e complexidade das matérias (termo bem curioso...) a aprender. Valorizou-se o exercício e desvalorizou-se a experiência, que, na verdade, são heurísticas com sentidos muito diferentes. A inquirição, a experiência, a descoberta, as actividades artísticas e expressivas, a actuação e o conhecimento do meio, a novidade, a previsão, enfim... tantos aspectos que são conhecidos como factores de sucesso, mas que estão subutilizados e subaproveitados na educação tradicional.

Existe, pois, uma dimensão de reforma de inovação nos processos de aprendizagem quando nos situamos numa ética de EI. Uma ética que procura conhecer o ponto de partida do aluno, que investiga as suas melhores rotas para aprender, que lhe dá sustentação e confiança para desenvolver as suas competências, que lhe assegura um ambiente de confiança e de valorização do que aprendeu e do trabalho que fez. Todos estes aspectos se constituem como um valor ético fundamental para a EI. Não será possível ensinar alunos diversos, procurar a sua participação numa condição de equidade, se os processos de aprendizagem não espelharem a sinceridade e o compromisso da escola, das famílias e dos professores com uma aprendizagem positiva, motivadora e que se constitua como um porto seguro de confiança para a construção da pessoa.

## 3. Quase concluindo

Muitas vezes já foi questionado se a transição de uma escola tradicional para uma escola inclusiva é uma reforma ou uma revolução, de tal forma se avalia a dimensão das alterações necessárias a esta transição. Talvez não seja esta questão de nomenclatura a essencial, mas, sim, como influenciar a mudança de valores e de práticas para que uma escola tradicional, para alguns, se torne uma instituição equitativa, receptiva e positiva para todos. Para proceder a esta alteração, discutem-se sempre se os modelos de intervenção são *top-down* (de cima para baixo) ou *bottom-up* (de baixo para cima). Os modelos «de cima para baixo» procuram investir na criação de uma nova ética, de novas atitudes, de novas representações sobre a escola, os alunos, os actores e o conhecimento. Os modelos «de baixo para cima» advogam que são as mudanças no quotidiano, na avaliação, no currículo, nas estratégias e na relação que melhor contribuirão para esta mudança. Estes modelos estão fortemente centrados no desenvolvimento da escola como organização, e esse desenvolvimento faz-se em grande medida através de uma reflexão frequente e situada sobre as práticas e os valores que no quotidiano se vivem na escola. Esta reflexão entronca perfeitamente no conceito de práxis. A práxis não é uma mera «prática», mas uma prática informada e modificada pela reflexão e pela avaliação permanente dos resultados da acção. Poderíamos dizer que a práxis é uma teoria em movimento, uma prática informada e curtida pela reflexão. Pessoalmente, para tornar mais clara esta noção de práxis, tenho usado a imagem de «caminhar de olhos abertos»: nem caminhar depressa e erraticamente, de olhos fechados, nem ficar parado (consciente e crítico), mas de olhos abertos.

Precisamos sem dúvida de desafiar valores éticos que são incompatíveis com a EI. Por vezes cria-se a ideia de ser possível desenvolver a EI mantendo intocáveis, ou minimamente afectados, os valores mais tradicionais da escola. É um engano. Este tipo de concepção pode conduzir-nos a uma escola regular que acolhe, à parte, estruturas e alunos especiais, mas não nos pode conduzir a uma efectiva EI, precisamente porque há valores éticos na inclusão que não podem ser compaginados com valores opostos da escola tradicional.

Ou temos a convicção de que os valores humanos são universais e de que a educação é para todos ou temos a ideia de que, apesar de isso estar consagrado na DUDH, é só uma teoria sem aplicabilidade face à dura realidade. Ou temos a convicção de que os alunos são diversos e de que devem ser tratados como tal ou achamos que a diversidade é para pôr entre parênteses, quando a homogeneidade consegue convencer a ser mais eficaz. Ou temos a convicção de que a participação é um valor fundamental de cidadania para todos os actores na escola ou temos a ideia de que a participação é muito complicada e só atrasa a aprendizagem. Ou temos a convicção de que a aprendizagem tradicional não é resposta para a acrescida diversidade dos alunos de hoje ou consideramos que é preciso que os alunos que querem aprender não sejam estorvados pelos que não querem aprender. Esta transição de valores pode e deve ser alimentada pelo quotidiano.

Precisamos também da contribuição do *bottom-up*. Precisamos que qualquer passo que se dê na mudança inclusiva da escola seja consolidado, tenha sustentabilidade, enfim, se torne património cultural da escola e não seja desprestigiado como uma experiência que «correu bem, mas acabou». Precisamos que a escola se organize para «ver» as sementes de inclusão que por vezes despontam e não são regadas, não são valorizadas, nem disseminadas. Precisamos de reforçar o trabalho e a reflexão pedagógica nas escolas. Precisamos de tornar os professores estudantes do seu ensino e de incentivar toda a comunidade a pôr em prática o que considera estar certo e se deve fazer a bem dos alunos, e não só o que é costume, o que «se pode habitualmente fazer», mas o que a escola sabe ser necessário, essencial, ético e humano para levar o aluno até onde deve chegar.

Apesar de se terem realçados os «extremos» do tipo «ou se pensa isto ou aquilo», não cremos que exista uma lógica dicotómica (diríamos até «digital») nestes valores éticos. Por lógica digital entendemos uma visão maniqueísta de «isto ou aquilo», à semelhança dos mostradores digitais, em que não existe espaço possível entre a sucessão de dois números. Pelo contrário, os valores éticos aproximam-se mais de uma lógica não circunscrita, não dicotómica, mas mais de uma aproximação analógica, que encara os valores como variáveis contínuas. Frequentemente, a ética é ainda um campo dinâmico, contraditório e sempre à procura de equilíbrios, acordos e novas reconfigurações. Cada pessoa, cada profissional é palco desta dinâmica, desta permanente construção entre o que pensava estar certo e a sua dúvida, o seu questionamento. Esta é uma abundante fonte de esperança e de melhoria. Pensarmos que a ética não é uma fatalidade, não está construída uma vez por todas, não é uma inevitabilidade. A ética, parafraseando a opinião de Deschamps sobre a arte, é «um campo de batalha» em que a história de cada um, o meio em que vive, o ambiente em que trabalha e os seus sentimentos e afectos estão sempre presentes e disponíveis para criar novas oportunidades para a mudança. Esta mudança ética é fundamental para que a EI prevaleça e para que a escola seja um espaço de participação, de cidadania e de bem comum.

Termino com uma nota pessoal: quando acabo de escrever este texto, chega-me a notícia de que na Líbia são vendidos homens como escravos por 400 dólares. Ao pôr um ponto final neste artigo sobre ética e educação inclusiva, não posso deixar de evocar Adorno, quando se perguntava, tão perplexo como estou agora, «Como é possível educar depois de Auschwitz?» Eu pergunto: «De que ética precisamos para educar depois da Líbia?»

## Referências e leituras recomendadas

Bauman, Z., *Modernidade Líquida,* São Paulo, Zahar (org.), 2002.

Dintrona, L. The (Im)Possibility of Ethics in The Information Age, *Information and Organization*, 12 (2), 2002, pp. 71–84.

PATRÃO NEVES, Maria do Céu (coord.), *Ética: dos fundamentos às práticas*, vol. I, Edições 70, Lisboa, 2016.

PLAISANCE, E., «Ética e inclusão», *Cad. Pesquisa*, vol. 40, n.º 139, São Paulo, 2010.

RODRIGUES, D., *Direitos Humanos e Inclusão*, Porto, Profedições, 2015.

RODRIGUES, D., *Equidade e Educação Inclusiva*, Porto, Profedições, 2013,

ROSE, D., MEYER, A., *Teaching Every Student in the Digital Age: Universal Design for Learning*, Association for Supervision and Curriculum Development, VA, 2002.

SOUSA, M. R., «Intervenção no Congresso Educação, Inclusão e Inovação», in *Revista Educação Inclusiva*, 8 (2), Lisboa, 2017, pp. XVIII/XIX. Também em: http://www.presidencia.pt/?idc=10&idi=132851.

UNESCO, *Policy Guidelines on Inclusion in Education*, Paris, 2009.

# Os pais e a liberdade de escolha da formação dos filhos

*Alexandre Homem Cristo*

Instituto de Ciências Sociais da Universidade de Lisboa (ICS-UL)

> *A Justiça é a primeira virtude das instituições sociais, assim como a Verdade é a dos sistemas de pensamento. Uma teoria, mesmo que elegante e económica, deve ser rejeitada ou revista se não for verdadeira; da mesma forma, leis e instituições, independentemente da sua eficiência ou disposição, devem ser reformadas ou abolidas, se forem injustas.*
>
> John Rawls, *Uma Teoria da Justiça*

A liberdade de educação é um tema vasto, geralmente mal definido e mal compreendido, que engloba aquilo que se designa por liberdade de ensinar (autonomia pedagógica do professor), a liberdade de definir estratégias educativas (autonomia de gestão escolar) e, por fim, a liberdade de os pais escolherem um projecto educativo para os seus filhos. Hoje, no âmbito das políticas públicas, é nessa última dimensão que se vislumbra o maior vazio de liberdade. Assim, com vista a tornar este capítulo um contributo útil para o debate à volta da temática, o mesmo focar-se-á em exclusivo na comummente designada «liberdade de escolha» da escola.

O que significa, no contexto da educação e da perspectiva das famílias, a «liberdade de escolha» da escola ou da formação dos filhos? Significa a salvaguarda de princípios a partir dos quais se defende que a escolha do percurso educativo de um aluno deve ser, em primeira instância, da sua família e não imposta pelo Estado. Dito assim, parece simples. Mas, como não é, torna-se fundamental iniciar esta reflexão com um alerta. A «liberdade de escolha» da escola ou da formação dos filhos é um daqueles temas que, nos últimos dez anos, foram amplamente discutidos na arena do debate público, não raramente de forma errónea, desgastando a sua relevância ao fixá-lo no coração de uma guerra entre escolas públicas do Estado e escolas privadas. Ora, esse conflito é contraproducente, seja sob a perspectiva das famílias seja sob a do sistema educativo. Desde logo, por motivos facilmente apreensíveis: essa hipotética colisão entre os sectores público e privado contrariaria a necessária colaboração destes sectores, a fim de proporcionar ofertas educativas de qualidade às crianças e jovens portugueses. Mas, sobretudo, pelos motivos menos óbvios e que estão no centro deste capítulo: focar as atenções nas escolas privadas implica perder a referência do principal desafio da «liberdade de escolha», que é garantir que essa liberdade se aplica a todos os alunos que frequentam a rede pública de educação. Colocando a problemática de forma clara: a discussão deste tema deve começar pela análise do funcionamento da própria rede pública, antes de se concentrar na relação desta com as escolas do sector particular e cooperativo.

Afastar o debate da tensão entre escolas públicas e escolas privadas não significa, contudo, afirmar que a discussão sobre o papel dos privados numa rede pública é irrelevante. Não o é de todo. Sob uma perspectiva comparada, não subsistem dúvidas sobre a importância desse debate e sobre o espaço que deveria ocupar em Portugal[1]. Afastar o debate da tensão entre escolas públicas e escolas privadas é, no entanto, fundamental: primeiro, para que seja possível de apreender o desafio actual do sistema educativo na rede pública, tanto do ponto de vista da relação entre o Estado e as famílias como do ponto de vista da missão do próprio sistema; segundo, porque permite atenuar a tensão entre escolas, por via da competição por alunos num contexto de queda demográfica; e, terceiro, porque previne que o tema seja tomado por enviesamentos ideológicos.

É esse o desafio deste capítulo: demonstrar que a «liberdade de escolha» deve ser discutida essencialmente como um direito inerente à frequência da rede pública de educação. O raciocínio aqui exposto desenvolve-se em quatro partes. As primeiras três elaboram, individualmente, os três principais argumentos que, sob a perspectiva do sistema educativo e da sua relação com as famílias, justificam a necessidade de mecanismos de «liberdade de escolha» da escola. A última parte, servindo de conclusão, lança uma reflexão final.

---

[1] De acordo com o relatório *Estatísticas da Educação 2015/2016*, publicado pela Direcção-Geral de Estatísticas da Educação e Ciência (2017), no ano lectivo de 2015/2016, a percentagem de alunos a frequentarem escolas privadas da rede pública, no ensino básico e no ensino secundário, era de 4,9 e de 4,6%, respectivamente. Em sentido inverso, a percentagem de alunos que frequenta o ensino privado independente (e que, portanto, paga propinas) é de 8,3% (ensino básico) e de 16,7% (ensino secundário). Estes valores fazem de Portugal um caso excepcional, pois contrariam a tendência nos países europeus, onde, geralmente, a percentagem de alunos em privados da rede pública é significativamente superior, e a de alunos que pagam propinas é inferior.

## 1. Massificação *versus* diversidade: da «escola pública» às «escolas públicas»

Em 1986, ano em que a Lei de Bases do Sistema Educativo foi promulgada, os desafios do sistema educativo eram muito diferentes dos actuais. Mais um milhão e meio de portugueses[2] eram analfabetos e mais de um quarto da população com mais de 15 anos não havia acedido a qualquer nível de escolaridade. A taxa real de escolarização era de 41% no 3.º ciclo do ensino básico e de 18% no ensino secundário. Apenas 27% das crianças em idade pré-escolar frequentavam o ensino. A taxa de abandono escolar precoce ultrapassava largamente os 50%. A rede de estabelecimentos de ensino era reduzida e não abrangia todo o território. E apenas 106 mil estudantes frequentavam o ensino superior. Assim, naturalmente que a prioridade maior das políticas públicas em educação estava na massificação do acesso à escola, pretendendo levar a formação escolar a uma população com elevados défices de qualificações – e até com uma visão limitada sobre os benefícios da escolarização para além do 1.º ciclo do ensino básico.

Muito mudou desde então. Em 2016, 30 anos depois, a taxa real de escolarização no 3.º ciclo do ensino básico e no ensino secundário alcançou, respectivamente, os 87% e os 75%; o acesso à educação pré-escolar universalizou-se, com 88% das crianças a frequentá-la; a taxa de abandono escolar precoce caiu a pique, situando-se nos 14%; a rede de estabelecimentos de ensino cresceu, dispersou-se pelo território e assegurou condições de acesso tanto no litoral como no interior do país; e o número de estudantes matriculados no ensino superior mais do que triplicou, atingindo os 356 mil. Os dados não deixam dúvidas sobre uma evolução positiva e acentuada

[2] De acordo com os Censos de 1981.

do sistema educativo português em termos de acesso e participação, cumprindo o desígnio da massificação. E também não permitem incertezas sobre as melhorias consistentes em termos de qualidade das aprendizagens, tal como evidenciam as avaliações internacionais que Portugal integra – PISA (Programme for International Student Assessment), PIRLS (Progress in Internacional Reading Literacy Study) e TIMMS (Trends in International Mathematics and Science Study) – e que confirmam, sobretudo entre 2005 e 2015, ganhos qualitativos muito significativos.

Este sucesso não conduziu, contudo, a um fim de caminho. Nas palavras da ex-ministra da Educação Maria do Carmo Seabra, sendo certo que os dados certificam que o objectivo em 1986 de «trazer os portugueses para as escolas» foi alcançado, «a questão é agora como melhorar o sistema e ajudar os alunos a terem uma carreira escolar bem-sucedida»[3]. Ou seja, alterado o contexto em que se insere o sistema educativo português, modificaram-se também os seus desafios e objectivos. E, hoje, proporcionar qualidade na oferta educativa e garantir um percurso escolar de sucesso para todos os alunos ascendeu a prioridade.

Como atingir tal fim? Qualquer tentativa de resposta será inevitavelmente complexa e sujeita aos contextos locais. Mas existem consensos estabelecidos. Da parte das instituições internacionais e dos Ministérios da Educação nos países europeus, vingou a convicção de que o pluralismo e a diversificação da oferta educativa são as chaves para um sistema educativo que, no século XXI, prepare adequadamente os jovens para a vida adulta. Portugal tem acompanhado esse entendimento, o que, concretamente, se tem traduzido num reforço da autonomia

---

[3] In Lei de Bases do Sistema Educativo: Balanço e Prospetiva, Volume 1, Conselho Nacional de Educação, 2017, pp. 77.

das escolas e da ruptura com a abordagem estandardizada de opções únicas e caminhos estreitos para o percurso escolar.

Para a reflexão apresentada neste capítulo, a inclusão da diversidade no seio do sistema educativo é determinante por dois motivos que funcionam em conjunto e cujo desenvolvimento permite estabelecer a relação indissociável do Estado (enquanto garante de uma rede pública de escolas) com a «liberdade de escolha» da formação dos filhos, do lado das famílias.

O primeiro motivo é a defesa contra a imprevisibilidade do futuro. Ao matricular-se pela primeira vez no pré-escolar ou no 1.º ciclo do ensino básico, uma criança de 5 ou 6 anos inicia um percurso longo de escolaridade obrigatória (até completar o 12.º ano ou atingir os 18 anos de idade), que se poderá estender à frequência do ensino superior. Ou seja, ao iniciar o seu primeiro dia de escola, uma criança dá o passo inicial num caminho de formação escolar e superior que poderá durar 12 ou mais anos. E, após esse caminho, terá ainda pela frente mais de 40 anos de vida activa, para cujos desafios se espera que a sua formação o tenha preparado. Compete, portanto, ao sistema educativo ter uma visão de futuro, na medida em que tem como missão preparar os jovens que hoje frequentam a escola numa perspectiva de longo prazo e imprevisível – ninguém sabe ou pode estimar com rigor quais serão as necessidades e os desafios que um jovem enfrentará daqui a 30 ou 40 anos. Como tal, a melhor protecção contra essa incerteza está na diversidade educativa, permitindo aos alunos caminhos formativos abrangentes, mas distintos, podendo cada jovem encontrar uma oferta que corresponda às suas necessidades.

Isto leva ao segundo motivo: a diversidade promove a criação de ofertas formativas e pedagógicas para vão ao encontro das necessidades de cada aluno, uma vez que os alunos não são todos iguais e não carecem dos mesmos apoios ou reagem da mesma forma aos mesmos estímulos. Reconhecer a pluralidade de perfis de aluno e as suas diferenças – em função de origens sociais, dificuldades de aprendizagem e ambições pessoais – é condição obrigatória para identificar as melhores opções educativas para cada um, com vista a garantir o seu sucesso escolar. Afinal, tratar por igual o que é diferente não é promover equidade, mas persistir na desigualdade. Ou seja, a concepção uniformista do ensino – que vigorou no período da massificação do acesso à escola e onde todos aprenderam «o mesmo ao mesmo tempo» – tornou-se ultrapassada e desadequada.

Este entendimento consensualizou-se entre os vários actores do sistema educativo, como se confirma através da actuação do Conselho Nacional de Educação, que, desde 1997, emitiu inúmeras deliberações e pareceres sobre a matéria. De resto, na *Recomendação 7/2012 – Autonomia das Escolas*, aconselha explicitamente o governo no sentido de que «os processos de descentralização administrativa e de autonomia não sejam sobretudo objecto de regulação normativa de "modelo único", mas que assentem numa progressiva responsabilização por parte dos professores, pais e autarquias, respeitando a diversidade de situações e de dinâmicas já instaladas». De facto, a aposta na autonomia das escolas (nas dimensões pedagógicas, mas também na gestão dos seus recursos) tem avançado consistentemente desde o início dos anos 2000, com várias iniciativas políticas – embora nem sempre sustentadas, algumas obtendo pequenos efeitos e pouco sucesso. Ora, é no âmbito do (ainda em curso[4]) aprofundamento desta diversidade no sistema educativo que, hoje, a «liberdade de escolha»

[4] A propósito de iniciativas legislativas recentes em relação à descentralização e à promoção da autonomia escolar e da diversidade de oferta educativa, vale a pena exemplificar com o aumento do número de contratos de autonomia (2012–2015) ou com o projecto de Autonomia e Flexibilidade Curricular, que teve início no ano lectivo de 2017/2018, conforme consta do Despacho n.º 5908/2017, de 5 de Julho de 2017.

da escola assume um papel de primeira linha na relação entre o Estado e as famílias – de um ponto de vista sistémico, social e ético.

No período histórico em que o desenvolvimento do sistema educativo se fez do ponto de vista da massificação, a prioridade política localizou-se no acesso à escola, e a matriz do sistema foi a de uma «escola pública» no singular. Nesse sistema construído de cima para baixo, centralizado e dirigido pelo Ministério da Educação, não existiam teoricamente diferenças relevantes entre escolas da rede pública. Como tal, a liberdade de escolher uma escola para os filhos surgia como irrelevante – num sistema uniformizado e entre ofertas que se querem idênticas, não há escolha possível. Ora, o desenvolvimento recente do sistema educativo através da diversidade quebrou esse entendimento uniformista da «escola pública» (no singular), impondo uma visão plural de «escolas públicas» que, dotadas de autonomia, são incentivadas a tomar decisões pedagógicas diferenciadoras e adequadas à sua população escolar. Perante essa diferenciação na rede, desejada e resultante da acção de promoção do próprio Estado (por via da tutela política da educação), a «liberdade de escolha» passa a ser parte fundamental da relação entre as autoridades públicas e as famílias: havendo opções educativas diferenciadas, torna-se um imperativo do Estado garantir às famílias que podem escolher, entre essas opções, aquela que melhor se adequa às necessidades e às ambições dos seus filhos.

A escolha está, por definição, associada à diversidade. Só se pode escolher, preferir ou eleger uma opção em detrimento de outra se essas opções forem de algum modo diferentes entre si. Compreender o impacto desta constatação, que é lógica e evidente, no âmbito das políticas públicas de Educação significa, portanto, aceitar uma premissa essencial: a necessidade de introduzir mecanismos de «liberdade de escolha» no sistema educativo foi estimulada pelo próprio Estado, no momento em que cria e promove a diversidade educativa e a diferenciação da oferta entre as escolas. E, se foi estimulada pelo Estado, compete igualmente ao Estado proporcionar que as condições de justiça no acesso à escola se mantenham em funcionamento no sistema educativo.

Se se aceitar (e não se vê como rejeitar) a premissa de que a diversidade se tornou indispensável para a evolução do sistema educativo e de que é papel do Estado promovê-la junto das escolas da rede pública, torna-se forçoso reconhecer igualmente acerca da imprescindibilidade da «liberdade de escolha» das famílias, sendo responsabilidade ética e política do Estado garantir esse direito.

## 2. A informação existe: escolas diferentes promovem resultados diferentes

No período da massificação do acesso à escola, vigorou o entendimento de uma única escola pública. O pressuposto, da parte do sistema educativo, era que frequentar uma ou outra escola pública era teoricamente irrelevante, na medida em que ambas leccionavam o mesmo currículo nacional, os mesmos programas e o faziam da mesma forma. Esse entendimento correspondia, como no ponto anterior se discutiu, a um efeito colateral da massificação (*one size fits all*), visto ser prioridade das autoridades públicas proporcionarem o acesso. Mas correspondia, também, a um efeito causado pela ausência de informação sobre o desempenho do sistema educativo, das escolas e dos alunos. Sem se conhecerem dados sobre o funcionamento das escolas, a sua diferenciação é impossível.

Nesse sentido, a transição entre a massificação e a diversidade foi igualmente a passagem para um sistema educativo passível de escrutínio, com recolha sistemática de informação e a sua análise pública. De certo modo, a ter havido um momento de viragem, foi o da vitória nos tribunais do jornal *Público*[5], que, contra o Estado, solicitava o acesso para publicação dos dados de desempenho dos alunos nos exames nacionais e que, posteriormente, utilizou esses dados para a elaboração de *rankings*. Esse momento foi decisivo para a mudança de mentalidades: tornou-se visível para todas as famílias que as escolas não são todas iguais e que, consequentemente, era legítimo preferir-se uma escola a outra. Assim, introduzir a «liberdade de escolha» no sistema educativo ascendeu a necessidade sistémica.

Maria do Carmo Seabra assinala esta transição de mentalidades na sua reflexão em torno da Lei de Bases de 1986, publicada pelo Conselho Nacional de Educação:

> […] de um sistema em que se considerava que a informação sobre escolas e desempenho dos seus alunos, quando existisse, devia ser cuidadosamente mantida no «segredo, se não dos deuses, mas da 5 de Outubro», passou-se para um sistema em que se reconhece que a informação que existe deve ser partilhada. […] Esta é uma alteração muito relevante e positiva no quadro político e institucional em que nos movemos. […] Outra consequência da informação, mais importante, é o facto de os alunos e as famílias terem agora acesso a informação sobre as escolas e o seu desempenho (desempenho em provas externas, participação, comportamento, bem-estar), o que permite o exercício efectivo da liberdade de escolha por parte dos alunos e das suas famílias.[6]

Do lado do Ministério da Educação, bastaria consultar um relatório de Avaliação Externa às Escolas, levado a cabo pela Inspecção Geral da Educação (IGEC), para constatar essa

---

[5] A edição do jornal *Público* de 27 de Agosto de 2001 assinalou esse momento.

[6] Lei de Bases do Sistema Educativo: Balanço e Prospetiva, vol. 1, Conselho Nacional de Educação, 2017, pp. 73–74.

alteração de mentalidades. Nesses relatórios, o desempenho das escolas é medido de acordo com três principais indicadores – resultados, prestação do serviço educativo, liderança e gestão –, e a sua publicação oferece às famílias informação detalhada acerca do funcionamento das escolas. Parte dessa informação serve de base para o portal InfoEscolas[7], onde se apresentam os dados relativos a cada agrupamento de escolas do país – número e perfil dos alunos, opções de oferta educativa, taxa de retenção, relação das notas internas com as avaliações externas e estatísticas de desempenho nos exames nacionais, por disciplina.

Da parte da investigação e da sociedade civil, um dos produtos mais recentes e completos na avaliação de desempenho das escolas encontra-se no *Atlas da Educação 2017*, publicado pela EPIS – Empresários pela Inclusão Social – e coordenado por David Justino e Rui Santos, do Centro Interdisciplinar de Ciências Sociais da Universidade Nova de Lisboa. Primeiro, é nesse relatório perceptível que, entre concelhos contíguos, existem diferenças significativas quanto aos indicadores de sucesso escolar: por exemplo, resultados reais nos exames nacionais face aos resultados previstos ou taxas de abandono escolar. Depois, por concelho, foi possível analisar os desempenhos individuais dos agrupamentos, permitindo a constatação de que, servindo uma mesma população, algumas escolas conseguem puxar para cima os desempenhos dos seus alunos (com valor acrescentado nas aprendizagens) e outras não.

> O confronto entre os resultados efetivamente alcançados nos diferentes ciclos de ensino e os estimados pelos modelos estatísticos permite identificar concelhos e escolas ou agrupamentos onde o desempenho escolar é bem superior ao que seria expectável,

[7] Disponível em http://infoescolas.mec.pt.

> se aceitássemos uma relação puramente determinista dos resultados com esses fatores. Isto sugere que há escolas que conseguem superar os constrangimentos sociais e acrescentar valor na aprendizagem dos alunos.[8]

Toda esta informação tem um forte impacto transformador, quer para o sistema, mapeando as características do mesmo e identificando potenciais focos de intervenção, quer para as famílias, munindo os pais de informação relevante para o exercício da «liberdade de escolha». Valorizar o primeiro impõe que se valorize o segundo, sob risco de se desconsiderar o papel das famílias na definição da educação dos seus filhos.

## 3. Poder de escolha *versus* liberdade de escolha

Quem acompanha o debate público da educação conhecerá, por certo, o argumento de que a «liberdade de escolha» da escola já existe ou, numa formulação mais directa, de que quem quer escolher o pode fazer pagando os respectivos custos de frequência de uma escola privada. É fundamental desmontar os dois equívocos em que se suporta esta argumentação: primeiro, a habitual redução da liberdade de escolher à participação de escolas privadas na rede pública, que, do ponto de vista do sistema educativo, não é a leitura mais relevante e que, como tal, neste capítulo, não é objecto de análise; segundo, a confusão entre «liberdade» de escolha (enquanto direito) e «poder» de escolha (enquanto exercício de uma vantagem social ou financeira). Este segundo ponto traz à superfície uma distinção essencial.

---

[8] *Atlas da Educação 2017*, pp. 8–9.

A legislação em vigor é clara: através de despacho anual[9], o Ministério da Educação fixa os critérios de prioridade para o preenchimento das vagas disponíveis e desempate de candidaturas (por exemplo, quando há mais procura do que oferta de vagas). Até 2017/2018, esses critérios de prioridade atribuíram privilégio à morada de residência e de trabalho do encarregado de educação. Consequentemente, na lei, não existiram até então mecanismos de liberdade de escolha na rede pública, estando as famílias, na prática (mesmo que não de forma explícita), obrigadas a indicar para os filhos a escola da sua área de residência – uma vez que esse critério de prioridade é aquele que maior impacto tem no preenchimento das vagas disponíveis.

A ausência de consagração desse direito na lei não anula os anseios das famílias que desejam escolher a escola para os filhos – de acordo com os critérios que, no seu caso, considerem mais relevantes. Este desfasamento remete, portanto, a escolha para o domínio do «poder». De um lado, só as famílias com mais recursos económicos têm poder económico para optar pela frequência do ensino privado, se for essa a sua preferência. Mas o ponto fundamental está do outro lado, na rede pública, onde se gera um duplo efeito negativo. Primeiro, a segregação social por via residencial transforma-se em segregação escolar: as escolas nos bairros socialmente desfavorecidos ficam de frequência exclusiva para os jovens com esse mesmo perfil social, da mesma forma que as escolas localizadas nos bairros socialmente mais favorecidos só terão alunos com perfil socioeconómico elevado. De acordo com um estudo

[9] Por exemplo, para o ano lectivo 2017/2018, consultar o n.º 2 do artigo 9.º do Despacho normativo n.º 1-B/2017. Para o ano lectivo 2018/2019, consultar o n.º 1 do artigo 11.º do Despacho normativo 6/2018, referente às prioridades estabelecidas para o preenchimento das vagas disponíveis no ensino básico.

recente da Direcção-Geral das Estatísticas da Educação[10], as assimetrias sociais na composição das escolas públicas do concelho de Lisboa são muito acentuadas e reflectem a segregação residencial: há escolas do concelho com 78% de alunos com Acção Social Escolar (ASE) e, no extremo oposto, escolas que apenas têm 8% de alunos com ASE. Cenário idêntico verifica-se nas escolas públicas no concelho do Porto, que tanto podem ter 87% dos seus alunos com ASE ou apenas 16%, realçando que essas assimetrias estão associadas ao critério geográfico na organização das matrículas. Segundo, só as famílias com melhores condições socioeconómicas conseguem ultrapassar essa imposição residencial, obtendo vagas em escolas que, não estando na sua área de residência, estariam teoricamente inacessíveis. Isso pode ser alcançável, por exemplo, graças a uma melhor rede de contactos, indicando-se como encarregado de educação alguém que resida na área de influência da escola, mesmo que não seja essa a morada real do aluno e mesmo que esse encarregado de educação não seja, efectivamente, o responsável pelo acompanhamento escolar do aluno. Ou seja, na prática, ultrapassar os critérios legais das matrículas só é possível a quem compreenda as regras e a quem possuir uma boa rede de contactos – factores que, por definição, excluem as populações mais desfavorecidas. Este é, portanto, um sintoma de desigualdade social no sistema.

Todos os anos, milhares de pais usam o seu «poder» de escolha, recorrendo às ferramentas à sua disposição. É uma rotina que marca o início de cada ano lectivo, tal como são as colocações de professores nas escolas. A título exemplificativo, no arranque do ano lectivo 2017/2018, gerou-se um debate à volta da situação das matrículas no agrupamento de

---

[10] DGEEC (2018), *Assimetrias de Contexto Socioeconómico entre Escolas Públicas – 2.º ciclo, 2015/2016*, Lisboa, Ministério da Educação.

escolas Filipa de Lencastre, em Lisboa, quando os residentes da área de influência da escola se sentiram prejudicados pelas «moradas falsas» com que muitos alunos residentes noutras freguesias da cidade se inscrevem e obtêm vaga. O caso deu origem a uma petição pública, posteriormente entregue na Assembleia da República[11], solicitando iniciativas legislativas aos partidos com representação parlamentar. Longe de ser um problema localizado, esta é uma realidade que atravessa o território nacional – mas, em particular, nas áreas urbanas, onde há mais oferta educativa e densidade populacional. Maria de Lurdes Rodrigues, ex-ministra da Educação, sintetizou parte do problema de forma cristalina:

> A associação entre residência e acesso à escola oferece-se como um princípio simples de organização do serviço de educação. Porém, quando a desigualdade social e económica se traduz em segregação residencial este princípio transforma-se numa armadilha. As escolas ficam encerradas nos respectivos territórios, tornando praticamente impossível a concretização da igualdade de oportunidades. A associação rígida entre residência e acesso à escola tem efeitos perversos, podendo contribuir para o aumento tanto das desigualdades escolares com das desigualdades sociais.[12]

A outra parte do raciocínio é que, perante um sistema promotor de desigualdades sociais, só escapa quem consegue exercer o seu poder sobre os outros – seja este social ou económico. A injustiça salta à vista: quem não sabe contornar as

[11] Petição n.º 378/XIII/2, que deu entrada na Assembleia da República a 1 de Setembro de 2017, com 1596 subscritores e tendo como primeira subscritora Marta Abecassis Valente.

[12] *Diário de Notícias*, 2 de Agosto de 2017.

limitações legais das matrículas é também quem mais necessita de exercer uma escolha de escola. Isto é, as famílias com menos recursos e menos qualificações têm de aceitar essas limitações e de as levar à letra, acrescentando-se assim, comparativamente às outras famílias, mais um factor de desigualdade que prejudica o futuro dos seus filhos.

Permitir o prolongar de uma situação de injustiça, como esta é, representa uma falha do Estado e uma quebra na sua relação de confiança com as famílias. Importa assinalar, de resto, que o Ministério da Educação procurou recentemente minimizar o impacto desta injustiça nas famílias, sobretudo as mais desfavorecidas, atribuindo, na legislação referida para o ano lectivo 2018/2019, prioridade aos alunos com ASE – isto é, aos alunos com perfil socioeconómico mais baixo. Concretamente, os alunos com ASE terão prioridade, comparativamente com os alunos que residam na área de influência de determinada escola, na obtenção de uma vaga numa escola que seja a da sua área de residência ou que esteja na área de influência do local de trabalho dos seus encarregados de educação. Apesar de os efeitos concretos desta novidade legislativa nas matrículas estarem ainda por demonstrar, é relevante sublinhá-la pelo que ela significa politicamente: primeiro, a aceitação por parte do Estado de que a liberdade de escolha da escola é uma matéria fundamental para a promoção do sucesso escolar e para a consagração da igualdade de oportunidades na rede pública de ensino; segundo, a confirmação de que as regras de escolha da escola até agora em vigor promoveram segregação social por via de reflectirem a segregação residencial existente; terceiro, o reconhecimento de que a ausência de liberdade de escolha da escola é prejudicial às famílias, nomeadamente às mais desfavorecidas que devem ser discriminadas positivamente nas alterações legislativas, de modo a inverter a actual situação de acentuada segregação social.

## 4. À espera de um consenso político

A evolução do sistema educativo português rumo à diversidade de oferta, à diferenciação entre escolas e à publicação de informação sobre os desempenhos dos seus alunos não foi acompanhada de mecanismos de «liberdade de escolha» da escola. Pelas razões discutidas neste capítulo, era (e é ainda) responsabilidade do Estado dar também esse passo no desenvolvimento do serviço público de educação rumo a uma efectiva «liberdade de escolha» das famílias nessa rede pública, pondo fim à situação que actualmente vigora – a do «poder» de escolha para as famílias mais favorecidas – e que promove o aprofundamento das já existentes desigualdades sociais. O desafio é tanto político como ético.

No domínio das políticas públicas, existem várias opções para a implementação de tais mecanismos, e, por toda a Europa, estes têm sido introduzidos e melhorados ao longo de décadas. Trazer essa reflexão para Portugal, compreendendo os constrangimentos próprios às características do sistema educativo e da realidade social do país, passa inevitavelmente por estudar as implementações noutros locais do mundo, analisar os seus sucessos e aprender com os seus insucessos. Em Espanha e Itália, os pais usam da sua «liberdade de escolha», e o Estado só arbitra quando, em determinadas escolas, a procura ultrapassa a oferta – na Irlanda, por exemplo, nem sequer essa intervenção se realiza. No Leste Europeu, a matrícula automática dos alunos por critérios de residência é acompanhada da possibilidade de requerer aos serviços do Ministério da Educação uma mudança de escola, que é autorizada desde que devidamente justificada. No Norte Europeu, em particular na Suécia, as situações de excesso de procura para o número de vagas existente em determinadas escolas são desempatadas pelo critério de ordem de entrada do pedido de matrícula. Ou, nos Estados Unidos, situações desse tipo em escolas com contrato de financiamento público são resolvidas com recurso ao sorteio das vagas, permitindo a todos igual probabilidade no acesso à escola. A discussão é intelectualmente estimulante e determinante de um ponto de vista das políticas públicas, sendo certo que exige prudência face ao risco de adopção de um mecanismo ineficaz – algo que contribuiria para a não resolução dos problemas visados ou, pior, para o seu agravamento.

Esta discussão é indispensável, mas deve ser antecedida de outro debate. Antes de se lançar a reflexão sobre os mecanismos de «liberdade de escolha», há que firmar um consenso quanto à necessidade de garantir «liberdade de escolha» no sistema educativo. Sem esse entendimento ético e político, faltará sempre a base sobre a qual se deve erigir esta reforma no sistema educativo português.

O que tem retido o desenvolvimento do sistema educativo no sentido de proporcionar «liberdade de escolha» às famílias não é a falta de alternativas que, do ponto de vista da implementação, viabilizem a concretização da «liberdade de escolha» para as famílias, nomeadamente para as famílias socialmente desfavorecidas, cujos filhos são as primeiras vítimas das armadilhas da desigualdade social no sistema educativo. O que tem retido o desenvolvimento do sistema educativo nesse sentido é, sim, a ausência de vontade política. Do ponto de vista partidário, o tema é raramente abordado e, quando o é, tal sucede na perspectiva da participação de escolas privadas na rede pública. Do ponto de vista do sistema educativo, o actual modelo de matrículas está comodamente montado, não existe pressão política (incluindo na sociedade civil) para mudanças significativas, até porque, num sistema centralizado como ainda é o português, qualquer alteração é potenciadora de distúrbios ao funcionamento – pelo que os incentivos estão do lado do *statu quo*.

A autonomia das escolas e a diversidade de oferta educativa continuarão a fazer o seu caminho, promovendo mais opções educativas à disposição das famílias e justificando cada vez mais a concretização de soluções que tornem a «liberdade de escolha» uma realidade na rede pública de educação. O dilema para as autoridades públicas da educação está, portanto, em decidir se, efectivamente, reconhecem a situação de desequilíbrio que se estabeleceu no sistema educativo e, se sim, se a conveniência logística ou política justifica por si só a sua manutenção. As alterações ao despacho de matrículas para o ano lectivo de 2018/2019 sugerem que, finalmente, as autoridades públicas da educação estão a agir no sentido de corrigir injustiças para as famílias na hora de escolher a escola dos seus filhos – dando prioridade aos alunos socialmente mais desfavorecidos. É um começo, mas dificilmente os efeitos desta alteração legislativa serão estruturais e suficientes para corrigir as desigualdades existentes. Há ainda um longo caminho por percorrer.

## Referências e leituras recomendadas

BERENDS, Mark *et al.* (coord.), *Handbook of Research on School Choice*, Nova Iorque, Routledge, Taylor & Francis, 2009.

CONFEDERAÇÃO NACIONAL DA EDUCAÇÃO E FORMAÇÃO (2015), Escolha da Escola: Questões Fundamentais, Lisboa, CNEF, 2015.

CONSELHO NACIONAL DE EDUCAÇÃO, *Lei de Bases do Sistema Educativo: Balanço e Prospetiva*, vol. I, Lisboa, 2017.

CONSELHO NACIONAL DE EDUCAÇÃO, *Recomendação 7/2012 – Autonomia das Escolas*, Lisboa, 2012.

DGEEC, *Estatísticas da Educação 2015/2016*, Lisboa, Ministério da Educação, 2017.

JUSTINO, David, e SANTOS, Rui (coord.) (2017), *Atlas da Educação 2017: Contextos sociais e locais do sucesso e insucesso*, Lisboa, EPIS, 2017.

PATRÃO NEVES, Maria do Céu (coord.), *Ética: dos fundamentos às práticas*, vol. I, Lisboa, Edições 70, 2016.

VALENTE, Marta Abecassis, *Petição n.º 378/XIII/2* da Assembleia da República, Lisboa, 2017.

# Escola-família: uma relação de longa data com dinâmicas recentes

*Eva Gonçalves*

Centro Interdisciplinar de Ciências Sociais (CICS)
da Universidade Nova de Lisboa

Escrever um ensaio sobre a relação entre a escola e as famílias dos alunos pressupõe que, em primeiro lugar, se inicie com a apresentação de um conceito que esclareça o que o autor entende por «relação escola-família». Este exercício é essencial para minimizar uma das grandes dificuldades inerentes ao estudo e à reflexão sobre esta temática: a proliferação de termos e definições diferenciados nos discursos científico, político e até no senso comum. Envolvimento, participação, relação, interacção são apenas alguns dos muitos termos utilizados para descrever as mesmas dinâmicas de relacionamento entre professores e famílias, gerando confusão entre autores e leitores. A necessidade de clarificar sobre o que se debruçam as várias reflexões ao longo deste ensaio é, portanto, essencial.

Após a clarificação do conceito e da descrição dos quatro tipos de relação escola-família que o decompõem e que permitem classificar todas as dinâmicas de relacionamento possíveis entre professores e famílias, passamos à reflexão sobre as questões associadas à temática proposta. A reflexão versa sobre a evolução da relação escola-família no contexto nacional desde a origem formal de um sistema educativo português até aos dias de hoje e será orientada por dois objectivos: o primeiro é o de dar conta de como a legislação portuguesa se foi transformando na sequência dos diversos contextos histórico-sociais e culturais, transformações que podem imprimir alterações nas dinâmicas diárias dos actores; o segundo objectivo, e o mais importante para o proposto nesta edição, é o de expor como os actores – professores e famílias no caso deste ensaio – se foram apropriando ou não dos vários instrumentos legais que foram sendo implementados no âmbito da relação escola-família, reflectindo sobre as questões éticas levantadas quer pelos próprios normativos legais, quer pelas práticas no dia-a-dia das escolas.

O presente ensaio apresenta uma reflexão sobre os resultados de um estudo sobre a relação escola-família (Gonçalves, 2015), mais especificamente sobre: a análise sócio- histórica da origem e do desenvolvimento da relação escola-família no contexto do sistema educativo português que permitiu identificar a compreensão dos significados e principais implicações das políticas educativas que foram sendo implementadas, assim como as influências que foram exercendo, ou não, sobre as práticas dos actores; e os resultados de um estudo de casos múltiplos intencionalmente seleccionados de acordo com diferentes características de localização geográfica, socioeconómicas e escolares, aplicado em seis escolas públicas, que dá pistas sobre as dinâmicas entre professores e famílias no quadro normativo legal actual.

## 1. Relação escola-família: uma proposta de definição e tipificação

Começo por referir que relação escola-família é uma expressão que utilizo por mera facilidade linguística de comunicação, sem dar privilégio a qualquer um dos espaços em detrimento do outro, e que a defino como todas as dinâmicas de relacionamento possíveis entre professores e elementos familiares em torno da educação e da vida escolar dos alunos. Esta definição simples permite uma divisão em dois grandes grupos de dinâmicas: o envolvimento, quando professores e famílias agem em benefício de um só aluno; e participação, sempre que as dinâmicas escola-família beneficiam todos os alunos da turma e/ou escola (Davies, Marques e Silva, 1997). O envolvimento parental pode ser familiar, se nos reportarmos ao acompanhamento que é feito ao aluno no espaço da família (como, por exemplo, ajuda nos trabalhos de casa, conversas diárias, horários e práticas de família); ou escolar, em caso de deslocação de elementos da família à escola para reuniões de pais, conversas com outros professores ou outros eventos relacionados apenas com o aluno em questão (Epstein, 2009, 2010; Silva, 2007). A participação, por sua vez, divide-se em informal, se as famílias actuam em prol de todos os alunos/elementos familiares através de acções informais (como a organização de ou participação em eventos, manutenção dos espaços físicos, colecta de meios financeiros, por exemplo), ou formal, no caso da participação das famílias na gestão escolar ou das turmas através das suas estruturas representativas (a associação de pais e os representantes de pais e encarregados de educação em órgãos escolares). A distinção destes quatro tipos possíveis de relação escola-família – envolvimento familiar, envolvimento escolar, participação informal e participação formal – é essencial, pois cada um levanta questões específicas que foram surgindo ao longo do processo de desenvolvimento e/ou transformação das dinâmicas entre actores, sobre as quais se propõem reflexões.

## 2. Evolução da relação escola-família no sistema educativo português: a normativa e a «real»

O texto será organizado de acordo com os momentos que podem ser considerados como uma espécie de marcos históricos no desenvolvimento da relação escola-família no sistema educativo português.

### *Afastamento entre escola e família: 1835–1976*

A primeira definição do papel das famílias na escola em documentos legais remonta ao ano de 1835, com o decreto de 7 de Setembro, que promulgou a educação uma função do Estado. Esse documento mencionava como única obrigação da família enviar as crianças à escola para usufruírem de um dos seus direitos de nascença, o direito à educação. Assim começava e terminava a lista de deveres e direitos das famílias e, dessa forma, se iniciava uma longa relação de afastamento entre escola e família, também potenciada pela confiança depositada nos professores pelos pais, que, na sua maioria, não sabiam ler nem escrever. A economia caracterizada pela agricultura de subsistência, a elevada taxa de analfabetismo e o quase nulo investimento das famílias na educação como meio de melhorar a qualidade de vida foram alguns dos factores que contribuíram para o cumprimento tardio e lento da obrigação de enviar as crianças à escola (Candeias, 2005), só atingido na década de sessenta do século XX.

A garantia da frequência escolar manteve-se, até ao ano de 1973, como única responsabilidade das famílias, ao que acresceu o dever de visitarem a escola sempre que solicitadas pelos professores (Lei n.º 5/73, de 25 de Maio), nomeadamente pelo director de turma, figura criada através da Portaria 48 572, de 9 de Setembro de 1968, com o objectivo de funcionar como elo de ligação entre o espaço escolar e o familiar e que se mantém como prática corrente das escolas até aos dias de hoje (Gonçalves, 2012). Um olhar sobre os actuais documentos orientadores das escolas permite verificar que recai sobre os directores de turma o contacto regular, se não mesmo o papel de primeira ponte de contacto com a escola. Na mesma Lei n.º 5/73, de 25 de Maio, as visitas à escola, quando solicitadas pelos professores, também podiam incluir a participação em eventos, o que pode ser considerado a primeira referência legal à participação informal das famílias na escola.

Até quase ao final da década de oitenta do século XX, a relação escola-família, no que respeita ao envolvimento, era bastante limitada, com os percursos escolares dos alunos a serem definidos mais pelos professores do que pelas famílias. Os pais deviam manter-se do lado de fora da escola e tinham como únicos deveres: enviar as crianças diariamente às aulas e deslocar-se às escolas quando solicitada a sua presença pelos professores.

## *Legitimação das associações de pais: 1977–1989*

Até 1977, a participação formal das famílias na escola esteve totalmente ausente da legislação portuguesa. Apesar de o início simbólico deste tipo de relação escola-família remontar à referência da possibilidade de incluir um membro da associação de pais no conselho escolar das escolas primárias, em 1974 (Decreto-Lei n.º 735-A/74, de 21 de Dezembro), foi apenas em 1977 que se reconheceu o direito à participação das associações de pais e dos encarregados de educação no sistema nacional de ensino (Lei n.º 7/77, de 1 de Fevereiro) e que foi criado o Secretariado Nacional das Associações de Pais, que mais tarde se transformou na Confederação Nacional das Associações de Pais (mais conhecida como CONFAP). Os direitos e deveres das associações de pais foram crescendo nos anos seguintes. No entanto, dados da CONFAP e da Direcção-Geral de Estatísticas da Educação e Ciência do Ministério da Educação e Ciência demonstram que, até 1990, menos de 20% das escolas públicas tinham associações de pais legalmente constituídas e registadas na CONFAP (GONÇALVES, 2015), sendo a maioria dessas organizações localizada em zonas urbanas e de classe média com capacidade financeira e com capital cultural próximo do corpo docente (MARTINS, 2003). A maior parte das famílias portuguesas ficara automaticamente excluída do movimento associativo devido aos elevados custos de constituir uma associação e, consequentemente, da participação formal nas escolas, pois a legislação obrigava que os representantes das famílias fossem apontados para os cargos por uma associação de pais legalmente constituída e registada na CONFAP.

As mudanças implementadas na administração pública, incluindo na educação, a partir dos anos oitenta, fortemente influenciadas pelas políticas designadas liberais de Ronald Reagan (*A Nation at Risk*, 1983) e de Margaret Thatcher (*Better School*, 1985), trouxeram mudanças aos direitos e deveres das famílias quanto ao envolvimento no espaço familiar. Na esteira da influência dessas políticas, foram implementados novos modos de regulação da escola/educação com a criação de quase-mercados educacionais (BARROSO, 2005), a par de uma regulação a cargo do Estado central, em que um dos principais instrumentos de regulação seria a liberdade de escolha da escola por parte das famílias, como forma de garantir a qualidade do serviço prestado pelos estabelecimentos de ensino. Na época, mas também actualmente, apesar dos desenvolvimentos introduzidos com o Despacho n.º 5048-B/2013, de

12 de Abril, este direito adquirido pelas famílias no âmbito do envolvimento familiar, o de decidir sobre a escola dos seus educandos, é limitado para grande parte das famílias por uma série de factores. Em primeiro lugar, a rede de escolas privadas é inexistente em muitas zonas do país, e em bastantes zonas geográficas existe apenas uma escola pública. Depois há que considerar que a limitação da escolha das famílias é ainda maior quando os seus contextos socioeconómicos são desfavorecidos, o que se traduz em: menor capacidade de aceder às informações disponíveis sobre as escolas e de as interpretar, tornando menos informadas as escolhas efectuadas; e menor possibilidade de mobilidade para escolas privadas ou para escolas públicas que se situem longe da zona de residência dos alunos.

### *Revitalização do movimento associativo: 1990–1997*

Outro dos principais instrumentos utilizados para a implementação de modos partilhados de regulação da educação e das escolas foi o incentivo à participação da sociedade civil na educação e na gestão das escolas públicas. Os documentos legais desde então têm, regra geral, contribuído para o aumento da possibilidade de participação formal das associações de pais e de outros representantes das famílias em vários órgãos de gestão escolar. Nesse sentido, na década de noventa do século XX, reforçou-se o poder das associações de pais através do reconhecimento e validação públicos da CONFAP, da mudança para um regime de gratuitidade do processo de constituição legal deste tipo de associações, da inclusão da possibilidade de emitir pareceres sobre as políticas educativas nacionais e do aumento do poder de intervenção nas escolas, e, ainda, com a criação de canais de comunicação regulares entre associações de pais e as direcções escolares e as restantes famílias (Decreto-Lei n.º 372/90, de 27 de Novembro).

Apesar de a grande maioria dos documentos legais mencionados até ao momento aumentar a possibilidade de participação formal das famílias na escola e na educação, as dinâmicas entre professores e famílias pouco se alteraram. Alguns daqueles documentos legais funcionaram como meros projectos-piloto, que incluíam apenas uma pequena parte das escolas públicas, e grande parte dos documentos publicados até 1998 deixavam às escolas a opção de implementarem ou não os instrumentos de participação formal das famílias nas escolas, tendo a maioria optado por não o fazer. Do lado das famílias, verificou-se quase sempre uma fraca adesão dos elementos familiares às associações de pais (Delicado, 2002), estruturas associativas que foram constituídas legalmente em menos de 30% das escolas públicas até ao ano de 1998.

### *Responsabilização das famílias: 1998–2007*

Os direitos e deveres das famílias no âmbito do envolvimento familiar e escolar só a partir do ano de 1998 foram aumentando gradualmente. A criação do estatuto do aluno (Decreto-Lei n.º 270/98, de 1 de Setembro) introduziu a possibilidade de as famílias colaborarem no processo de ensino-aprendizagem, aproximando-as do papel de parceiros dos professores. Mais tarde, um novo estatuto do aluno (Lei n.º 30/2002, de 20 de Dezembro) criou também regras de conduta para os encarregados de educação, que acentuaram a responsabilidade dos elementos familiares pelo desenvolvimento cívico do aluno e pela manutenção da disciplina na escola através da educação no espaço familiar.

O quadro legal actual parece, portanto, imprimir novas exigências às dinâmicas entre professores e famílias ao nível do envolvimento, derivadas da necessidade de estabelecerem uma relação de parceria. Na investigação que serve de apoio a esta reflexão, identificaram-se dois diferentes modos de actuação por parte dos líderes escolares. De um lado, os directores das escolas localizadas em contextos socioeconómicos mais desfavorecidos, que definem orientações que vão bastante além das descritas nos documentos legais para o envolvimento familiar, ao co-responsabilizarem os seus professores pela orientação de famílias e dos alunos no espaço familiar, incluindo pela definição de horários de estudo, de brincadeira e até de hábitos familiares. Do outro lado, posicionam-se os directores de escolas caracterizadas por contextos mais favorecidos que defendem que os professores nunca se deveriam imiscuir nos assuntos e hábitos familiares. Na verdade, independentemente das orientações definidas pelos directores, ao nível micro, das relações diárias entre directores de turma e encarregados de educação, verifica-se que os modos de actuação dos professores se ajustam à realidade de cada aluno. A dinâmica entre aqueles actores, seja nas reuniões de pais individuais ou colectivas, através de plataformas e endereços *online*, de documentos ou mesmo através do aluno, versa apenas sobre as actividades e percursos escolares com as famílias dos alunos com sucesso e vai mais além quando os alunos são caracterizados por momentos ou percursos de insucesso.

O problema surge quando directores de turma e encarregados de educação não comunicam, ou seja, quando os elementos familiares são acusados de «ausentes» ou de «desinteressados» por não responderem às solicitações dos professores para se deslocarem à escola, sobretudo nos casos de alunos com historiais de insucesso. Um cenário que parece ser de total falta de reconhecimento de que estas famílias possam estar a investir na educação, embora de forma diferente, e talvez até na mesma lógica verificada no início do processo de escolarização, quando as famílias depositavam total confiança nos professores para educar e orientar os percursos escolares dos seus filhos. A existir, esse sentimento de confiança deveria ser reconhecido, potenciado e trabalhado pelas escolas de forma a aproximar estas famílias do espaço escolar e dos professores.

No âmbito da participação parental, as verdadeiras mudanças aconteceram apenas em 1998, com a publicação do regime de autonomia, administração e gestão das escolas (Decreto-Lei n.º 115-A/98, de 4 de Maio), que promoveu a partilha de responsabilidades e a valorização dos actores locais. As famílias passaram a ter o direito de voto em todas as matérias escolares da assembleia de escola e conselho pedagógico, a serem mobilizadas para a elaboração do regulamento interno (Decreto-Lei n.º 270/98, de 1 de Setembro), assistiram ao aumento dos direitos dos elementos pertencentes às estruturas das associações de pais (Decreto-Lei n.º 80/99, de 16 de Março) e a uma nova validação pública da CONFAP, a que foram atribuídas novas responsabilidades na definição da política educativa e na gestão escolar. No dia-a-dia das escolas, manteve-se a incipiente mobilização das famílias para as suas novas responsabilidades, visível, por exemplo, pela fraca adesão às estruturas associativas, constante, e pela baixa participação dos elementos familiares nas assembleias de escola (BARROSO, ALMEIDA e HOMEM, 2001).

### *Consolidação da participação e reforço do envolvimento: 2008*

O início do século XXI trouxe novas tendências de favorecimento de um equilíbrio entre Estado e mercado e a proliferação de estudos internacionais que permitiram a comparação entre sistemas educativos, que, por sua vez, influenciaram uma nova linguagem. A escola passou a ser vista como um modelo de práticas democráticas que deve proporcionar aos alunos uma educação sobre o que é ser cidadão livre com direitos e com deveres. O Decreto-Lei n.º 75/2008, de 20 de Abril, representa a consolidação da participação formal das famílias nas escolas, ao reforçar a presença dos representantes das famílias nos órgãos de gestão escolar, independentemente da existência de associações de pais legalmente constituídas, sendo finalmente alargada a possibilidade desta participação a todas as escolas e comunidades. Isto significa que apenas há 10 anos as famílias adquiriram poder de participação na elaboração e/ou de aprovação dos documentos orientadores das escolas (no Conselho Geral), sobre as estratégias e práticas educativa e pedagógica da escola (no Conselho Pedagógico[1]) e das turmas (no Conselho de Turma). Importa destacar que estes novos papéis a desempenhar pelos elementos familiares eleitos como representantes são complexos e mesmo de difícil execução porque pressupõem conhecimento da legislação em vigor e da realidade escolar e a leitura de documentos complexos.

Um novo estatuto do aluno (Lei n.º 51/2012, de 15 de Setembro) desenvolve a ideia da co-responsabilização de professores e de famílias sobre a qualidade da vida na escola (através da educação do aluno para o cumprimento dos seus deveres de frequentar as aulas, com o devido material, e mantendo a disciplina e as demais regras instituídas pelo regulamento interno), sobre o processo de ensino-aprendizagem e sobre os percursos escolares dos alunos, numa relação de parceria e de comunicação regular. Ao nível do envolvimento familiar e escolar, escolas e famílias tornaram-se parceiros na legislação portuguesa.

Menos de 30 anos se passaram entre o quadro normativo em que as famílias tinham como tarefas exclusivas enviar as crianças às aulas e visitar a escola quando solicitadas e o actual, em que as famílias e os professores são vistos como parceiros no processo de ensino-aprendizagem, na definição dos percursos

---

[1] As famílias deixaram de ter assento neste órgão em 2013, com a publicação do Decreto-Lei n.º 137/2013, de 4 de Novembro.

escolares dos alunos, na manutenção do ambiente escolar e da disciplina na escola, através da articulação da educação em casa com a educação na escola e na promoção de uma atitude intelectual e comportamental nos alunos necessária à aprendizagem. Aquele curto espaço de tempo significa que as famílias dos actuais alunos estão hoje a aprender a ser parceiros da escola, cumpridores de uma série de obrigações que vão bastante além daquelas que os seus pais (avós dos actuais alunos) tinham no seu tempo de alunos.

Os documentos legais pouco ou nada referem relativamente à participação informal do sistema educativo português, ao longo da história, mas convém destacar a total mudança na linguagem utilizada nos documentos legais que actualmente incentivam este tipo de participação das famílias e uma maior abertura das escolas ao público exterior. Alguns textos legais mencionam que as famílias devem participar nas actividades escolares (Lei n.º 52/2012, de 5 de Setembro), podendo ser responsáveis por organizar várias actividades no espaço escolar. As escolas incluídas no estudo que orienta esta reflexão sobre a relação escola-família incentivam pouco a participação informal, de forma mais notória a partir do 2.º ciclo de escolaridade. A maioria dos eventos organizados para e com a família é realizada uma vez por ano (por exemplo, festas do concelho ou de final de ano), registando-se geralmente uma fraca adesão das famílias, seja por motivos profissionais, por falta de transportes públicos regulares ou porque os educandos preferem que os seus encarregados de educação não participem neste tipo de actividades por considerarem o espaço da escola como o «seu espaço privado» (GONÇALVES e BATISTA, 2017). As iniciativas por parte das famílias para organização de eventos ou projectos que beneficiam todos os alunos são, de acordo com os directores, mais frequentes nos primeiros níveis de ensino, rareando nos seguintes. As dinâmicas incluídas na participação informal são, geralmente, mencionadas em estudos que indicam que a participação das famílias vai diminuindo consoante o aumento do nível de escolaridade dos alunos, o que não parece ser suficiente para designar como desinteressadas as famílias ou as escolas por não organizarem mais eventos deste tipo. Porém, não se pode deixar de referir que estes eventos informais poderiam ser mobilizados como instrumentos de potenciação do conhecimento mútuo e da confiança entre professores e famílias e entre os diferentes elementos familiares e, dessa forma, servir como incentivo à implementação de dinâmicas de relacionamento mais eficientes ao nível dos outros três tipos de relação escola-família.

## 3. Reflexões finais

Um primeiro olhar sobre o tema pode dar relevo ao que parece ser uma demora na apropriação de escolas e famílias dos seus novos papéis a desempenhar: o de parceiros para ambos e o de reguladores dos serviços prestados pelas escolas por parte das famílias. As várias limitações identificadas ao longo do texto para cada um dos tipos de relação escola-família, os baixos níveis de confiança e de participação da população portuguesa (*European Social Survey*, Round 6, 2012, por exemplo) absolutamente necessários para a partilha dos instrumentos de regulação das escolas e educação entre Estado e comunidades locais e até a distância entre as prioridades das escolas/ /professores, que perseguem o sucesso de todos os alunos, e das prioridades das famílias, que investem mais no sucesso dos seus próprios educandos (Lareau e Muñoz, 2012), podem ser considerados como factores causadores daquela demora.

Contudo, a análise sócio-histórica da evolução de cada um dos tipos de relação escola-família no sistema educativo português dá ênfase a um pormenor que não deve ser descurado: o actual enquadramento normativo da relação escola-família é recente. Com efeito, passaram apenas cerca de 30 anos desde que a lista de direitos e de deveres de professores e famílias no âmbito do envolvimento foram aumentados; e ainda menos anos desde o início do discurso sobre a necessidade de co-responsabilização dos actores sobre a educação dos alunos, os seus percursos escolares e a sua predisposição para o trabalho escolar. Apenas cerca de 10 anos passaram desde que os actuais instrumentos para a participação formal das famílias, sobretudo ao nível da participação na gestão das escolas e das turmas, foram implementados em todas as escolas a nível nacional.

O modo como os novos papéis e os instrumentos que lhes estão associados foram introduzidos nas dinâmicas diárias dos professores e das famílias, impostos pela legislação, que é clara quanto ao que deve existir nas escolas, mas praticamente não menciona o como se deve fazer, também contribui para a situação de implementação daqueles instrumentos numa lógica burocrático-administrativa que se pode observar em muitas escolas. Ou seja, as informações transmitidas para casa, as reuniões de pais e o horário de atendimento aos encarregados de educação, a organização de eventos informais ou a presença de representantes das famílias nos órgãos escolares – para dar exemplos de cada um dos tipos de relação escola-família – podem estar a ser implementados apenas por serem obrigatórios por lei, sem se criarem parcerias efectivas entre escolas e famílias, em que as últimas ficam assim impossibilitadas de exercer o seu papel de regulador.

Importa continuar os estudos e as reflexões sobre a temática, com premência na área da investigação-acção, de forma a tentar encontrar formas de implementação dos vários instrumentos que professores e famílias têm à sua disposição, em conjunto com os actores que estão no terreno, transformando uma implementação meramente burocrático-administrativa numa lógica de mobilização dos actores para o fomento de parcerias efectivas e para a mobilização dos instrumentos de regulação das escolas de forma eficiente, em benefício de todos os alunos e de todas as escolas públicas nacionais.

## Referências e leituras recomendadas


BARROSO, João, «O Estado, a educação e a regulação das políticas públicas», Educ. Soc., Campinas, 26(92), 2005, p. 725–751.

BARROSO, João, Ana ALMEIDA e Luísa HOMEM, «As Assembleia de Escola em discurso directo», in BARROSO, João (org.), *Relatório Global da Primeira Fase do Programa de Avaliação Externa*, Lisboa, Centro de Estudos da Escola, FCPE/U, 2001, pp. 100–119.

CANDEIAS, António, «Modernidade, educação e estatísticas na ibero-américa nos séculos XIX e XX: Estudos sobre Portugal», *Análise Social*, 176, 2005, p. 477–498.

DAVIES, Don, MARQUES, Ramiro, e SILVA, Pedro, *Os Professores e as Famílias: A colaboração possível* (2.ª edição), Lisboa, Livros Horizonte, 1997.

DELICADO, Ana, «Caracterização do voluntariado social em Portugal», Comunicação apresentada no Seminário *Olhares Sobre o Voluntariado: análises e perspectivas para uma cidadania ativa*, Lisboa, 10 e 11 de maio de 2002, ISSCOOP, 2002, p. 127–140.

DESLANDES, Rollande, *International Perspectives on Student Outcomes and Homework. Family-School-Community Partnerships*, Londres e Nova Iorque, Routledge, 2013.

DIOGO, Ana Matias, *Investimento das Famílias na Escola. Dinâmicas familiares e contexto escolar local*, Oeiras, Celta Editora, 2008.

GONÇALVES, Eva, *A Escola e a Família, uma parceria ou uma simples aproximação? Uma análise comparada de políticas, estratégias, práticas e resultados.* Tese de Doutoramento em Sociologia, Lisboa, ISCTE-IUL, 2015. URL: http://hdl.handle.net/10071/10871.

GONÇALVES, Eva, *Alunos, Escolas e Famílias: De quem são os resultados escolares?*, Lisboa, Projecto ESCXEL – Rede de Escolas de Excelência, 2012.

GONÇALVES, Eva, e BATISTA, Susana, «O aluno como *broker* na relação escola-família?», *Portugal, Território de Territórios*. Atas do IX Congresso Português de Sociologia, Lisboa, Associação Portuguesa de Sociologia, 2017. Disponível em http://www.aps.pt/ix_congresso/actas. Acesso a 17 de Setembro de 2017.

EPSTEIN, Joyce (org.), *School, Family and Community Partnerships – Your Handbook for Action*, Califórnia, Corwin Press, 2009.

EPSTEIN, Joyce, «School/Family/Community Partnerships. Caring for the children we share», *Phi Delta Kappan*, 92 (3), 2010, pp. 81–96.

EPSTEIN, Joyce, *School, Family and Community Partnerships. Preparing Educators and Improving Schools*, 2.ª ed. Califórnia, Westview Press, 2011.

LAREAU, A., e MUÑOZ, V. L., «You're not Going to Call the Shots: structural conflicts between the Principal and the PTO at a suburban public elementary school», *Sociology of Education*, vol. 85, n.º 3 (7), 2012, pp. 201–218.

MARTINS, Maria Fernanda, *Associações de Pais e Encarregados de Educação na Escola Pública. Contributos para uma análise sociológica-organizacional*, Lisboa, Departamento de Educação Básica, 2003.

SEBASTIÃO, João, *Democratização do Ensino, Desigualdades Nacionais e Trajectórias Escolares*, Lisboa, Fundação Calouste Gulbenkian e Fundação para a Ciência e a Tecnologia, 2009.

SEBASTIÃO, João, «Famílias, estratégias educativas e percursos escolares, sociologia», *Revista da Faculdade de Letras da Universidade do Porto*, n.º 17/18, 2007, p. 281–306.

SILVA, Pedro, «Associações de pais, interculturalidade e clivagem sociológica: algumas questões», *Revista Electrônica de Educação*, 1 (1), São Carlos, UFSCar, 2007, p. 3–30.

SILVA, Pedro, *Escola-Família, Uma Relação Armadilhada. Interculturalidade e relações de poder*, Porto, Edições Afrontamento, 2003.

SILVA, Pedro (org.), *Escolas, Famílias e Lares: Um caleidoscópio de olhares*, Porto, Profedições, 2007.

# Para uma ética prática da profissão docente

*Santana Castilho*

Instituto Politécnico de Santarém

## 1. Do contexto de partida

De há muito e um pouco por toda a parte, os professores apresentam índices de mal-estar superiores, quando comparados com outros profissionais (Organização para a Cooperação e Desenvolvimento Económico/OCDE, 1990). A Organização Internacional do Trabalho (OIT) classificou a profissão como de risco físico e mental (OIT, 1981), e os que lidam de perto com os professores portugueses identificam níveis consideráveis de exaustão emocional, face ao aumento de situações problemáticas e desagradáveis, designadamente impotência para reagir e resolver perturbações de comportamento por parte dos alunos e conflitos importantes de compatibilização da vida profissional com a vida pessoal e familiar.

Ivone Patrão e Joana Santos Rita, investigadoras do Instituto Superior de Psicologia Aplicada, divulgaram, em entrevista ao *Diário de Notícias* de 22 de Junho de 2012, os resultados preliminares e parciais de um estudo, ainda em curso, segundo os quais metade dos professores portugueses sofre de stresse.

A falta de interesse dos alunos, a indisciplina, a enorme burocracia das escolas, o excesso de carga lectiva e a falta de apoio das chefias são as causas mais apontadas para os problemas detectados no estudo.

O stresse ocupacional crónico (desequilíbrio entre as exigências e a capacidade de lhes responder) origina o chamado *burnout* (exaustão), entendido como um estádio continuado de fadiga física e psicológica. Sendo um problema das pessoas, é, também, um problema das instituições para as quais as pessoas trabalham.

Por outro lado, os críticos da qualidade do ensino dos jovens relacionam-na, principalmente, com a qualidade do desempenho profissional dos professores e esquecem outras variáveis, que devem ser igualmente consideradas, que os professores não podem controlar, a saber: baixos níveis de literacia dos progenitores, com a consequente impossibilidade de continuarem em casa o trabalho da escola; desigualdades económicas e sociais; desvalorização do papel social da escola, numa sociedade onde a posse de uma formação longa é cada vez menos garantia de acesso a trabalho justamente remunerado; universalização do emprego precário; políticas urbanísticas inadequadas, geradoras de guetos étnicos e socioeconómicos propiciadores da exclusão e da marginalidade; aceitação e promoção de um paradigma de vida em que a escola deve substituir os pais.

No que respeita à formação dos professores, há muito se optou por um modelo barato, assente em cursos de papel e lápis e em estágios curtos e não remunerados, que não geram as competências complexas e muito diversificadas que um professor deve ter. Acresce que a admissão aos cursos existentes, genericamente caracterizados por excessivo facilitismo, se faz sem a consideração dos pré-requisitos básicos para a função.

A cultura organizacional prevalecente nos organismos tentaculares e centralistas do Ministério da Educação gera um clima organizacional do mesmo tipo, latente no seio da classe docente. É assim uma espécie de síndrome de Estocolmo, em que a vítima de uma violência acaba por estabelecer uma cumplicidade e um vínculo afectivo com o violador.

A distorção nas representações sobre as condições de exercício da profissão docente, sistematicamente passadas pelo poder político para a sociedade em geral, e a proliferação de normativos verga-carácter ameaçam hoje a integridade ética dos professores, que não se têm afirmado suficientemente vigorosos para destruir estereótipos desvalorizantes, geradores de uma classe de dependências.

A balcanização (fragmentação em grupos hostis) da classe docente, com o nascimento de facções que não escondem lamentáveis ódios públicos, expostos nas redes sociais, é um facto. Lamentavelmente, vejo defender o diferenciamento estatutário entre contratados e não contratados, professores do básico e professores do secundário, professores velhos e professores jovens. Os sindicatos, as associações profissionais, os directores de escola e os professores, pese embora o que fazem, o que dizem e o que escrevem, acabam por ser espectadores num processo em que, historicamente, serão julgados como actores incapazes de definir um código ético que os reja.

Corolário natural de tudo isto é a degradação do estatuto social do professor português, bem explicitada no *Global Teacher Status Index*, de 2013, da Varkey Foundation (organização não lucrativa que, entre outros objectivos, procura desenvolver a qualidade dos professores), onde ocupamos a 14.ª posição em 21 países estudados.

Os professores não podem continuar precários, obrigados a leccionar em várias escolas, forçados a mudar de casa constantemente e a vencer quilómetros e quilómetros diários para trabalharem.

Os quadros não podem continuar instáveis, prejudicando a constituição de equipas docentes coesas.

Os professores têm de ser libertados do jugo dos pequenos poderes dos governos e dos sindicatos e têm de ganhar capacidade de decidir o que fazer para resolver os obstáculos à aprendizagem dos seus alunos. Com efeito, a riqueza de um sistema de ensino assenta na diversidade de soluções e não nos centralismos institucionais ou vanguardismos teóricos, quase sempre elementos castradores da liberdade metodológica e da beleza de ensinar.

## 2. Da profissionalidade docente

Quando um indivíduo utiliza o conhecimento e as competências que adquiriu para resolver problemas e satisfazer as necessidades dos outros, sejam os outros indivíduos ou organizações, e o faz num quadro próprio do ponto de vista legal, moral e ético, a troco de um pagamento que contribui para a garantia da sua própria subsistência e autonomia, dizemos que tem uma profissão. Para cada profissão, podemos descrever um perfil distintivo das outras profissões, a que chamamos profissionalidade, e que na sociologia das profissões se estabelece comummente por referência a quatro tópicos, a saber:

*2.1.* O primeiro tópico refere-se ao carácter identitário, isto é, o conjunto de conhecimentos e qualidades que enformam e distinguem as profissões umas das outras.

Neste carácter identitário e no que toca à profissão docente, devemos considerar três domínios distintos: um domínio teórico e prático, um domínio ético e deontológico e um domínio de natureza estritamente pessoal.

O domínio teórico e prático supõe a posse de conhecimentos relativos à área científica que é objecto da docência e correlatas metodologias, a posse de conhecimentos que importam ao fenómeno educacional, designadamente nas suas dimensões biológica, psicológica, pedagógica e política, e, ainda, a posse de conhecimentos de contexto e ambiente, quer relativamente a quem aprende, quer relativamente à escola e à sociedade onde se aprende.

O domínio ético e deontológico suporia uma abordagem de grande densidade, por se tratar de uma profissão com responsabilidade particular no processo de construção e formação da personalidade de crianças e adolescentes. Mas, paradoxalmente, verifica-se neste domínio uma considerável ausência de produção teórica, de natureza deontológica, acabando por ser a regulação directa do Estado que se impõe. Note-se que as profissões com maior relevância social têm códigos deontológicos de observação obrigatória, regulados por ordens profissionais, que zelam pelo respeito dos respectivos valores fundamentais. Mas, como é sabido, essa auto-regulação não existe para a profissão docente, estando ela tão-somente tutelada por um estatuto, que enuncia conteúdos e deveres funcionais, mas é vazio quanto à deontologia. Com efeito, o Estatuto da Carreira dos Educadores de Infância e dos Professores dos Ensinos Básico e Secundário faz referência aos «pressupostos deontológicos que enquadram a vertente profissional, social e ética do trabalho docente», mas nunca os explicita. Por outro lado, tem um capítulo dedicado a direitos e deveres, mas são apenas direitos e deveres funcionais. Nestes termos, um debate profundo e transversal a toda a sociedade sobre os valores fundamentais da profissão docente seria essencial para aumentar o respeito por ela e, do mesmo passo, para criar uma consciência ética entre os profissionais, da qual depende, também, a elevação do seu estatuto.

Finalmente, o domínio pessoal respeita à maneira de ser de cada profissional, isto é, cultura profissional, postura pessoal face aos valores em jogo, linguagem e outras qualidades individuais. Trata-se de atributos adquiridos pelo estudo e pela experiência e, sobretudo, pela reflexão sobre ambos.

Assentando a profissão docente numa fortíssima componente relacional interpessoal, de natureza pedagógica, a variável mais impressiva do seu conteúdo pessoal é, sem dúvida, o exemplo. Mais do que em qualquer outra profissão, pela positiva como pela negativa, o exemplo é dominante.

*2.2.* O segundo tópico refere-se ao valor da profissão, traduzido pela importância que o seu exercício representa para a sociedade.

Este segundo tópico da profissionalidade docente tem expressão máxima no facto de ser pelo seu exercício que se cumpre o direito à educação e se contribui para o processo constitutivo da pluridimensionalidade dos indivíduos.

*2.3.* O terceiro tópico refere-se à autonomia profissional, que expressa o grau de independência e de responsabilidade de cada um relativamente aos normativos que condicionam e regulam o exercício da sua profissão.

Neste quadro, a autonomia profissional dos professores está praticamente circunscrita à autonomia didáctica na sala de aula, ainda assim com tendências intrusivas constantes do centralismo burocrático do Estado e dos seus governos. Relativamente à autonomia profissional colectiva, dada a ausência dos referenciais deontológicos e da auto-regulação, como referido, considero-a inexistente.

*2.4.* O quarto tópico refere-se ao estatuto social, que é um corolário de tudo o que emana dos factores anteriores e acaba expresso em salário, prestígio e influência social.

Todas as profissões são humanamente dignas. Mas todas as profissões são diferentes porque têm utilidades diferentes, complexidades diferentes, requisitos diferentes e, naturalmente, reconhecimentos sociais diferentes. O grau de reconhecimento social está fundamentalmente relacionado com a relevância e a responsabilidade da profissão, sendo certo que é usualmente maior quando esta responde a problemas e necessidades que ocupam os lugares cimeiros das preocupações humanas e sociais. São exemplos evidentes as profissões de juiz, médico ou professor.

No quadro teórico de referência que tenho vindo a enunciar, a profissão docente assume relevo particular por responder aos problemas sugeridos por um direito humano básico: o direito à educação.

## 3. Do valor económico e dos valores na educação

Serão conciliáveis as duas perspectivas sobre educação, aparentemente opostas, que passamos a sistematizar? A saber: por um lado, o valor económico da educação, vista como investimento no denominado «capital humano», com custos presentes e rendimentos futuros; por outro, a recusa em submeter a educação a critérios de rendibilidade, inibidores ou, pelo menos, redutores da formação integral e de valores superiores. Conheço os argumentos que, nas margens desta dialéctica, permitem rejeitar uma perspectiva e aceitar a outra. Mas interessa-me tornar as duas conciliáveis.

A primeira perspectiva é fortemente influenciada pela ideologia inspiradora da actual política europeia. Importa ter presente que esta política resultou da evolução das correntes conservadoras que, na década de setenta, começaram a reverter o alargamento dos direitos sociais instituídos pela social-democracia. À social-democracia e às suas políticas sólidas de distribuição da riqueza produzida pelo desenvolvimento industrial deve-se a reconstrução da Europa saída dos escombros da guerra e a sua influência no mundo. Mas hoje opõe-se-lhe uma ideologia diferente, mais interessada em acumular do que em redistribuir.

A generalização desta ideologia na condução das políticas e a captura dos Estados pelos poderes financeiros à escala global contribuíram para gerar problemas de finanças públicas na Europa, com incidência particular nos países periféricos, onde se impõe uma austeridade que corrompe os pilares da construção europeia, cujos alicerces se ergueram sobre ideias de cooperação e convergência, que não de castigo e divergência.

Os números e as estatísticas, tantas vezes tomados impropriamente como modelos de objectividade, estão cada vez mais presentes nos debates políticos e sociais. Recorre-se a eles por terem valor de prova. Mas são frequentemente, sob a aparência mágica da objectividade, a simples tradução de comportamentos altamente subjectivos. E, nesses casos, o seu verdadeiro valor nada tem a ver com aquilo que sugerem. Explica-o a economia moderna quando explicita o conceito de criação económica de valor: o que dá valor a uma coisa não são os valores que lhe subjazem, mas o valor que o público, o mercado e as audiências lhes atribuem.

A educação é fonte de riqueza e o melhor veículo de inclusão e promoção social. Mas a escola não ficou incólume ao ambiente que descrevi. Cada vez mais, o conhecimento tem vindo a ser indexado à estrutura produtiva das nações, cujas universidades disputam lugares em *rankings* construídos à volta de cursos que interessam às empresas e têm saídas garantidas no mercado de trabalho.

As artes e as humanidades são vistas como menos úteis, numa cultura académica dominada pelas competências laborais e predominantemente centrada nas tecnologias rentáveis. Para o êxito académico, a moral e a ética contam pouco, e a pessoa, enquanto sujeito de direitos, dá lugar ao colaborador, escravo de deveres, contrariando a tradição ocidental do amor à liberdade. Dir-se-ia que caminhamos, cada vez mais, para uma formação (mas não educação) que tem por meta a hipervalorização do conhecimento instrumental e pragmático, indispensável ao lucro e à produção de seres competentes e competidores para um mercado de trabalho desregulado e incerto.

A missão da universidade é a transmissão de conhecimento às novas gerações, o desenvolvimento desse conhecimento através da investigação científica e a preservação do património intelectual e científico colectivo. Mas, ultimamente, os sistemas político e económico passaram a exigir-lhe uma investigação aplicada que dê resultados imediatos no sistema produtivo e uma actividade de ensino que actue no denominado «capital humano», em subordinação à mesma lógica imediatista e produtiva. Esta situação está a gerar a adulteração da missão citada. Estão a criar-se situações de dependência da universidade face a mecanismos de mercado, de subserviência a lógicas empresariais, numa palavra, de domesticação da sua tradicional independência científica e cultural, com a consequente alienação da actividade pedagógica dos seus docentes, absorvidos pelas respostas de sobrevivência a uma autêntica indústria de financiamento.

A escola não se realiza sem sacrifício, disciplina e trabalho. Mas, fora da escola, a indústria da comunicação e do espectáculo faz a apologia do prazer imediato, do consumo supérfluo, da extravagância e do efémero. A competição sem regras e o culto do individualismo desumanizado estão hoje subjacentes a comportamentos e modelos que se fomentam subliminarmente nos jovens. Exacerbam-se paradigmas de vedetismo no desporto, na moda, no espectáculo, por toda a parte, através de *media* omnipresentes, que perseguem dinheiro e poder, sem ética nem moral. A escola confronta-se com esta inversão de valores e esta desigualdade de influências. Os políticos parecem preocupados com o fenómeno quando falam, mas escolhem a mesma lógica quando actuam.

À ideologia que se apoderou da educação juntou-se, nos últimos anos, uma teleologia de resultados e uma manipulação estatística que dilaceraram o valor intrínseco do conhecimento. A sobrevalorização dos processos por referência ao conhecimento, ditada por uma falsa doutrina de sucesso a qualquer preço, criou mesmo mecanismos perversos de discriminação social.

Esta desvalorização do valor do conhecimento explica a menorização de certas disciplinas, estruturantes de uma sólida formação humana. Falo das artes, da filosofia, da literatura, da história e da geografia, por exemplo.

É preocupante que hoje se aceite, quase de forma consensual, a tradução das realidades complexas dos sistemas educativos em simples baterias de indicadores. Daí resulta uma hegemonia que instituições de cariz económico transnacionais exercem sobre os académicos e os governos nacionais, substituindo a racionalidade e a cultura pela fé na engenharia estatística.

O director do *Programme for International Student Assessment* (PISA) é inequívoco quando diz que o programa pretende medir quanto *value for money* (conceito económico que exprime a utilidade do dinheiro despendido) resulta dos sistemas de ensino em análise.

Merece alguma reflexão ver democracias líderes do desenvolvimento tecnológico e científico mundial (Alemanha, França, Reino Unido e Estados Unidos) remetidas para posições modestas no PISA, enquanto um sistema ditatorial (Xangai) figura no topo do *ranking*. Com efeito, esta constatação sugere que valores democráticos e de liberdade, constitutivos da cultura social ocidental, não serão minimamente incorporados nos descritores de avaliação do PISA.

Tudo e todos passam pelo crivo da simplificação estatística, seja porque a ideologia o impôs, seja porque as tecnologias o tornaram ao alcance de um clique. Mas se um clique basta para debitar números e séries estatísticas, não há clique que os explique e interprete. Para tal, importam as ciências sociais, particularmente a história e a filosofia, consideradas progressivamente menos úteis pelo pensamento prevalecente. Com efeito, se nos debruçarmos sobre a história do pensamento humano, rapidamente concluiremos que as humanidades (filosofia, história, línguas clássicas, antropologia, literatura e música, entre outras disciplinas), particularmente a literatura e a filosofia, desempenharam um papel fulcral na construção da democracia em que hoje vivemos. Assim sendo, o menosprezo pelas ciências humanas e pelas artes provocará a erosão da democracia, já que são essas disciplinas que ensinam a pensar criticamente, capacidade essencial para nos opormos a todas as formas de autoritarismo.

Acabados de sair de uma das maiores crises económicas de sempre, parece não nos darmos conta de mudanças radicais nos sistemas de ensino, introduzidas para substituir cidadãos esclarecidos por seres autómatos, treinados para servir a visão redutora e utilitarista da sociedade actual. Trata-se, afinal, do confronto entre a visão personalista, humanista e pluridimensional, que enriquece as almas, e a concepção imediatista, unidimensional, que enriquece as bolsas e os bolsos de poucos.

## 4. Conclusão

O ser humano não é apenas um animal racional, muito menos um animal económico. Rejeito a tendência para a dominância das abordagens utilitarista e materialista na organização do ensino e oponho-lhe uma concepção personalista que respeite o eu e a natureza singular com que cada um demanda a escola. Aqui chegado, retomo o que afirmei sobre a autonomia profissional como expressão do grau de independência e de responsabilidade de cada um relativamente aos normativos que condicionam e regulam o exercício da sua profissão, para a considerar, no caso da profissão docente, definitivamente indissociável da consciência individual. Ora, a densidade da produção normativa, numa educação massificada, gera consideráveis conflitos com as consciências individuais.

A relação entre a consciência individual e a lei é magistralmente abordada por Peter Singer no livro *Ética Prática*. A dado passo, o autor formula esta pergunta: «Temos alguma obrigação moral de obedecer à lei, quando a lei protege e sanciona coisas que achamos totalmente erradas?» (SINGER, 2002).

E Peter Singer responde a si próprio, assim, pela escrita de Henry Thoreau: «Terá o cidadão de entregar a sua consciência ao legislador, nem que seja por um só momento ou no grau mínimo? Para que terá então todo o homem uma consciência? Penso que devemos ser em primeiro lugar homens e só depois súbditos. Não é desejável cultivar o respeito pela lei nem pelo direito. A única razão que tenho o direito de assumir é a de fazer sempre aquilo que penso ser justo» (THOREAU, 1969).

Não haverá salutar e duradoura transformação da educação pública sem real autonomia intelectual, pedagógica e profissional dos professores, protegida por um sólido referencial ético da profissão. É por aqui que devemos ir se quisermos resolver e não apenas discutir os problemas da profissionalidade docente. Afinal, do que se trata é de construir um quadro deontológico e ético, como realidade objectiva de referência, a partir dos contributos subjectivos dos elementos constituintes da classe; não se trata de perseguir consensos face às alterações profundas operadas na sociedade nas últimas décadas, relativamente às atitudes morais. Trata-se da necessidade imperiosa de as discutir e de acordar sobre uma ética docente, prática e mínima.

Como é sabido, o étimo grego de «pedagogia» (*paidos*, «da criança» + *agein*, «conduzir») remete para qualquer coisa como a condução da criança. Há quem defina pedagogia como ciência que estuda a educação e o ensino. Prefiro entendê-la como uma área de confluência de várias ciências que contribuem para promover o tal processo de condução da criança, tendo presentes perguntas simples a que urge responder, em sede de ética prática.

Para que serve o sistema educativo? Para promover o valor intrínseco do conhecimento ou para explorar o valor instrumental do conhecimento? Deve ter por objectivo a formação das mulheres e dos homens, em obediência a um quadro de referência concebido pela sociedade que o paga? Ou deve ter por objectivo o desenvolvimento de cada ser, em todas as suas dimensões, por forma a tentar transformar em acto as potencialidades diferentes de cada um, sem sujeição a quadros rígidos de chegada? Ou, ainda, integrar as duas perspectivas? Deve dar prioridade ao desenvolvimento igual de todos ou orientar-se para a selecção e formação de elites?

Se no carreiro não mudarem de rumo, os professores continuarão sem referenciais para cumprir a parte mais humana e nobre da sua missão. Porque a missão de um professor é também impulsionar e acelerar a evolução da humanidade dos seus alunos, tornando-os mais sensíveis, ensinando-os a distinguir a verdade da mentira, a justiça da injustiça, a humildade da vaidade, a bondade da inveja. Porque o desiderato de um professor é também ter alunos que prefiram uma derrota com honra a uma vitória com trapaça, que escolham a gentileza à brutalidade, que prefiram ouvir a gritar, que saibam que chorar é próprio de quem sofre, que não diminui e, quando acontece, só engrandece. Porque a obrigação de um professor é também ensinar aos seus alunos que só aquece aquilo que se consome, que a falta de uma só trave pode fazer tombar todo um sistema, que é mais difícil fazer o que o coração dita do que o que os outros esperam, que é impossível tocar uma nuvem mantendo os pés no chão, que são os erros e as esperanças desfeitas que ajudam a crescer e que, citando Confúcio, «não poderão mudar o vento, mas poderão ajustar as velas do barco para chegarem onde quiserem».

## Referências e leituras recomendadas

CARLOTTO, M. S., A Síndrome de *Burnout* e o Trabalho Docente. *Psicologia em Estudo,* 7 (1), 2002, 21-29.

DARLING-HAMMOND, L., Teaching Standards or Standardized Teaching?, *Educational Leadership,* 41, 2, 1983.

FARBER, B., *Crisis in Education: Stress and Burnout in the American Teacher,* SãoFrancisco, Jossey-Bass, 1991.

GIDDENS, A., *Sociologia,* Lisboa, Fundação Calouste Gulbenkian, 2013.

MILL, J. S., *Utilitarismo,* Lisboa, Gradiva, 2005.

OCDE, *L'enseignant aujourd'hui. Functions, statut, politiques,* Paris, OCDE, 1990.

OIT, *Emploi et conditions de travail des enseignants,* Genebra, OIT, 1981.

PINTO, A., LIMA, M., e SILVA, A., *Stress* Profissional em Professores Portugueses: Incidência, preditores e reacção de *burnout, Psychologica,* 33, 2003, 181–194.

SINGER, P. (2002). *Ética Prática,* Lisboa, Gradiva, 2002.

THOREAU, H., *Civil Disobedience: Theory and Practice.* Nova Iorque, Pegasus, 1969.

# Ética profissional e condição docente

*Conceição Castro Ramos*

Conselho Nacional de Educação

## 1. Conceitos e pressupostos

Os sistemas de educação e formação confrontam-se hoje com a exigência de preparar os alunos para se adaptarem e responderem aos múltiplos desafios de um mundo mutante, incerto, complexo e axiologicamente ambíguo nas suas contradições. A melhoria da qualidade das aprendizagens é assumida por todos os governos como um dos desafios centrais das políticas educativas. Em consequência, os problemas da aprendizagem e do conhecimento profissional docente constituem-se num campo de investigação privilegiado, designadamente em programas destacados e influentes da Organização para a Cooperação e Desenvolvimento Económico (OCDE)[1], que têm passado a mensagem de que os professores – enquanto profissionais do

[1] Os programas PISA (Programme for International Student Assessment), TALIS (Teaching and Learning International Survey) e publicações, designadamente, *Pedagogical Knowledge and the Changing Nature of the Teaching Profession*, editada por Sonia Guerreiro em 2017 para o Centre for

conhecimento altamente qualificados – são a chave de aprendizagens de qualidade e de sistemas de ensino excelentes.

Contudo, e porque a profissão docente é uma profissão de interacção humana com uma missão que transcende a matriz científico-pedagógica, a qualidade das aprendizagens também depende da qualidade de uma relação educativa (pessoal e interpessoal) eticamente informada, já que a dimensão ética é indissociável da função docente. Neste sentido, a construção e aprofundamento no interior do conhecimento profissional de um conhecimento pessoal é relevante, considerando que o professor, qualquer que seja a sua especialidade, é também, e sobretudo, um profissional de humanidade.

Decerto, poderá entender-se que a pedagogia *strictu sensu* comporta uma pedagogia ética. Porém, trata-se aqui de considerar a ética profissional como necessária à construção de uma dimensão inscrita na visão do humanismo personalista[2], que valoriza a pessoa, cada pessoa, nas múltiplas dimensões da existência humana.

O conhecimento de si na relação com o outro torna-se fundamental, orientado já não apenas em função da eficácia das aprendizagens, mas também para clarificar a inter-relação da dimensão pessoal e da dimensão profissional que coexistem

---

Educational Research and Innovation (CERI) da OCDE (http://dx.doi.org/10.1787/9789264270695-en, consultado em Outubro de 2017).

[2] Na linha de pensamento desenvolvida pela UNESCO nos relatórios Faure (FAURE, Edgar, *et al.*, *Learning to Be. The World of Education Today and Tomorrow*, Paris, UNESCO, 1972, http://unesdoc.unesco.org/images/0000/000018/001801e.pdf, consultado em Outubro de 2017) e Delors (DELORS, Jacques, *et al.*, *Educação: um tesouro a descobrir. Relatório para a UNESCO da Comissão Internacional sobre educação para o século XXI*, Porto, Edições Asa/UNESCO, 1996; versão em língua inglesa disponível em http://unesdoc.unesco.org/images/0010/001095/109590eo.pdf, consultado em Outubro de 2017), que inspiraram políticas educacionais do mundo inteiro, reafirmada recentemente em *Repensar a Educação: Rumo a um bem comum mundial?* (2016).

na acção educativa e que muitas vezes se sobrepõem, de forma acrítica, com reflexos na acção ética.

Subjacente à articulação entre ética profissional e condição docente está o pressuposto de que um docente/professor é um educador profissionalmente competente e eticamente comprometido: um profissional que usa a interrogação ética na prática e na reflexão educativa, à luz de um conjunto de valores nos quais se reconhece e com os quais se pode comprometer, não por imposição normativa, mas por imperativo da sua consciência, isto é, a natureza da vinculação ética não é uma questão de dever, é uma atitude de liberdade.

Na tentativa de apresentar a ética profissional docente como uma questão de intencionalidade e de liberdade pessoal, associada à construção de uma visão pessoal de inquietude, questionamento e reflexão, faz-se uma aproximação teórica à ética do cuidado[3], na convicção de que é muito mais lógico e mais compreensível, do ponto de vista profissional docente e nos contextos actuais, projectar essa intencionalidade ética no agir profissional em quadros de referência axiológica do que reger-se por construções deontológicas.

## 2. Entender o mundo, a profissão e os alunos: um desafio ético

Entender o mundo, a profissão e os alunos é um enorme desafio ético que este século traz à educação em geral e aos

[3] Cuidado, um conceito antropológico cunhado por Heiddeger (cfr. *Being and Time*, State University of New York, 1996, pp. 178–186). Este conceito será retomado por outros pensadores, entre eles Ricœur. O tema do «cuidado» é evocado sempre que se pensa em educação, como, por exemplo, em medicina.

professores em particular, no contexto das sociedades contemporâneas, abertas, plurais e com novos níveis de complexidade.

Várias razões ideológicas, socioculturais e socioprofissionais podem ajudar a compreender a imensa dificuldade que este desafio comporta. Em primeiro lugar, a *erosão dos valores* numa sociedade marcada pelo relativismo cultural e ético. Este modo de pensar – demasiado subjectivo para se poder encontrar nele um critério que seja comummente aceite e válido – favorece a perda de referências morais e éticas. O «crepúsculo do dever», na expressão e sentido que lhe dá Lipovetsky[4], constitui, por sua vez, uma influência cultural dominante. Trata-se de uma mudança na hierarquia de valores, que rejeita o discurso do dever e, paralelamente, exalta os direitos individuais, desconsiderando normas e regras que impliquem sacrifício para as substituir por normas «indolores da vida ética». A vulgarização desta mentalidade fragiliza a missão da escola e do professor. Contribui também para promover a ideia de que direitos e deveres não se equivalem, nem exigem a reciprocidade correspondente, quando uns e outros são parte integrante e indivisa da dignidade humana: se temos direito à liberdade, temos a obrigação de respeitar a liberdade dos outros; se temos direito à educação, temos a obrigação de aprender e de ensinar tanto quanto a nossa capacidade nos permite e de partilhar o nosso conhecimento e experiência com os outros.

No contexto organizacional português, *os mandatos da sociedade*, que transpõem para a escola questões complexas, socialmente controversas ou insuficientemente esclarecidas,

---

[4] No sentido em que se regista uma tendência predominante dos direitos individuais sobre as obrigações colectivas, cuja importância se destrói. Cfr. Lipovetsky, Gilles, *O Crepúsculo do Dever e a Ética Indolor dos Novos Tempos Democráticos,* Lisboa, Dom Quixote, 2010.

num quadro de constrangimentos e dificuldades acrescidas[5], constituem-se, de igual modo, numa conjuntura adversa da missão docente a que progressivamente se juntam outras tarefas de natureza técnica e administrativa.

Este excesso de pedidos da sociedade e dos novos papéis que lhe estão associados sobrecarrega e descaracteriza a função docente. Não permite um desenvolvimento profissional adequado, nem o exercício da dimensão reflexiva, porque dispersa e retira tempo necessário para aprofundar as competências essenciais a um profissional que enfrenta no quotidiano escolar a complexidade da circunstância educativa.

A par das influências culturais e das questões associadas, *os novos horizontes de conhecimento*, sobretudo no domínio das neurociências e das tecnologias digitais, confrontam positivamente o conhecimento profissional docente.

A importância das emoções – amplamente comprovada nos nossos dias pela filosofia da mente, pela psicologia e pelas neurociências – e outras descobertas sobre o funcionamento do cérebro questionam e desafiam as concepções de ensino e de uma pedagogia racional, que no século passado se apoiou na emergência das ciências do homem e da sociedade, das quais a nossa representação pedagógica é ainda herdeira.

Estes novos horizontes colocam a questão de compreender o modo como a psicologia e a pedagogia, entre outras ciências, podem acompanhar a nova realidade, abrindo-se a um *continuum* de possibilidades que a dicotomia tradicional entre emoção e razão exclui. Por sua vez, as mudanças trazidas pela expansão do cibermundo e pelo crescimento da conectividade

---

[5] Cf. CNE, *Recomendação 1/2016 sobre A Condição Docente e as Políticas Educativas*, Lisboa, 2016, http://www.cnedu.pt/pt/deliberacoes/recomendacoes/1180-recomendacao-1-2016, consultado em Outubro de 2017.

pela Internet requerem competências para lidar com as dimensões éticas e sociais das tecnologias digitais[6].

Num olhar mais próximo, *a própria condição da educação* concentra na escola grandes questões, ambiguidades e dificuldades, tais como:

- a opção política de centrar o ensino no aluno ou nos saberes;
- a questão da multiculturalidade e da tolerância[7];
- a crise de autoridade perante comportamentos de indisciplina e de violência escolar que a instituição cada vez menos domina;
- a recontextualização pedagógica decorrente da instauração das abordagens por competências e a criação de mecanismos de diferenciação pedagógica para concretizar o traço mais importante da pedagogia moderna, a saber, fazer que cada aluno receba um tratamento diferenciado e específico.

A *relativização do saber e o desencanto pela escola* não são alheios a estes desafios éticos. A proliferação e multiplicidade dos saberes e os progressos dos recursos informáticos – que, se por um lado são um óptimo meio para obter informação, por outro

---

[6] O desafio colocado consiste em «como ensinar os alunos a entender a vasta quantidade de informações que encontram todos os dias, identificar fontes com credibilidade, determinar a confiabilidade e a validade dos conteúdos, questionar a autenticidade e exatidão da informação, conectar esse conhecimento novo com aprendizagens anteriores, bem como discernir sua importância em relação a informações que já dominam». *Repensar a Educação: Rumo a um bem comum mundial?*, Brasília, UNESCO Brasil, 2016, p. 45.

[7] Questão pertinente e essencial para responder a estas perguntas: como pode a escola intercultural ter clareza nos valores que informam o seu projecto educativo? Como formar professores preparados para interpretar equilibradamente a relação entre liberdade e exigência axiológica?

desestabilizam o equilíbrio entre a informação com que somos abalroados e a capacidade de compreensão e assimilação – alteram fortemente a relação professor/aluno. O computador é um mediador, muitas vezes um «muro», entre professor e aluno, porque a informação e os saberes já não estão apenas na escola.

A revolução informática que está em curso teve repercussões – ainda por compreender totalmente – na educação, nas instituições educativas, na família, em toda a sociedade. Transformou a própria estrutura social, o acesso ao mercado de trabalho, depreciando o valor do diploma, que dantes era a chave para um emprego estável e actualmente é um elemento de selecção entre múltiplas variáveis. Do mesmo passo, a penúria de emprego constrange os jovens a aceitarem trabalhos para os quais possuem habilitações superiores às requeridas, em situações de precariedade de tal modo penalizantes que indesejavelmente se começa a instalar, entre muitos, a descrença na importância de frequentar a escola.

Por último, neste vasto contexto interpelador, *o desafio maior* reside no *cumprimento dos compromissos éticos*, imprescindíveis à transformação da educação num processo em que cada pessoa possa desenvolver as suas capacidades e a sua realização pessoal.

### *3.1. Da decisão e reflexividade éticas*

Este olhar sobre a multiplicidade de questões que envolvem a educação e a condição docente mostra como a decisão e a reflexividade éticas são mais exigentes, mais difíceis e mais necessárias ao agir educativo no presente do que no passado. Perante situações e tensões dilemáticas, que a prática educativa comporta na relação pessoal e interpessoal (alunos, colegas, pais, autoridades educativas, comunidades...), não bastará ao professor a consciência constativa de factos e valores, ou mesmo a distinção entre estes, em diversos planos (sociológico, ideológico, pedagógico...). Hoje, é-lhe pedida uma consciência valorativa (o que deve ser) sempre que o professor toma consciência de contradições e incertezas éticas. Esta consciência exige-lhe uma reflexão ponderada sobre os problemas, os factos relevantes, as opções possíveis e as consequências inerentes, à luz de um quadro axiológico assumido pessoal e profissionalmente na tomada de decisão.

### *3.2. Da condição docente na sua dimensão instituinte*

É nesta conjugação de contextos, condicionantes, questões e novos desafios de progresso e liberdade que a *condição docente* se estabelece e materializa.

A formulação deste conceito surge pela primeira vez em 1996, na Recomendação da OIT/UNESCO relativa à condição dos professores[8]. Aí se estabelecem não só os direitos e responsabilidades dos docentes e os padrões internacionais relativos à formação inicial e contínua, de recrutamento, emprego e condições de ensino-aprendizagem, e o direito à participação na decisão política entre outros, mas também se reconhece o papel essencial dos professores no progresso da educação e a importância do seu contributo para o desenvolvimento do homem e da sociedade moderna.

---

[8] Esta Recomendação foi aprovada pela Conferência Intergovernamental Especial sobre a Condição dos Professores, convocada pela UNESCO, em cooperação com a OIT, relativamente aos professores do ensino não superior e completada em 1967 por outra Recomendação relativa aos professores do ensino superior e investigadores. Cf. http://unesdoc.unesco.org/images/0016/001604/160495por.pdf

Trata-se de um conceito amplo, cuja aplicação se vem aprofundando e complexificando ao longo do tempo, de tal modo que presentemente *a condição docente* se debate em todas as suas componentes com ambiguidades, tensões e paradoxos, decorrentes do processo sócio-histórico e sociocultural da sua construção, ou de pressões sociais, opções de política educativa, exigências do conhecimento profissional e mesmo de vivências culturais da escola, que, em muitos aspectos, são contraditórias com a evolução do trabalho docente[9].

Na economia deste texto, opta-se por centrar a reflexão com particular incidência na dimensão específica e instituinte da *condição docente*: a relação professor-aluno presente na escola e na sala de aula.

Esta relação que se instaura e realiza numa dependência recíproca entre o professor e o aluno pode ser assim definida: «Um não existe sem o outro. Docentes e discentes se constituem, se criam e recriam mutuamente, numa invenção de si que é também uma invenção do outro. Numa criação de si porque há

---

[9] Transcende as possibilidades deste texto desenvolver o conceito, na sua textura, historicidade e outras questões suscitadas na literatura como a pertinência de a referir como profissão ou semiprofissão, a dificuldade relativa ao conceito de identidade profissional (ou identidades profissionais?) ou até explicitar a situação dilemática e paradoxal de uma profissão que ainda tem dificuldade em assegurar os seus alicerces intelectuais e em definir a sua autonomia e que não se pode subtrair ao desafio de ter um papel-chave na sociedade do conhecimento. Sobre o conceito, cf. Teixeira, Inês Assunção de Castro, «Da condição docente: primeiras aproximações teóricas»; sobre a questão da identidade profissional, cf. Ramos, Conceição Castro, e Roldão, Maria do Céu, «Memórias de professores: representações e perceções da identidade profissional docente»; sobre o processo de construção histórica, cf. Nóvoa, António, *Le temps des professeurs. analyse socio-historique de la profession enseignante au Portugal (XVIII^e-XX^e siècle)*, Lisboa, Instituto Nacional de Investigação Científica, 1987, 2 vols.

o outro, a partir do outro. O outro, a relação com o outro, é a matéria de que é feita a docência.»[10]

Nessa «matéria», ao mesmo tempo vinculante e dinâmica, ambos são sujeitos com identidades distintas, não apenas por serem sujeitos com pertenças socioculturais diferenciadas, mas porque a identidade, no caso da pessoa, é uma noção de carácter dinâmico que se mantém com o outro que nos comunica e cria o sentimento da nossa diferença. A alteridade que nasce pela voz e pelo gesto do outro é aqui abordada como questão ética.

## 4. A alteridade, a centralidade do humano e os valores

Nesta linha de pensamento, a ética profissional docente constrói-se num processo de encontro com o outro e com o mundo. A profissão docente obtém a sua qualidade ética quando, nesse encontro, o reconhecimento do outro se exerce com uma sabedoria prática impregnada pela incerteza da complexidade humana.

O modo como se concebe a alteridade, se coloca a centralidade do humano em todas as dimensões do processo pedagógico e a importância de valores no agir profissional são pilares fundamentais na relação entre ética profissional e condição docente.

Na perspectiva filosófica, a questão do sujeito e da alteridade foi abordada por Ricœur, ao mostrar ser possível dar existência ao outro sem o reduzir a um prolongamento do eu cartesiano, definida deste modo: «Pôr-me no lugar do outro,

[10] Teixeira, Inês Assunção de Castro, *op. cit.*

ao pensar em mim como se fosse o outro significa que o outro é constitutivo da minha própria identidade.»[11]

Nesta lógica argumentativa, preciso do outro para existir como sujeito moral, mas aquilo que sustenta a norma moral não reside na minha vontade individual nem na existência de uma norma moral heterónoma; reside na prática concreta de me colocar no lugar do outro. A alteridade tem assim um grau tão íntimo que cada um não pode pensar-se sem o outro e ao mesmo tempo é o eixo fundador da acção ética[12].

Em *Le choix d'éduquer*, Meirieu retoma o pensamento de Ricœur e a definição de ética de outros filósofos (Jankélévitch e Lévinas), segundo a qual a ética é, antes de mais, o sentido do outro, a preocupação pelo outro, a prioridade dada ao outro incondicionalmente. Porém, sublinha que *o envolvimento ético* é, acima de tudo, o acesso do outro ao seu estatuto de sujeito autónomo, responsável pelos seus pensamentos como pelas suas escolhas. Para Meirieu, agir eticamente é adoptar a atitude moral de agir *como se* fossemos totalmente responsáveis pelo outro, sabendo, no entanto, que somos em larga medida impotentes para o fazer e que, de qualquer maneira, a decisão cabe ao próprio educando, como se depreende desta afirmação: «Não podemos passar sem a esperança de mudar, mas nunca devemos acreditar na presunção, que seria verdadeiramente ilusória, que podemos decidir o dia e a hora!»[13]

---

[11] Ricœur, Paul, *Soi-même comme un autre*, p. 14. Tradução da autora.

[12] A finalidade última da acção humana e o programa ético de que a solicitude é o referente da acção: «visar a vida verdadeira com e para o outro nas instituições justas», in *idem, ibidem*, p. 211 (tradução da autora).

[13] Meirieu, Philippe, *Le choix d'éduquer*, p. 55.

## 5. O compromisso ético e o regresso à pedagogia do mestre

A relação docente-discente, à luz destes pressupostos teóricos e da sua transposição para a prática, é um convite indeclinável ao autoquestionamento e à reflexão sobre o modo como se vive o desempenho profissional na relação com o outro. No diálogo do professor consigo mesmo pode surgir este conjunto de perguntas: o que representa este aluno para mim? Estou a reconhecê-lo como sujeito, como pessoa? Ou vejo nele um indivíduo que ensino para que tenha sucesso académico e me sinta profissionalmente realizado?

As interrogações que acabam de se enunciar contêm duas questões importantes claramente definidas: a preocupação pelo outro e a preocupação do docente com a finalidade dos seus actos, induzindo na relação professor-aluno uma incontornável intencionalidade ética. Estas perguntas revelam ao mesmo tempo a ambiguidade semântica da palavra *professor*, a qual está expressa na tensão dilemática entre duas identidades: o professor técnico/funcionário e o professor educador, o mestre, como referem autores clássicos (Gusdorf, 1963, e outros), revisitando os conceitos gregos de pedagogo e de mestre na distinção entre as suas funções[14].

O compromisso ético joga-se nesta tensão entre ensinar, transmitindo conhecimento, ou fazer aprender, desenvolvendo capacidades.

São duas visões sobre o modo de exercer a profissão: o ofício que se cumpre nos programas, nas metas e nos resultados académicos e/ou a missão exercida na sua racionalidade teleológica.

---

[14] O pedagogo exercia o seu ofício; ao mestre cabia a formação superior da alma e dos valores moral e patriótico.

Não é indiferente sob o ponto de vista da ética profissional docente exercer a profissão como ofício ou como missão. Nestes modos de exercer a profissão, a pedagogia do educador exerce-se como uma espécie de contraponto à pedagogia do professor.

Quando o professor encara a profissão como ofício, é tentado a considerar que a pedagogia (aqui entendida no sentido técnico e cultural da profissão), os programas, os exames e os resultados escolares dos alunos constituem para ele valores incondicionais. Ensina a todos os alunos a mesma coisa, isto é, ensina todos os alunos *como se de um só se tratasse*, porque nesta situação o acto de ensinar só vale em relação ao fim que pretende: o sucesso escolar do aluno e ou a sua realização profissional.

Porém, quando a profissão é exercida como missão, cada aluno é um aluno, e nenhum aluno pode ficar para trás. A prática pedagógica não se reduz à transmissão de um saber de conteúdos curriculares porque, nesta visão de desempenho profissional, o professor sabe que ensinar não é transferir conhecimento, mas criar condições para a sua construção, e não ignora que neste processo também conta a representação que o aluno tem das suas qualidades morais e profissionais, da coerência entre o que diz e o que faz, e, por isso, o seu testemunho ético é igualmente importante.

A transmissão de conhecimento é um momento de uma prática pedagógica valiosa em si mesma porque encerra um bem e um sentido de preparar o aluno para o futuro. Ou seja, o saber é procurado porque é um meio indispensável para a compreensão do mundo e para a adaptação à mudança, inserido num contexto mais amplo, que engloba a vida inteira e a interiorização da ideia de que se estuda e aprende durante toda a vida.

O professor tem consciência de que no desenvolvimento da sua função não se está a servir a si mesmo, mas a realizar uma tarefa que o transcende. E, tendo sempre presente a importância moral e social da sua função, ensina com a sabedoria do agir ético num quadro de princípios e valores cívicos e universais que livremente assume.

A liberdade, a verdade e a autonomia são três referentes axiológicos fundamentais no processo de uma ética de responsabilidade pelo outro e na assunção do compromisso ético:

- não obstante a noção contemporânea de liberdade estar hoje muito mal tratada, porque é entendida como desvinculação total de qualquer compromisso cívico, ético e mesmo natural, a liberdade, vivida nos seus limites e nas suas potencialidades[15], é essencial na relação educativa, porque está em causa a emergência do sujeito. Neste processo, a liberdade é ainda uma conquista simbólica que se obtém através de uma aprendizagem transformante do indivíduo em sujeito autónomo;
- a verdade, como valor a atingir dialogicamente, com intenção, inteligência e raciocínio bem orientado[16] e como princípio de acção.

---

[15] A alternativa para o nosso mundo actual é: ou a «liberdade do poder» – democrático ou totalitário – ou «a liberdade da verdade». Esta última é a que faz sentido no quadro de qualquer relação educativa. Uma liberdade do poder que não esteja regulada pela verdade transformar-se-á na ditadura do utilitarismo. Só somos livres quando a liberdade tem valor em si mesma, quando a percebemos não como mera capacidade funcional, mas como algo que tem prioridade em relação a qualquer resultado. Só a «liberdade na verdade» é, por isso, verdadeira liberdade.

[16] É muito interessante notar aqui que, no diálogo estabelecido, em 2004, entre o então cardeal Joseph Ratzinger e o filósofo Jürgen Habermas, este defende a certa altura que a neutralidade da ordem estatal, no que diz respeito à visão do mundo, garantia da igualdade de liberdade ética para todos os cidadãos, é inconciliável com a generalização política de uma visão secularista. Os cidadãos secularistas não podem desconhecer o potencial de verdade que reside nos princípios das concepções religiosas do mundo, nem negar

Numa relação educativa eticamente inspirada, no que respeita à verdade, o professor não deve limitar-se a enunciar princípios universalmente aceites como verdade. A sua função é abrir uma perspectiva de diálogo informado e esclarecedor sem pretender impor e impor-se. Abre o caminho e abre-se ao diálogo e à escuta. Pensa com o aluno e não se cansa de colocar questões até que este apreenda o sentido das verdades universais que podemos alcançar ou, pelo contrário, se aperceba de que nem tudo se pode provar em bases irrefutáveis.

Não se trata de um diálogo inconclusivo, isto é, susceptível de deixar o aluno em suspenso, porventura admitindo a sua ideia de verdade.

Trata-se de admitir as limitações das nossas capacidades cognoscitivas e de reconhecer que, na procura da verdade, o diálogo é o requisito ético da liberdade. Representa um momento de sinceridade e de humanidade, de reconhecimento e de respeito pela presença do outro. A via dialógica, com espírito de abertura, torna-se caminho de verdade e de encontro com o outro. Neste processo, a liberdade é o caminhar, o ir e vir nesse caminho sem qualquer constrangimento, de forma liberta e autónoma.

Literalmente, a autonomia é a capacidade de se dar a si mesmo a lei, de se autogovernar. Em contexto profissional docente, é a capacidade de gerir os processos de ensino-aprendizagem no âmbito dos programas definidos, de decidir sobre os métodos e procedimentos a adoptar, de tomar decisões

---

aos próprios concidadãos crentes o direito de contribuírem para as discussões públicas em linguagem religiosa. Uma cultura política liberal pode mesmo pedir (*richiedere*) aos cidadãos secularizados a participação no esforço de tradução de materiais significativos da linguagem religiosa para uma linguagem acessível a todos (cf. *Ragione e fede in dialogo. Le idee di Benedetto XVI a confronto con un grande filosofo.* Cura di Giancarlo Bosetti, Marsilio, 2005, p. 62).

curriculares não apenas as relativas ao modo de execução, mas também a novas formas de organização e de responsabilização.

Enquanto profissional intelectual e reflexivo perante a profusão de normas e orientações, o professor usa a autonomia quando não se limita a cumprir um processo previamente definido como o adequado para uma actuação profissional eficaz e, à luz do seu conhecimento profissional e do princípio recíproco de responsabilidade, procede de outro modo ao serviço do bem comum.

Numa leitura interpretativa do modo como estes valores interferem na relação educativa, importa concretizar algumas situações que se podem manifestar na intencionalidade e no envolvimento éticos[17]. Assim, o professor reconhece o aluno como sujeito quando permite que exprima as suas ideias livremente, sem constrangimentos, sem medo de afirmar o que pensa, sem se abster de fazer correcções quando for caso disso. Nesta situação, um e outro constroem a sua identidade: o primeiro ao assumir o estatuto autónomo de responsável pelos seus pensamentos e ideias; o segundo ao orientar a sua acção no sentido de tornar possível a identidade do outro, reforçando por esta via a sua dimensão identitária de educador.

Também a este respeito, a atitude do professor é significativa. Quando a palavra do professor perante a turma dá lugar ao monólogo e tem como resposta o silêncio do aluno. Pelo contrário, o diálogo acontece quando o professor fala para a turma, para aquela turma, de modo interpelante, numa relação personalizada, quer individual quer colectivamente, indo ao encontro das dúvidas ou interesses dos alunos ou fomentando a capacidade de dar nomes às coisas, isto é, de as reconhecer

---

[17] De salientar que o reconhecimento do outro tem subjacente o pressuposto da educabilidade, isto é, que o professor acredita que o aluno é capaz de aprender, e a crença de que ele próprio é capaz de o ensinar.

de outra forma e de as transformar. E essa acção ou capacidade de produzir ou fazer alguma coisa, especialmente de forma criativa, é o conhecimento que nos constitui enquanto pessoas, que torna possível a capacidade decisiva de representação simbólica humana.

Trata-se, no fundo, de promover a dimensão poiética, que constitui o significado imediato neste poema de Sophia de Mello Breyner[18]:

Ia e vinha
E a cada coisa perguntava
Que nome tinha.

Interpretado noutra perspectiva, trata-se de uma forma do envolvimento ético emancipador que Meirieu propõe. Pôr-se no lugar do outro é, assim, a relação personalizada e o desprendimento do interesse próprio para ir o encontro dos interesses do outro e lhes dar condições para que assuma uma forma de ser livre e criativo.

Nesta aproximação inicial à ética do cuidado, educar não significa ensinar, nem tão-só saber. É acolher o outro e o mundo. Pôr-se no lugar dele, olhar para ele e para o mundo e devolver-lhe o nosso olhar sobre aquilo que dele recebemos, levá-lo à descoberta de si nos encontros e desencontros que se dão no percurso educativo vivido em comum. Deste modo, a função docente mais nobre é ser mensageira de uma revelação para além do saber.

E, porque o que está em jogo é educar hoje e amanhã, a amizade entre professor e aluno deverá estar no âmago de toda a relação educativa, para que este realize os seus projectos

---

[18] BREYNER, Sophia de Mello Breyner, «Coral», Antologia. 2.ª ed. aumentada, Lisboa, Círculo de Poesia, Morais Editores, 1970.

de vida sem medo e com esperança. Não a amizade segundo a utilidade, mas segundo a virtude, ou amizade perfeita, a «melhor» amizade no sentido aristotélico (expresso no livro VIII da *Ética a Nicómaco*) ou, como se percebe nas entrelinhas em Saint-Exupéry[19], na viagem do Principezinho em busca do significado da amizade, que descobre ao perceber que a rosa era efémera e a tinha deixado só.

## 5. Outro modo de pensar os desafios éticos

Viver a relação educativa, de acordo com os valores e princípios enunciados será sempre difícil. No estado actual da condição docente, em contextos e condições que eticamente a desafiam, sendo de grande complexidade sob o ponto de vista emocional, assumir o envolvimento ético de forma completa torna-se particularmente dramático. Perante turmas numerosas e heterogéneas, sem dispor de condições nem de tempo para personalizar a relação, nem para analisarem e perceberem as razões de dificuldades evidentes ou de obstáculos invisíveis, os professores vivem entre tensões e dilemas constantes e diversificados.

Vários autores identificam situações dilemáticas em contexto de sala de aula. Perrenoud[20] equaciona onze dilemas relativamente à comunicação em torno da palavra, entre os quais o de «dar lugar às representações dos alunos sem pôr

---

[19] Saint-Éxupery, Antoine, *O Principezinho,* 4.ª ed., Lisboa, Aster, 1972.

[20] Perrenoud, Philippe, «Les communications en classe: onze dilemas», in *Cahiers pédagogiques*, 1994, n.° 326, pp. 13–18. Retomado em Perrenoud, Philippe, *Enseigner: agir dans l'urgence, décider dans l'incertitude. savoirs et compétences dans un métier complexe,* Paris, ESF, 1996, https://www.unige.ch/fapse/SSE/teachers/perrenoud/php_main/php_1994/1994_07.html, consultado em Outubro de 2017.

em circulação teorias falsas e lhes dar crédito». Ou outros que se apresentam em situações de emergência do sujeito privilegiando o diálogo, como estes: «autorizar cada um a dizer o que pensa sem cair no relativismo e no obscurantismo; trabalhar com o erro sem o legitimar; dar espaço à construção interactiva dos saberes sem que a discussão caminhe em todos os sentidos.»

Por seu turno, Maria do Céu Roldão[21], quando aborda o sentido profissional do docente, centrando-o na acção informada de ensinar, identificou dilemas que surgem ao lidar com a diversidade:

- «Atender os mais fracos e "perder" o ritmo (médio) da turma? Ou atender a turma e perder os mais fracos?
- Lidar com a maioria e perder os talentos? Ou desenvolver os talentos e fazer baixar a maioria?
- Cumprir o programa (matérias) e não ser aprendido por muitos? Ou cumprir a aprendizagem a que todos têm direito e para isso gerir o programa?»

Outras situações com reflexos na sala de aula (consumo de droga, violência, ...) podem apresentar-se como conflitos de valores em que o professor se interroga sobre o que é justo fazer por aquele ou aqueles alunos. Trata-se de escolhas difíceis que se confrontam por vezes entre um bem para ele e um bem para o outro, ou um bem para os outros.

Normalmente, o professor tem esta luta em privado, por receio de admitir que está inseguro sobre as dimensões éticas do seu trabalho. Terá receio, mas exige a si mesmo um sentimento forte para o olhar de frente. Este receio apela à

---

[21] Roldão, Maria do Céu, «Professores – Dilemas de uma transformação», pp. 66–67.

coragem e à responsabilidade de o vencer, não porque a coragem seja um dever, mas porque é um valor englobante de todo o comportamento ético.

Em conclusão, sem perder de vista o contexto mais amplo em que as questões essenciais da vida humana desempenham um papel significante, para fazer evoluir a ética profissional docente afiguram-se decisivas duas condições:

- melhorar na condição docente a «condição de trabalho», libertando o tempo das tarefas técnico-administrativas;
- ousar inscrever no reforço de uma cultura de colegialidade a discussão sobre os dilemas e os problemas que cada vez mais crescem em silêncio.

Porventura a chave para uma docência eticamente implicada consiste em pensar os desafios éticos, partindo das limitações e das contradições para descortinar alguma inteligibilidade e alguma transformação. Estimular uma reflexão pessoal e partilhada, passo a passo, sobre as próprias atitudes, sobre a atitude perante a vida profissional e a condição docente e sobre o contexto moral ou ético representa outro modo de pensar o cuidado e a responsabilidade pelo outro.

## Referências e leituras recomendadas

Conselho Nacional de Educação (CNE), *Recomendação 1/2016. Recomendação sobre a Condição Docente e as Políticas Educativas*, Lisboa, 2016, http://www.cnedu.pt/pt/deliberacoes/recomendacoes/1180-recomendacao-1-2016, consultado em Outubro de 2017.

Gusdorf, Georges, *Pourquoi des professeurs? pour une pédagogie de la pédagogie*, Paris, 1963, http://classiques.uqac.ca/contemporains/gusdorf_georges/pourquoi_des_professeurs/pourquoi_des_profs.pdf, consultado em Outubro de 2017.

MEIRIEU, Philippe, *Le choix d'éduquer*, Paris, Éthique et pédagogie, ESF, 1991.

PATRÃO NEVES, Maria do Céu (coord.), *Ética: dos fundamentos às práticas*, vol. I, Lisboa, Edições 70, 2016.

RAMOS, Conceição Castro, e ROLDÃO, Maria do Céu, «Memórias de professores: Representações e perceções da identidade profissional docente», in ALVES, José Matias (coord.), *Memórias de Professores: emoções, identidades profissionais, currículo e avaliação*, Porto, Universidade Católica Portuguesa, 2013, pp. 53–115.

RICŒUR, Paul, *Soi-même comme un autre*, Paris, Seuil, 1997.

ROLDÃO, Maria do Céu, «Professores – Dilemas de uma transformação», in MACHADO, Joaquim, e ALVES, José Matias (org.), *Escola para Todos. Igualdade, diversidade e autonomia*, Porto, Universidade Católica Editora, 2014, pp. 59–70, http://www.uceditora.ucp.pt/resources/Documentos/UCEditora/PDF%20Livros/EscolaParaTodos_e-Book.pdf, consultado em Outubro de 2017.

TEIXEIRA, Inês Assunção de Castro, «Da condição docente: primeiras aproximações teóricas», in *Educação & Sociedade*, Campinas, vol. 28, n.º 99, Maio/Ago. 2007, pp. 426–443, http://www.scielo.br/pdf/es/v28n99/a07v2899.pdf, consultado em Outubro de 2017.

UNESCO, *Repensar a Educação: Rumo a um bem comum mundial?*, Brasília, UNESCO Brasil, 2016, http://unesdoc.unesco.org/images/0024/002446/244670POR.pdf, consultado em Outubro de 2017.

# Resiliência e ética profissional dos professores

*Carlos Ceia*

Faculdade de Ciências Sociais e Humanas
da Universidade Nova de Lisboa

Hoje, como professores, não valemos nada. Não somos ninguém para a maior parte dos que convivem connosco fora do nosso círculo profissional. A nossa condição só é entendida por outros professores como nós. Contudo, estranhamo-nos, recolhemo-nos e hibernamos emocionalmente numa força interior que não conseguimos ou queremos verbalizar. Falarei aqui das razões desta hibernação emocional e das várias formas que os professores encontram para viver numa sociedade que não os quer compreender e respeitar.

A literatura científica sobre a resiliência dos professores é vasta. Qualquer tese de doutoramento recente contém os muitos títulos que se têm publicado, sobretudo no campo da psicologia educacional. Proponho uma leitura diferente, mais próxima de uma reflexão filosófica sobre o que faz um professor resistir no exercício da sua profissão. Como tal reflexão nos obriga a discutir a formação da sua identidade profissional, a resiliência acaba também por ser uma questão ética.

## 1. Da natureza da resiliência humana

Ser resiliente é uma condição não exclusivamente humana, porque vencer uma adversidade, recuperar um estado de equilíbrio, superar um limite ou resistir a uma situação difícil é próprio de qualquer ser vivo que, em algum momento da sua existência, necessitará de chegar a um ponto de confronto consigo próprio, com os outros e/ou com algum acontecimento ou fenómeno.

Então, de que espécie é a resiliência dos professores? Em regra, somos vistos como mediadores de conflitos, árbitros de desencontros, moderadores de discordâncias, mas raramente alguém pensa no contrário, quando é um professor que se coloca no lado errado da equação, ou seja, quando é o professor que está em conflito consigo próprio ou com os outros, quando precisa de alguém para o defender num desacordo de posições ou quando se encontra numa situação impossível na sua vida pessoal ou profissional, da qual só ele tem conhecimento (na melhor das hipóteses, alguém perto dele(a) terá também conhecimento). Então, nesse momento em que o professor vive em conflito interior e não o mostra, nunca deixa que os seus alunos percebam sequer a sua dor ou incómodo, não deixa que nenhum colega de profissão saiba o que se passa dentro si, é o profissional pleno que se revela. Nessa revelação, habita a natureza verdadeira da resiliência do professor.

Entendo que esta resiliência é também uma condição que obriga a estudo filosófico e ético, que se combina sem esforço com todos os sintomas psicológicos. A resiliência quase rima com doença, mas é o seu oposto: é o que nos faz não adoecermos. É essa estranha força que nos habita quando decidimos que é este o nosso caminho.

Há muito que vivemos numa guerra humana das estrelas, e as possibilidades de combinação com o imaginário cinematográfico são inúmeras. Servir-me-ei do poder da Força (tal como é sugerido na série de *Star Wars*, em que George Lucas inventou um poder menos do que sobrenatural para ilustrar o velho princípio tanto da filosofia grega clássica como das filosofias budistas orientais: se nos conhecermos bem a nós próprios, se formos capazes de alcançar um estádio de autoconhecimento superior, seremos mais verdadeiros ou unicamente verdadeiros) para tentar explicar também a composição psicológica da resiliência, cujo segredo guardamos muitas vezes sem o sabermos definir, mesmo que esteja à nossa frente, no olhar inquisidor de um estudante, na curiosidade de outro ou na cumplicidade sofredora de outro ainda. A Força personificada de um professor é tão comparável ao brilho de uma estrela como a um campo metafísico ficcional capaz de dar poderes extraordinários aos seres vivos que são sensíveis a ele, como acontece na conhecida saga da Guerra das Estrelas. Somos, à nossa maneira, mestres Jedi que formamos discípulos únicos. Tal Força superior mede-se pela capacidade de cada um saber conquistar esses discípulos, trazê-los para um campo de luz onde brilham de várias formas as mentes que educamos. Tais mentes não têm de ser sempre brilhantes em termos de resultados escolares, mas um pequeno brilho que resulte de um acto de aprendizagem pode ser mais forte do que qualquer estrela. Anular o sofrimento de um estudante porque não aprendeu durante muito tempo, por exemplo, é uma recompensa indescritível.

Nenhum professor, por mais frio que seja e por mais isento e distante que se confesse, vive fora da margem do sofrimento dos seus estudantes. Esse é outro dos segredos da resiliência que importa inquirir, seguindo sempre um dos princípios da educação dos guerreiros Jedi: não há ignorância, há sempre conhecimento. Sabemos que este princípio está em muitas filosofias antigas: o *ki* (na China, no Japão e na Coreia, presente em várias artes marciais como o *aikido* ou o *kung fu* e na medicina tradicional chinesa), o *prana* (na Índia) ou o *mana* (na Polinésia), sempre apelando à ideia de uma energia espiritual que existe dentro do universo e que podemos captar com o treino adequado. A resiliência do professor é também uma forma activa de energia espiritual que captamos no universo (mesmo que de forma inconsciente) e que transpomos para o universo material da escola. A força interior de um professor é universal no sentido em que ninguém é professor sozinho, e precisamos sempre dos outros e do espaço à sua volta para exercermos esta profissão. Se soubermos disciplinar a nossa força interior, seremos sempre melhores professores, sobretudo perante as dificuldades que nos desafiam diariamente.

## 2. A resiliência como força interior e como consciência moral

No espaço de debate sobre educação e ética, não é desajustado situar a resiliência em dois eixos: 1) na capacidade de resistir a uma doença que caracteriza o indivíduo resiliente em questões de saúde, por exemplo, e que é transferível para a educação para o caso do professor que resiste a uma doença do foro psiquiátrico ou psicológico e molda os seus valores profissionais à imagem dessa capacidade de resistência; 2) numa forma de resistência mais comum que tem a ver com as condições em que exercemos a profissão docente diariamente, partilhando com a primeira condição o facto de nunca sairmos do fundo moral da questão. O bem-estar do indivíduo que exerce a profissão docente é-lhe tão necessário para a sua formação moral como aquilo que adquire sob a forma de conhecimento e que constitui o aparato científico do que ensinará a outros. Ninguém consegue fazer bem essa transferência de conhecimento se não estiver bem consigo próprio. A resiliência dirá também respeito a essa força interior que cresce na mesma proporção da nossa consciência moral. Um professor moralmente bom tem mais probabilidade de ser um bom professor e um professor mais resiliente do que um professor cuja formação moral esteja incompleta ou se revele mais frágil.

A nossa civilização moderna conquistou a escola para todos, e este bem universal é indiscutível, mas não se concretizou sem custos. Sempre existiram estudantes com necessidades educativas especiais, sempre existiram escolas problemáticas ou *territórios educativos de intervenção prioritária*, mas poucos professores foram preparados para a soma de problemas que hoje enfrentam na escola real. Durante o processo de formação inicial de um professor, há um espaço muito limitado ao estudo dos problemas mais graves do quotidiano de uma escola, desde a indisciplina ao *bullying* (perseguição intimidante e ameaçadora), desde a degradação das condições de trabalho à adaptação constante a novos ambientes. A resiliência, neste caso, constrói-se gradualmente, toma a forma de experiência profissional e pode ser muito criativa, inspiradora ou simplesmente intuitiva. Na formação inicial de um professor, o espaço ocupado pela psicologia educacional é claramente reduzido e intransferível para as chamadas áreas de docência. Qualquer reestruturação curricular devia incluir, neste tipo de formação essencial, um espaço de auto-reflexão que não estivesse apenas subentendido nas diferentes componentes de formação, mas que fosse transversal ao currículo e incluído na descrição das componentes de formação a partir do documento legal que regula a formação inicial de professores. Importa, porém, clarificar que a inscrição da resiliência no currículo e o modo como se ensina não resolve, por si só, qualquer problema.

Um professor resiliente não se forma na resiliência por definição. Não podemos formar um professor com esse objectivo como se de um direito natural se tratasse, por exemplo, mas podemos ensinar-lhe formas de resistência. Não é obrigatório que uma pessoa seja naturalmente resiliente para poder desenvolver capacidades resilientes. A condição única para que a resiliência se manifeste é a preexistência de uma adversidade. Não há indivíduos resilientes sem passar por aí, pelo que podemos dizer que não se é resiliente em absoluto ou por condição natural, inata ou hereditária. É quase sempre uma forma de agir profissional e pessoalmente, no caso dos professores. E os dois mundos (interior do indivíduo professor e exterior: a escola, a casa, a comunidade) não comunicam necessariamente entre si, nem se manifestam sempre da mesma forma. Porque o rosto de um professor é um espelho de sentimentos fortíssimo, a capacidade de lutar interiormente contra uma adversidade é ainda mais extraordinária num professor porque tem de usar uma máscara nesses momentos de transfiguração exterior para ser capaz de esconder uma luta interior. Passa-se o mesmo com o treino desportivo da agressividade, por exemplo. A agressividade como sinónimo de capacidade de lutar com vigor, sem desrespeitar as regras de um jogo, com uma tenacidade tal que se é capaz de derrotar o adversário pela demonstração desse poder extraordinário que se acrescenta à capacidade técnica, combinando ambas – agressividade e técnica –, é o que permite vencer em inúmeras provas. Um professor pode ser igualmente treinado na resiliência, mas existirá sempre um factor inato que condicionará a sua progressão, porque se pode ser mais ou menos resiliente, melhor ou pior na sua aplicação prática; o que não se pode nunca assumir é a impossibilidade de ser resiliente. Ou seja, a resiliência partilha a natureza de qualquer outra vocação profissional: se bem treinada, pode ser mais efectiva; se negligenciada, mesmo que exista *a priori* no indivíduo, pode não ser notada.

Um aluno percebe sempre o que sente um professor se este mostrar o seu olhar: se estiver em dificuldade consigo mesmo, se se encontrar no meio de uma luta interna, o professor resistirá se agir teatralmente, mostrando um estado de espírito falso, mas que representa a sua defesa mais briosa, porque está a deixar que o aluno fique de fora do seu drama interior.

Um professor resilicnte dará uma aula brilhante mesmo nos dias em que tal pareça impossível, face à adversidade que experimentava antes da aula ou mesmo que essa adversidade tenha nascido na própria aula, porque as causas das contrariedades dos professores são quase sempre de natureza pedagógica (provocadas pelo comportamento dos alunos) ou profissional (provocadas pela carreira ou pelas condições de trabalho).

## 3. *Que professor sou?* – Princípio fundador da ética de um professor

Seria errado pensar que os professores são seres frágeis, muito condicionados pelas adversidades pessoais que não conseguem deixar de transferir para a sala de aula, prejudicando o seu bom funcionamento. Se é verdade que isso acontece, não é verdade que seja a regra que se aplica a todos.

Recupero um dos grandes enigmas da minha profissão e sobre o qual já reflecti num dos meus últimos livros, *Que Professor Sou?* (2017)[1]. Esta pergunta original, porque é a primeira que devemos fazer quando temos a certeza de ser este o nosso caminho, é a única que quase nunca nos apetece fazer em voz alta. Mas é a primeira pergunta em qualquer inquérito sobre a ética dos professores. Talvez poucos professores a façam também em voz baixa, nem que seja em confissão a alguém. Saberão muitos confessar angústias, confidenciar desencantos, partilhar amarguras ou murmurar vontade de desistir da

[1] *The Profession of Teaching Literature: A Portuguese Professor Reflects on the Pedagogical Goals, A Profissão de Professor de Literatura*, The Edwin Mellen Press, Lewiston, Queenston e Lampeter, 2013; *A Profissão de Professor de Literatura*, edição *ne varietur*. Obras Completas de Carlos Ceia, vol. 13, CreateSpace Independent Publishing Platform, 2017.

profissão, mas poucos, muito poucos param para pensar na sua condição primeira.

A resiliência em educação começa aqui: quando paramos para pensar naquilo que faz de nós professores. É aí que nos começamos a construir eticamente. E quantas vezes os conflitos interiores começam porque se aceita que um professor esteja sempre disponível mental e afectivamente para os seus estudantes e não se considera a hipótese contrária: de repente, ninguém está disponível para ouvir um professor, nem os seus estudantes nem os seus pares.

Devemos sempre desconfiar de um professor em silêncio, porque é contra a sua natureza profissional e humana. Se descobrimos um professor em silêncio, temos o dever profissional de quebrarmos esse silêncio e de inquirir as suas razões. Não será uma intromissão da vida privada, porque o silêncio de um professor nunca é sinal de saúde, bem-estar ou recolhimento. Pode ser um sinal de introspecção ocasional, mas é mais certo que seja um sintoma de que algo não está bem. Numa profissão tão massacrada por problemas do foro psiquiátrico, nos dias de hoje, o silêncio é um sinal de alerta na vida de um professor, porque, entre outras coisas, pode indiciar que é o fim da resistência.

A força interior de um professor reforça-se também com a melhoria da sua autoformação científica e pedagógica. Um professor resiliente está, em regra, bem preparado para o seu domínio de conhecimento, porque detém muita e actualizada informação sobre o que tem de ensinar, conhece formas mais eficazes de fazer nascer a aprendizagem. Está também mais disponível para resolver os conflitos à sua volta, porque está seguro de que o conhecimento que transmite não precisa de ser revalidado ou confirmado por outros. Ao contrário, um professor inseguro nas matérias que ensina obriga-se a um duplo esforço: tem de superar o seu próprio conhecimento e tem de gerir a situação de ensino e de aprendizagem.

Dificilmente este tipo de professor aguenta uma carreira completa sem sobressaltos, sem angústias, sem depressões, sem esgotamentos de natureza psicológica, porque a insegurança no próprio conhecimento das matérias que ensinamos é incompatível com a disponibilidade que se exige a um professor de hoje para agir face aos problemas diversos que os seus estudantes lhe revelam. Naturalmente, a segurança científica traz sempre maior auto-estima e melhor capacidade face a qualquer adversidade profissional, porque o tipo de resposta do professor seguro de si próprio e do seu saber é em si mesmo um sinal de confiança para os outros, quer sejam os seus discípulos quer sejam os seus pares. Um professor seguro, com uma moral forte que se manifesta de diversas formas no acto de ensinar, é quase sempre um professor resiliente, e esta qualificação (ética e profissional) é muitas vezes contagiante: um estudante perceberá isso e verá no professor um exemplo a seguir.

É importante que um professor tenha consciência deste poder extraordinário. Não sendo condição obrigatória na formação da identidade de um professor, se o indivíduo resiliente for capaz de acrescentar a esse poder alguns outros traços que beneficiam a sua firmeza pedagógica, tanto melhor. O humor, a boa disposição, a perspicácia para fazer a ponte entre os factos do quotidiano e a matéria de ensino, a transposição didáctica de emoções comuns para as emoções esperadas em sala de aula, a paixão com que se ensina são aspectos que ajudam a reforçar a capacidade de superação de adversidades e dificuldades.

No nosso tempo, a estima social pela figura do professor tornou-se quase um mito urbano. Longe vão os tempos em que um professor era estimado socialmente pelo simples facto de existir numa comunidade, porque era reconhecido como uma força superior, no sentido em que se respeitava o indivíduo de formação superior ao comum dos cidadãos e porque era alguém que completava a educação dos jovens dessa comunidade, que os ajudava a crescer e a viver de forma positiva, com valores e conhecimentos que muitos pais não podiam dar. Essa forma de respeito social perdeu-se em grande parte. Onde existia um olhar social de apreço pela figura do professor, pela sua compostura, pela sua sabedoria, pelo seu incontestado profissionalismo, ao qual não raras vezes o cidadão comum devotava gratidão sincera, existe hoje despeito e total indiferença social pela autoridade do professor. Onde se respeitava a palavra do professor como doutrina, hoje a palavra do professor só serve a medida exacta do interesse individual do estudante quando tal palavra cumpre o sucesso que se exige a qualquer preço. Por outras palavras, a pedagogia reinante que se virou para o interesse exclusivo do estudante sucedeu e venceu a pedagogia que colocava o professor no centro da acção educativa. O compromisso que devia existir entre os dois universos – o do professor e o do estudante –, sem que nenhum poder se sobrepusesse ao outro, respeitando-se mutuamente, tornou-se uma utopia.

Hoje, nem a sociedade nem os próprios estudantes olham para um professor como alguém que tem uma enorme responsabilidade nas suas vidas e que foi preparado superiormente para essa missão, e, só por isso, merecia um respeito e um carinho especiais. Hoje, um professor é apenas mais um cidadão igual aos outros, nem mais respeitado nem mais acarinhado do que os outros, o que exige de nós, professores, uma maior resistência à adversidade, porque sabemos que não podemos contar, quase nunca, com os outros para quem trabalhamos arduamente.

Alguns pais que têm famílias com mais de dois filhos queixam-se da dificuldade em lidar diariamente com o grau diferenciado das exigências de crescimento dos seus filhos. Um professor lida ao mesmo tempo com a diversidade de uma média de 25 jovens por turma, cada um com exigências diferentes e cada um reclamando, em silêncio ou em voz alta, uma atenção especial ou adequada aos seus interesses de aprendizagem. Um professor é sempre um pai ou uma mãe de várias famílias numerosas que diariamente reivindicam as mesmas coisas que uma única família numerosa reivindica aos seus progenitores. Se estes parassem um momento para pensar nisto, a vida do professor seria muito diferente, e a energia gasta para superar essa reivindicação seria muito menor.

Um professor começa a gastar as suas energias interiores a partir do momento em que acorda e toma consciência de que é mais um dia de escola, mais um dia em que tem de superar o que aparecer à sua frente. Ao contrário do que se possa imaginar, não acordamos todos os dias com a mesma disposição para ir para a escola, tal como não entramos numa sala de aula com a mesma alegria. O que acontece é que o professor resiliente, moralmente forte, é um excelente actor e um profissional treinado que sabe como esconder uma indisposição e mostrar uma alegria suficientemente convincente que fará que a sua aula funcione bem. Faz parte do teatro da aula saber interpretar o papel de professor. Não é tão fácil como parece nem é tão fingido como se possa concluir simplisticamente. Esse papel é sagrado, obedece a princípios tão nobres como os que sustentam profissões como o exercício da medicina, do direito ou do serviço social.

Um professor resiliente transforma-se em situação de aula e é capaz de anular todas as adversidades que o afectam; numa aula, existe apenas para os seus estudantes como ser humano perfeito, imune a contrariedades, capaz de os transportar para mundos para além deste mundo.

Um professor alimenta-se de pequenas coisas e com elas dá força à sua capacidade de resistência perante as adversidades. Um comentário de um estudante que lhe agradece o que lhe foi ensinado ou um colega de profissão que reconhece valor nas palavras ditas ou escritas podem fazer mais pela auto-estima profissional do que medalhas e prémios de carreira. Pela minha parte, emociono-me mais com pequenos gestos do que com grandes discursos panegíricos com intenções de favor político. Por exemplo, em recente estadia em Cabo Verde, o Centro Cultural Português local entregou prémios de mérito aos melhores alunos do 9.º ano de uma escola local. Vi os alunos premiados chegarem ao palco para receber uma pilha de livros como prémio. Num país onde raramente um aluno tem dinheiro para comprar livros, aquele prémio era uma verdadeira lotaria, e o que mais me emocionou foi o brilho nos olhos daqueles miúdos, que exibiam com orgulho os livros que haviam conquistado, levantando consigo, provavelmente, todos os exemplares que formariam a sua única biblioteca. Ali, no brilho daqueles alunos felizes com livros novos no colo, guardados como um tesouro, vi o valor da minha profissão. Por aquele brilho vale a pena lutar por quem quer aprender a trocar livros pela paixão em ensinar.

Quem vem de fora desta profissão não entenderá este tipo de comoção com as pequenas coisas do nosso dia-a-dia. Ao contrário do que se possa pensar, nós, professores, apaixonamo-nos facilmente pelos alunos que gostam de aprender e somos até capazes de uma lágrima furtiva se testemunhamos um sucesso genuíno, que pode ir de um aluno que finalmente aprendeu o significado de um poema ao aluno que aprendeu a gostar da própria escola. Não pedimos nada em troca, nem mesmo um agradecimento público. Basta que nos olhem de frente, e nós, professores, saberemos adivinhar o valor do que ensinámos. Essa é a nossa Força cósmica e a nossa ética suprema: sabermos olhar para dentro das pessoas e conseguirmos mudá-las para melhor.

## Referências e leituras recomendadas

AAVV. *Formação Inicial de Professores*, Lisboa, Conselho Nacional de Educação e Universidade do Algarve, 2015.

Atkinson, Dennis, *Art, Disobedience, and Ethics: The Adventure of Pedagogy (Education, Psychoanalysis, and Social Transformation)*, Basingstoke, Palgrave Macmillan, 2017.

bera e rsa, British Educational Research Association and Royal Society for the Encouragement of the Arts Manufacturing and Commerce, *Research and the Teaching Profession: Building the Capacity for a Self-Improving Education System. Final Report of the BERA – Inquiry into the Role of Research in Teacher Education*, Londres, BERA e RSA, 2014. <https://www.bera.ac.uk/wp-content/uploads/2013/12/BERA-RSA-Research-Teaching-Profession-FULL-REPORT-for-web.pdf>.

Caena, Francesca, e Margiotta, Umberto, European Teacher Education: a fractal perspective tackling complexity, *European Educational Research Journal*, vol. 9, Number 3, 2010. <www.wwwords.eu/EERJ>.

Ceia, Carlos. *O Professor na Caverna de Platão: As recentes políticas para a formação de professores em Portugal e o futuro da profissão*, Casal de Cambra, Caleidoscópio, 2010; edição *ne varietur. Obras Completas de Carlos Ceia*, vol. 12, CreateSpace Independent Publishing Platform, 2017.

Darling-Hammond, L., e Bransford, J. (orgs.), *Preparing Teachers for a Changing World: What Teachers Should Learn and Be Able to Do*, São Francisco, Jossey-Bass, 2005.

Russell, Tom, «Has Reflective Practice Done More Harm than Good in Teacher Education?», *Phronesis*, January 2013: <https://www.erudit.org/revue/phro/2013/v2/n1/1015641ar.pdf>.

Santoro, Doris A., *Demoralized: Why Teachers Leave the Profession They Love and How They Can Stay*, Cambridge, Massachusetts, Harvard Educational Publishing Group, 2018.

Scheerens, Jaap, e Blömeke, Sigrid, «Integrating teacher education effectiveness research into educational effectiveness models», *Educational Research Review*, May 2016.

SETHY, Satya Sundar (org.), *Higher Education and Professional Ethics: Roles and Responsibilities of Teachers*, Londres e Nova Iorque, Routledge, 2018.

STEINER-KHAMSI, Gita (org.), *The Global Politics of Educational Borrowing & Lending*, Nova Iorque, Teachers College Press, 2004.

WALTERS, Sue, HEILBRONN, Ruth, e DALY, Caroline, «Ethics education in initial teacher education: pre-service provision in England», *Professional Development in Education*, 2017, DOI: 10.1080/19415257.2017.1318773.

# A relevância ético-disciplinar da vida privada dos docentes

*Isabel Pires Rodrigues*

Conselho Nacional de Educação

## 1. Enquadramento

*Benedita é professora do 1.º ciclo e pretende contrair matrimónio com Bermudo, trabalhador agrícola sazonal que mantém uma actividade paralela ocasional de contrabando de produtos alimentares para completar os magros rendimentos. O ministro da Educação Nacional indeferiu o requerimento apresentado pelos nubentes por não ter sido produzida prova da compatibilidade da situação moral e económica de Bermudo com o prestígio exigível para o exercício da função docente de Benedita.*

Esta hipótese retrata o quadro normativo vigente num passado não muito distante: recorde-se que o artigo 9.º do Decreto n.º 27 279, de 24 de Novembro de 1936[1], vigorou em

---

[1] Artigo 9.º *O casamento das professoras não poderá realizar-se sem autorização do Ministro da Educação Nacional, que só deverá concedê-la nos termos seguintes: 1.º Ter o pretendente bom comportamento moral e civil; 2.º Ter o pretendente vencimentos ou rendimentos, documentalmente comprovados, em harmonia com os vencimentos da professora.*

Portugal até 1969[2] e regulava inequivocamente a vida privada das docentes do magistério primário, incluindo a dos futuros cônjuges.

À profissão de professor estão, aliás, historicamente ligadas exigências éticas e morais superiores justificadas pelas suas funções de transmissão de conhecimento e valores[3] e, relativamente a alguns grupos etários, de tutela. No artigo 4.º do regulamento geral da instrução primária de 7 de Setembro de 1835[4], lemos que o único requisito exigido a quem pretendesse abrir uma escola era munir-se de atestado de bons costumes. De igual modo, aos candidatos à frequência dos cursos das Escolas Normais (formação de professores) era exigido um atestado abonatório do seu comportamento moral[5].

A propósito do conceito de ética, Cabral de Moncada distinguia a ética «esculpida no íntimo da consciência humana» como conjunto de valores absolutos, da ética de «segunda ordem» ou «moral social», expressão da primeira, histórica, em muitos dos seus elementos mutável e que abrange usos, costumes, concepções, crenças e preconceitos morais, temporais e históricos[6].

Especificamente sobre a profissão docente, Marcello Caetano ensinava que «os professores não podem limitar-se ao cumprimento formal das suas obrigações profissionais, pois que a eficácia das suas funções depende, em grande parte, do

---

[2] Revogado pelo Decreto-Lei n.º 49 473, de 27.12.1969.

[3] Recomendação do Conselho Nacional de Educação n.º 1/2016, *Diário da República*, 2.ª, n.º 241, de 19 de Dezembro.

[4] *Reformas e Bases da Educação – legado e renovação (1835–2009)*. Lisboa: CNE, 2017, edição electrónica em http://www.cnedu.pt/content/noticias/geral/225-17_livro_reformasebasesdaeducacao_cne_net.pdf

[5] Regulamento de 24 de Dezembro de 1845, *op. cit.*, *Reformas...*

[6] *Filosofia do Direito e do Estado*, vol. II, Coimbra, Coimbra Editora, 2006, pp. 312 e 313.

exemplo da sua vida particular»[7]. E, recentemente, em 2016, o Conselho Nacional de Educação (CNE) recordou que «o processo de educação depende em grande parte das qualidades e competência de educadores e docentes, bem como das qualidades humanas, éticas, pedagógicas, científicas, tecnológicas e profissionais»[8].

A importância particular da ética é também assinalada por Cassiano Reimão, que a caracteriza como «princípios de ação, preceitos segundo os quais se definem o bem e o mal». Aponta a educação para a ética, a formação ética dos alunos, como um dos maiores deveres da escola e lembra que «toda a ação educativa implica uma conceção de sociedade e toda a conceção de sociedade implica uma tomada de posição em relação à ética»[9]. Aliás, o autor lembra também – na esteira das propostas educativas da UNESCO consagradas através da conhecida fórmula dos quatro saberes, isto é, aprender a ser, e suas subordinadas aprender a conhecer, aprender a fazer e aprender a viver juntos[10] – que «o ensino das diversas disciplinas, para além da transmissão de ideias, deve inculcar valores a reconhecer e a procurar». Sendo certo que «a ética e os valores vivem-se na relação com os outros e, através desta, na relação consigo mesmo como ser não redutível a competências instrumentais».

Roberto Carneiro realça «que as *care professions* (profissões de carácter social)[11] têm de ser objecto de um máximo de

---

[7] *Manual de Direito Administrativo*, vol. II, 1994, p. 751.

[8] *Cit.* Recomendação n.º 1/2016.

[9] «Para uma filosofia da educação – a filosofia como mediação nas escolhas éticas em educação», *Revista Portuguesa de Pedagogia*, 2011, pp. 373–383, edição digital em digitalis.uc.pt.

[10] *Educação: um tesouro a descobrir – Relatório para a UNESCO da Comissão Internacional sobre Educação para o Século XXI*, edição electrónica em http://unesdoc.unesco.org/images/0010/001095/109590por.pdf.

[11] Intercalado e tradução nossos.

atenção. Por *care professions*, tenho em mente a multidão de profissionais que cuidam da saúde da alma e do corpo dos demais concidadãos: educadores de infância, professores, sacerdotes, médicos, enfermeiros, assistentes sociais,... Importa que tenhamos todos a consciência da importância destes grupos profissionais, cujo sujeito – que não o mero objecto – de trabalho é a pessoa, com o seu cortejo de dramas e de esperanças, de fragilidades e de forças, de direitos e de deveres, de desânimos e de esperanças, de frustrações e de realizações»[12]. Ainda a este propósito, António Nóvoa chama a atenção para «a dimensão humana e relacional do ensino, para esse corpo-a-corpo diário a que os professores estão obrigados»[13]. Esta dimensão relacional releva dos papéis que os professores actualmente são chamados a desempenhar, ou seja, docentes *strictu sensu*, de gestão e política educacionais, burocrático-administrativos e até parentais. Continuamos a exigir-lhes muito.

Estamos a décadas da professora que necessitava de autorização ministerial para casar e do professor vestido de impecável bata branca. Mas ser-nos-á indiferente a forma como se vestem ou adornam, o que partilham nas redes sociais, os locais que frequentam, os vícios, as ideologias, os valores? Se os docentes são mais do que meros instrumentos de transmissão de conhecimento científico, se formam pessoas e infundem valores, que valores são esses? Os próprios, os fixados nos perfis ou nos programas curriculares?

---

[12] Comunicação proferida no ciclo de seminários do CNE comemorativo dos 30 anos da Lei de Bases do Sistema Educativo, in *Lei de Bases do Sistema Educativo – balanço e prospetiva*, vol. I. Lisboa: CNE, 2017, edição electrónica em http://www.cnedu.pt/content/noticias/geral/af_lei_de_bases_vol-i.pdf.

[13] Para uma formação de professores construída dentro da profissão, *Revista de Educación*, n.º 350. *Septiembre-Diciembre*, 2009, pp 203–218.

Porque tal análise pressupõe a prévia delimitação dos deveres funcionais e do conceito de vida privada, será esse o ponto de partida.

## 2. Projecções ético-profissionais na vida privada

Os deveres funcionais dos educadores de infância e dos docentes dos ensinos básico e secundário encontram-se previstos no estatuto da carreira dos educadores de infância e dos professores dos ensinos básico e secundário (ECD)[14], e os dos docentes do ensino superior universitário e politécnico no estatuto da carreira docente universitária (ECDU)[15] e da carreira do pessoal docente do ensino superior politécnico (ECPDESP)[16]. Devem ainda ser consideradas as normas subsidiárias constantes da Lei Geral do Trabalho em Funções Públicas (LGTFP), bem como os códigos de conduta vigentes.

---

[14] Aprovado pelo Decreto-Lei n.º 139-A/90, de 28-04, alterado pelos Decretos-Lei n.º 105/97, de 29-04, n.º 1/98, de 2-01, n.º 35/2003, de 27-02, n.º 121/2005, de 26-07, n.º 229/2005, de 29-12, n.º 224/2006, de 13-11, n.º 15/2007, de 19-01, n.º 35/2007, de 15-02, n.º 270/2009, de 30-09, n.º 75/2010, de 23-06, n.º 41/2012, de 21-02, e n.º 146/2013, de 22-10, e pelas Leis n.º 80/2013, de 28-11, n.º 12/2016, de 28-04 e n.º 16/2016, de 17-06.

[15] Aprovado pelo Decreto-Lei n.º 448/79, de 13-11, alterado pelas Leis n.ºs 19/80, de 16-07, 6/87, de 27-01, e 8/2010, de 13-05 e pelos Decretos-Lei n.ºs 316/83, de 2-07, 35/85, de 1-02, 48/85, de 27-02, 243/85, de 11-07, 244/85, de 11-07, 381/85, de 27-09, 245/86, de 21-08, 370/86, de 4-11, e 392/86, de 22-11, 145/87, de 24-03,147/88, de 27-04, 359/88, de 13-10, 412/88, de 9-11, 456/88, de 13-12, 393/89, de 9-11, 408/89, de 18-11, 388/90, de 10-12, 76/96, de 18-06, 13/97, de 17-01, 212/97, de 16-08, 252/97, de 26-09, 277/98, de 11-09, e 373/99, de 18-09, e 205/2009, de 31 de Agosto (que procede à sua republicação).

[16] Aprovado pelo Decreto-Lei n.º 185/81, de 1-07, alterado pelos Decretos-Lei n.ºs 69/88, de 3-03, 207/2009, de 31-08 (que procede à sua republicação) e pela Lei n.º 7/2010, de 13-05.

No acervo estatutário, a palavra *ética* surge uma única vez no ECD (artigo 13.º/2, al. a). Existem, porém, diversas normas relacionadas com esta dimensão, designadamente na alínea b) do artigo 63.º do ECDU, na alínea b) do artigo 30.º-A do ECPDESP e nos artigos 10.º-A a 10.º-C do ECD, respeitantes aos deveres dos docentes na formação integral dos estudantes e na sua relação com a escola, os pais e os outros docentes.

Consideremos o requerimento apresentado por um docente que pretende cumular as suas funções numa instituição de ensino com a actividade de artista de *striptease* num clube nocturno, para a qual está devidamente colectado.

O superior hierárquico pretende indeferir o requerimento por entender que a actividade nocturna é incompatível com as exigências éticas e morais inerentes à função de docente, diminui a sua autoridade e é um mau exemplo. O docente argumenta que a actividade é legal, que em nada interfere com as condições de exercício da profissão, tanto mais que se insere no seu tempo livre, sendo restrita à sua vida privada. Mais: lembra que os docentes fumadores, esses, sim, são maus exemplos para os alunos, e ninguém lhes impõe hábitos saudáveis.

*Quid iuris?*

A benefício da exposição subsequente, importa definir o que se entende por vida privada.

O direito à reserva da intimidade da vida privada e familiar encontra-se consagrado no artigo 26.º/1, *in fine*, da Constituição da República Portuguesa (CRP). Igual protecção prevê o artigo 12.º da Declaração Universal dos Direitos do Homem (DUDH) – objecto de recepção material *ex vi* do n.º 2 do artigo 16.º da CRP – e o artigo 8.º da Convenção Europeia dos Direitos do Homem (CEDH). A nível da legislação ordinária, *vide* os artigos 190.º a 198.º do Código Penal (CP) sobre os crimes contra a reserva da vida privada, o artigo 80.º do Código Civil (CC) e o artigo 16.º do Código do Trabalho (CT).

Gomes Canotilho e Vital Moreira ensinam que o âmbito normativo deste direito fundamental deve delimitar-se com base num conceito de *vida privada* que tenha em conta o respeito dos comportamentos, do anonimato e da vida em relação[17].

Entretanto, o Conselho Consultivo da Procuradoria-Geral da República (CCPGR) sustentou que «a intimidade da vida privada de cada um que a lei protege compreende aqueles actos que, não sendo secretos em si mesmos, devem subtrair-se à curiosidade pública por naturais razões de resguardo e melindre com os sentimentos e afetos familiares, os costumes da vida e as vulgares práticas quotidianas»[18].

Conde Correia, por seu turno, define a «privacidade» como compreendendo «aqueles factos, atitudes, ou opiniões individuais e particulares que não tenham qualquer relação com a vida pública e que possam, em determinado momento histórico, ser razoavelmente considerados confidenciais, por forma a impedir ou restringir a sua divulgação». Salienta ainda que a definição apresentada por Gomes Canotilho e Vital Moreira, tendo o mérito de revelar um dos interesses subjacentes ao direito à reserva da intimidade da vida privada – «o interesse de obstar o acesso ou o conhecimento de informação pertinente à vida privada ou familiar de outrem e de impedir ou controlar a divulgação da mesma» – não assinala outros de não menor importância, a saber, «o de furtar-se à atenção dos outros (anonimato) e o de não permitir o acesso dos outros a si próprio

[17] *Constituição da República Portuguesa Anotada*, vol. I, 2007, anotações ao artigo 26.º, pp. 468.

[18] *Apud* Maurício, Artur, Estatuto Disciplinar – Vida Privada – Docentes, *Revista do Ministério Público*, n.º 9, pp. 87, 1982. Compulse-se também o Ac. STA de 24.01.2012, proc. n.º 0668/11.

(solitude)» [19]. Mota Pinto aponta ainda como pública a vida social e mundana e como privada a vida particular e pessoal. Assinala que o conceito de vida privada possui duas dimensões: a subjectiva – o conteúdo do direito é, dentro de certos limites, variável de pessoa para pessoa – e a objectiva – o sentir comunitário sobre o assunto. Acrescenta que o lugar não pode ser eleito como critério único de definição, porquanto a vida pode ser privada e decorrer em local público e vice-versa[20].

A Comissão Europeia, na sua decisão de 18 de Maio de 1976, queixa n.º 6 825/74, Dec. Rap. 5, p. 86, entendeu que «o direito ao respeito da vida privada não se limitava a possibilitar ao indivíduo o viver protegido da publicidade no desenvolvimento da sua personalidade, mas ainda o de travar relações com os outros seres humanos».

Ireneu Cabral Barreto, admitindo a dificuldade de definir «vida privada», esclarece que o Tribunal Europeu não precisou uma definição, «sublinhou apenas que seria muito restritivo limitá-la a um círculo íntimo onde cada um pode fruir a vida pessoal à sua maneira e de a esconder inteiramente do mundo exterior a este círculo; o respeito da vida privada engloba, numa certa medida, o direito para o indivíduo de criar e desenvolver relações com os seus semelhantes, incluindo as suas actividades profissionais ou comerciais» – Acórdão Niemietz, de 16 de Dez. 1992, A 251-B, p. 33§29, e p. 36§37, e decisão de 6 de Set. de 1995, queixa n.º 23 953/94, Dec. Rap. 86-A, p. 51[21].

---

[19] Qual o significado da abusiva intromissão na vida privada, no domicílio, na correspondência e nas telecomunicações (artigo 32, n.º 8, 2.ª parte, da CRP)?, *Revista do Ministério Público*, n.º 79, p. 45, 1999.

[20] O direito à reserva sobre a intimidade da vida privada, *Boletim da Faculdade de Direito da Universidade de Coimbra*, vol. 64, 1993, pp. 479–586.

[21] *A Convenção Europeia dos Direitos do Homem Anotada*, Coimbra, Coimbra Editora, 2010, pp. 181–182.

Consequentemente, a actividade que o docente da hipótese pretende cumular pertence à esfera da sua vida privada no sentido de se posicionar fora do tempo, local e objecto da actividade profissional principal do docente na escola, não obstante as características públicas de que reveste.

Uma vez reunidos os requisitos legais de cumulação, afigura-se dificilmente enquadrável um indeferimento do pedido apresentado pelo docente. Naturalmente que é possível argumentar que «nem tudo o que é lícito é honesto» (*non omne quod licet honestum est*) e que, sendo os docentes figuras de autoridade e modelos de conduta social e ética, é preferível um modelo de comportamento que não promova determinadas actividades como desejáveis ou recompensadoras, sobretudo se leccionar nos ensinos básico e secundário. Contudo, convocando neste ponto o conceito de esfera privada, culturalmente adequado à vida contemporânea, e as características temporais e históricas da ética, a situação não será na sociedade de hoje tão reprovada como seria há algumas décadas. Assim, inexistindo ilícito, o docente não responde eticamente por esta actividade fora da escola, ainda que venha a tornar-se do conhecimento público e a ser considerada moralmente reprovável por alguma parte da sociedade. A este propósito, Eric Weil salienta que «o direito existe para que os homens possam agir segundo a moral mas não para se ocupar da consciência moral dos indivíduos»[22].

Importa ter presente que as condutas, ainda que públicas e notórias e reprovadas pelo meio social, que traduzam o exercício de um direito constitucional, não são sancionáveis. Será também este o caso do docente que, a leccionar numa

---

[22] *Philosophie politique*, Paris: Librairie Philosophique J. Vrin, 1996, p. 28, *apud* José Adelino Maltez, *Princípios de Ciência Política. O problema do direito*, vol. II, Lisboa. Instituto Superior de Ciências Sociais e Políticas, 1996.

pequena vila do interior do país, assuma comportamentos bissexuais, causando perturbação na comunidade[23]. Pelas mesmas razões, também nenhuma infracção se poderá imputar ao docente identificado como líder de determinada confissão religiosa não cristã ou defensor de certa filosofia[24]. Porém, o respeito pela personalidade e as diferenças culturais dos educandos obriga o docente a guardar para si as suas convicções religiosas e filosóficas no sentido de não procurar impô-las aos discentes[25].

Cassiano Reimão ensina que «a contribuição para a autonomia dos alunos passa pela autonomia dos docentes e esta impõe que se distinga (e se manifeste a distinção) entre aquilo que se sabe e os valores em que se acredita»[26]. Este exercício será certamente mais complexo numas situações do que noutras. António Nóvoa lembra que «o professor é a pessoa, e que a pessoa é o professor. Que é impossível separar as dimensões pessoais e profissionais. Que ensinamos aquilo que somos

---

[23] O Ac. Stubbings, de 22-10-96, do Tribunal Europeu dos Direitos do Homem, R 96 – IV, n.º 18, p. 1505, §61, estabelece que a integridade física e moral, a livre disposição do corpo e a vida sexual estão cobertas pela protecção da vida privada. A vida sexual releva aliás de um dos aspectos mais íntimos da vida privada. *Apud* Ireneu Cabral Barreto, *op. cit.*, p. 184.

[24] No que concerne à noção de convicções filosóficas, o Acórdão Campbell e Cosans, de 25-02-82, A 48, p. 16, § 36, define-as como *pontos de vista que atingem um certo grau de força, seriedade, coerência e de importância. Apud* Ireneu Cabral Barreto, *op. cit.*, p. 335.

[25] A doutrina tem apontado como limite à liberdade de ensinar e à liberdade científica e pedagógica dos professores *os bons costumes e a ordem pública; o dever de silêncio dos docentes em relação às convicções pessoais que não se harmonizem com os princípios constitucionais; o respeito pela personalidade dos menores; o dever de cumprimento dos programas aprovados pelo Estado* – António Pedro Barbas Homem, «Direitos e deveres fundamentais dos professores, pais e alunos perante a autonomia das escolas», *Revista Educação e Direito*, n.º 1, 1.º semestre de 1999, p. 117.

[26] *Op. cit.*, *Para uma filosofia...* p. 380.

e que, naquilo que somos, se encontra muito daquilo que ensinamos»[27]. Neste sentido, será por exemplo difícil que um docente que defenda a segregação social ou a discriminação de género consiga que essas ideologias não transpareçam.

## *3.1. A responsabilização disciplinar*

Tendo presente o enquadramento funcional do ponto anterior, a situação jurídico-disciplinar de um docente do ensino básico que, por exemplo, se apresente na escola em evidente estado de embriaguez não oferece muitas dúvidas. Desde logo, o n.º 1 do artigo 271.º da Lei Fundamental[28] consagra o princípio da responsabilidade civil, criminal e disciplinar dos funcionários e agentes do Estado e das demais entidades públicas, pelos actos e omissões praticados no exercício das suas funções ou por causa delas, quando lesivos dos direitos e interesses legalmente protegidos dos cidadãos.

Por outro lado, o ECD dispõe, nos n.ºs 1 e 2 do seu artigo 10.º, que o pessoal docente está obrigado ao cumprimento dos deveres gerais estabelecidos para os funcionários e agentes da administração pública em geral e, no exercício das funções que lhes estão atribuídas, dos deveres profissionais previstos no estatuto. Os deveres gerais[29], para efeitos desta remissão, são

---

[27] *Op. cit. Para uma formação*

[28] Constituição da República Portuguesa aprovada pelo Decreto de 10-04 de 1976, com as alterações introduzidas pelas Leis Constitucionais nº s 1/82, de 30-09, 1/89, de 8-07, 1/92, de 25-11, 1/97, de 20-09, n.º 1/2001, de 12-12, n.º 1/2004, de 24-07 e n.º 1/2005, de 12-08.

[29] A saber, os deveres de prossecução do interesse público, isenção, imparcialidade, informação, zelo, obediência, lealdade, correcção, assiduidade e pontualidade.

os previstos no artigo 73.º da Lei n.º 35/2014, de 20-06[30], que aprovou a lei geral do trabalho em funções públicas (LTFP). Os deveres específicos encontram-se enumerados, entre outros, nos artigos 10.º a 10.º-C do já mencionado ECD. Da violação quer destes quer daqueles resulta a infracção disciplinar definida no artigo 183.º da LTFP nos seguintes termos: «considera-se infração disciplinar o comportamento do trabalhador, por ação ou omissão, ainda que meramente culposo, que viole deveres gerais ou especiais inerentes à função que exerce.»

Nesta conformidade, o docente violou, culposamente, os deveres gerais de zelo, lealdade e correcção e os deveres especiais de contribuir para a formação dos alunos e de favorecer a criação de relações de respeito mútuo puníveis, em abstracto, com a pena de suspensão[31]. Poderá, portanto, ver contra si instaurado um procedimento disciplinar.

Existem, porém, situações menos apodíticas.

Imaginemos o mesmo docente, no mesmo estado de embriaguez, mas agora fora da escola. Os seus excessos apenas chegam ao conhecimento do director porque a mulher o contactou para se queixar de que o marido passa os fins-de-semana completamente alcoolizado. Gasta, aliás, todo o seu vencimento com o vício e manifesta, amiúde, comportamentos psicóticos. Embaraçou-a por diversas vezes em reuniões familiares, chegando a necessitar de ajuda para regressar a casa por

---

[30] Alterada pelas Leis n.º 82-B/2014, de 31-12, n.º 84/2015, de 7-08, n.º 18/2016, de 20-06, n.º 42/2016, de 28-12, n.º 25/2017, de 30-05, n.º 70/2017, de 14-08, Lei n.º 73/2017, de 16-08 e Rectificação n.º 37-A/2014, de 19-08.

[31] Cf. al. c) do n.º 2 do artigo 10.º, a al. b) do artigo 10.º-A do ECD, as alíneas e), g) e h) do n.º 2 do artigo 73.º, a al. b), do n.º 1 do artigo 186.º e o artigo 194.º da LTFP. O procedimento segue o modelo traçado na LTFP e compreende as seguintes fases: instrução, defesa e decisão. *Vide*, designadamente, o Ac. do STA, de 16-12-97, proc. n.º 38 645.

se encontrar embriagado e quase inconsciente. Na escola, o docente não possui antecedentes disciplinares, e as suas qualidades técnicas e pedagógicas são reconhecidas por todos. Deverá o director instaurar-lhe um procedimento disciplinar, por estes factos?

A questão prende-se com a qualificação, como infracção disciplinar, de um comportamento que nenhuma relação apresenta com o serviço, por ocorrer fora do tempo, lugar e objecto deste. Por outras palavras, trata-se de saber se estes factos da vida privada podem constituir uma falta disciplinar.

Sendo difícil encontrar uma definição precisa e tabelada de «vida privada», é certo que o exercício do poder disciplinar nesta área será sempre delicado sob pena de esvaziar o conteúdo do direito fundamental. Alguns autores consideram, aliás, que esse exercício não é possível.

Gomes Canotilho e Vital Moreira ensinam que a responsabilidade específica do funcionário público pressupõe a existência de um «nexo funcional entre acção ou omissão lesivas e o exercício das funções administrativas», não estando em causa comportamentos privados dos funcionários, sendo de resto insuficiente uma relação indirecta, ocasional, com o serviço. Por «acções e omissões alheias ao exercício de funções os funcionários e agentes do Estado respondem *uti cives*, como qualquer outro cidadão sem envolver a responsabilidade civil solidária do Estado»[32]. Concomitantemente, o texto do n.º 1 do artigo 271.º da Constituição contempla a responsabilidade, a par da civil e criminal, resultante do exercício das funções. No mesmo sentido, o artigo 183.º da LTFP define a infracção disciplinar apenas com referência aos deveres gerais e especiais inerentes à função exercida, não contemplando expressamente deveres de conduta privada.

---

[32] *Op. cit.* p. 853.

Realce-se que, tradicionalmente, se preconizava que o ilícito disciplinar compreendia inequivocamente as faltas da vida privada do funcionário. O artigo 2.º do Decreto-Lei n.º 32 659, de 9-02-1943, que aprovou o Estatuto Disciplinar em vigor até 1979, definia infracção disciplinar como «o facto voluntário praticado pelo funcionário com algum dos deveres gerais ou especiais decorrentes da função que exercem ou com ofensa dos deveres gerais dos cidadãos impostos pela lei ou pela moral social». A esse respeito, escrevia Marcello Caetano: «interessa ao serviço público, ao seu perfeito funcionamento, à sua completa eficácia, que os agentes mantenham na vida privada uma conduta digna.»[33]

Este autor reconhecia a existência, no âmbito da vida privada, de deveres acrescidos para determinados grupos profissionais: «o que pode ser simplesmente estranhável num engenheiro torna-se censurável num professor e alarmante num magistrado. É que ao primeiro se pedem sobretudo aptidões técnicas e talento profissional; ao passo que ao segundo compete exercer a acção educativa, achando-se permanentemente exposto aos olhares daqueles que ensina e tendem a tomá-lo como exemplo.»[34] Alegava, em suma, que os deveres de conduta na vida privada são de natureza corporativa, variam de grau consoante a categoria e a natureza das funções desempenhadas e obrigam o funcionário, quer se encontre ou não em actividade. Lembrava, porém, que este dever não abrange a vida íntima do funcionário, «mas só as manifestações da sua vida particular que, por se revestirem de publicidade, possam originar escândalo ou reflectir-se no prestígio da função»[35]. Destituídos de publicidade, mantidos no segredo do

---

[33] *Do Poder Disciplinar no Direito Administrativo Português*, Coimbra, Imprensa da Universidade, 1932, p. 80.

[34] *Op. cit.* (*Do poder...*), p. 80.

[35] *Op. cit.* (*Manual...*), p. 752.

lar, tais actos da vida fora do exercício das funções não interessam ao poder disciplinar. «Só quando afectando a honra e o bom nome do funcionário, afectam o serviço, entram no domínio das faltas puníveis.»[36]

Com a revogação operada pelo Decreto-Lei n.º 191-D/79, de 25-06, a noção de infracção – em tudo idêntica à actual – deixou de referir expressamente a ofensa «dos deveres gerais dos cidadãos impostos pela lei ou pela moral social». Não obstante, a doutrina e a jurisprudência continuam a defender a relevância disciplinar dos actos da vida privada dos trabalhadores em funções públicas. Leal-Henriques reiterava a posição de Marcello Caetano apontando-a como «a posição correcta e que hoje até encontra eco no texto constitucional (artigos 26.º/1 e 25.º/1 do CRP), que protege a intimidade da vida privada e familiar dos cidadãos»[37].

Na mesma linha, Artur Maurício sustentava que quer a lei ordinária, quer a lei constitucional permitem a «previsão e punição de actos e comportamentos dos funcionários fora do exercício das suas funções». Argumentava designadamente que, por um lado, os deveres de conduta na vida privada decorrem da natureza das funções exercidas e, por outro, os preceitos incriminatórios do estatuto disciplinar são, em regra, meramente exemplificativos e formulados «com plasticidade bastante que permita abranger uma multiplicidade de comportamentos susceptíveis de lesar o interesse público e que, pela sua variedade, não são passíveis de enunciação exaustiva». Concluía, desta forma, ser possível incluir os deveres da vida privada na noção de infracção tal como estatuída no n.º 1 do artigo 3.º do Decreto-Lei n.º 24/84, de 16 de Janeiro (em tudo

---

[36] *Op. cit.* (*Do poder...*), p. 80.

[37] *Procedimento Disciplinar*, Lisboa, Rei dos Livros, 1997, p. 42.

semelhante à do actual artigo 183.º da LTFP)[38]. Na esteira de Marcello Caetano, advertia, porém, que só poderia afirmar-se a relevância disciplinar de um acto concernente à vida privada quando este, sendo público e notório, fosse reprovado, em concreto, pelo meio social. Só neste caso o comportamento é sancionável por traduzir um efectivo desprestígio da função. Reconhecia concomitantemente que, nesta matéria, os docentes mereceram sempre «um tratamento especial relativamente aos restantes servidores do Estado».

Por último, importa salientar que este autor admitia ainda a valoração jurídico-disciplinar de comportamentos da vida privada que constituam infracções penais, mesmo que não revestidos de publicidade.

O CCPGR, no parecer P001132005, de 5 de Julho de 2006, considera igualmente que, no actual quadro constitucional, o direito disciplinar comporta a existência de deveres de conduta privada. E Ana Neves defende a relevância das condutas da vida privada apenas quando traduzem «simultaneamente o incumprimento da prestação devida ou dos deveres funcionais»[39]. Segundo a autora, o particular apenas exige do funcionário a prestação de um serviço qualitativa e quantitativamente eficiente, não curando pela sua vida privada.

Assim, [o corpo do artigo 186.º da LTGF][40] deve ser interpretado «como tendo por objecto conduta relativa ao exercício das funções ou que, ocorrido na vida privada, redunde em

---

[38] Estudo citado. Mencione-se que este estudo, realizado na vigência do Estatuto Disciplinar aprovado pelo Decreto-Lei n.º 191-D/79, de 25-06, mantém actualidade.

[39] *Relação JURÍDICA de Emprego Público*, Coimbra, Coimbra Editora, 1999, p. 319.

[40] Corresponde ao revogado n.º 1 do artigo 25.º do Decreto-Lei n.º 24/84, citado pela autora.

violação de deveres funcionais». Conclui por afirmar que «a indignidade e o desprestígio residem nessa violação».

A jurisprudência continua a reconhecer a idoneidade dos factos da vida privada para preencher ilícitos disciplinares e refere que os deveres de conduta privada decorrem das funções exercidas, incluindo-se, portanto, na definição de infracção[41]. A relevância das condutas na vida privada chega a ser considerada imprescindível para a defesa das próprias instituições: «mal iria o mundo se os serviços públicos não pudessem tomar medidas relativamente a funcionários que, na sua vida privada, cometessem os maiores desmandos.»[42]

O docente é um funcionário especial pela natureza das funções que exerce – o dever de tutela, estabelecido na alínea h) do artigo 10.º-A do ECD é exemplo disso. A qualidade técnica e pedagógica não é suficiente para o sucesso do desempenho e para a sua eficácia. António Nóvoa salienta a importância de «reconhecer que a necessária tecnicidade e cientificidade do trabalho docente não esgotam todo o ser professor. E que é fundamental reforçar a pessoa-professor e o professor-pessoa»[43].

À semelhança do que se passa com os deveres funcionais propriamente ditos, para usar a terminologia de Marcello Caetano, não é possível elencar todos os deveres extrafuncionais[44]. Podemos dizer que o docente deve, na vida privada, abster-se de condutas contrárias ao seu Estatuto e aos fins do

---

[41] *Vide*, designadamente, os Acs. STA, de 7-06-2011, de 16-06-2011, de 7-09-2010, de 8-07-2010, de 4-10-2006, de 21-05-2002, de 27-04-1993, de 21-10-97, de 17-12-1997, Ac. TCA, de 12-02-98, Ac. TCAN, de 31-05-2013 e o Acórdão TC n.º 220/00.

[42] Ac. STA, de 21-10-97.

[43] *Op. cit. Para uma formação*

[44] Uma *das* características da infracção disciplinar é a sua atipicidade. Não tem como condição necessária da sua existência o tipo legal. Aliás, a criação de verdadeiros tipos representa o risco de excluir condutas com relevância disciplinar, que ficariam, deste modo, impunes, Ac. STA, de 12-04-94.

sistema educativo[45], justificando diariamente a especial confiança que, em razão do acesso privilegiado e da influência que tem sobre crianças e jovens, deve sempre merecer por parte destes, dos pais e da comunidade.

Importa salientar que, por imposição do princípio da legalidade, toda a infracção disciplinar corresponde à violação de um dever de conduta – que pode ocorrer no tempo, no local e no objecto do serviço, ou fora dele, e ser nominado ou inominado – decorrente das funções desempenhadas. Na ausência da violação de um dever não existe infracção disciplinar[46]. A inobservância das meras praxes e dos costumes não é sancionável[47].

No que concerne ao docente alcoólico da hipótese, não cometeu o mesmo, segundo se crê, qualquer ilícito disciplinar. Os factos descritos inscrevem-se na sua vida privada[48], nada tendo, portanto, o poder disciplinar a ver com eles. Não obsta a esta conclusão o facto de poderem vir a tornar-se públicos.

Urge, porém, salientar que o alcoolismo é uma doença progressiva. Um caso como o docente da hipótese, que parece ser um bebedor excessivo ou um alcoólico social, pode evoluir insidiosamente para a fase da dependência com as numerosas perturbações físicas, psicológicas, sociais e familiares que lhe estão associadas, com a consequente diminuição da efi-

---

[45] *Vide* os artigos 2.º e 3.º da Lei n.º 46/86, de 14-10, alterada pelas Leis n.ºs 115/97, de 19-09, 85/2009, de 27-08, e 49/2005, de 30-08.

[46] Recorde-se que a doutrina e a jurisprudência apontam como elementos essenciais da infracção disciplinar: a) uma conduta do funcionário ou agente; b) o carácter ilícito desta, decorrente da inobservância de algum dos deveres gerais ou especiais inerentes à função exercida; c) o nexo de imputação, que se traduz na censurabilidade da conduta a título de dolo ou de negligência.

[47] Ac. STA de 4-02-86.

[48] *Vida privada* no sentido de se tratar de factos protegidos pelo direito fundamental à reserva da intimidade da vida privada e familiar e não apenas de factos ocorridos fora do local, tempo e objecto do serviço.

cácia profissional e eventual violação de deveres funcionais. As mesmas conclusões são válidas para outras situações de adição, designadamente a toxicodependência ou os jogos de fortuna e azar.

### *3.2. A responsabilização penal*

*Fernão é docente do ensino superior num instituto do Porto e, encontrando-se de férias na sua casa no Algarve, foi detido. Presente ao juiz de instrução criminal, este decretou a prisão preventiva por existirem fortes indícios de ser autor de um crime de violação. Informado da situação, deve o presidente do instituto instaurar a Fernão, por estes factos, um procedimento disciplinar?*

É inquestionável que os factos descritos – ainda que secretos e verificados fora do local, tempo e objecto do serviço –, a provarem-se, são reveladores de um *modus essendi* incompatível com o perfil exigível a um docente e com os fins éticos do sistema educativo, constituindo, portanto, ilícito disciplinar. Recordamos, a este propósito, a ideia de indissolubilidade entre ética e educação

> a ética [é] uma dimensão essencialmente constitutiva da educação, na medida em que o êxito da educação não é possível à margem de um horizonte de plenitude do ser humano.[49]

Consequentemente, face à consagrada autonomia do procedimento disciplinar relativamente ao processo penal, não viola o princípio *ne bis in idem*, estabelecido no n.º 5 do artigo 29.º da CRP, a decisão administrativa que instaure a Fernão, por esta

---

[49] Coutinho, Maria Pereira, «Ética e Educação», in Patrão Neves, Maria do Céu (coord.), *Ética: Dos fundamentos às práticas*, Lisboa, Edições 70, 2016, p. 238.

conduta, um procedimento disciplinar. De facto, a doutrina aceita que os mesmos factos dêem lugar, simultaneamente, a responsabilidade criminal e disciplinar[50]. Fundamenta-se esta posição no facto de as normas penais e disciplinares prosseguirem fins públicos diversos. Enquanto estas tutelam a capacidade funcional da Administração, aquelas defendem os interesses essenciais da comunidade política. E essa autonomia de ilícitos, de processos e de jurisdições conduz a que, assim como podem ter idêntico objecto, também é possível que certo facto constitua infracção disciplinar sem preencher um tipo legal de crime e vice-versa. Em síntese, há uma quase unanimidade na ideia de que são dois tipos de responsabilidade diversos, não envolvendo um necessariamente o outro.

Nos casos em que as duas formas de repressão correm simultaneamente pelos mesmos factos, não há, no direito português, norma legal que obrigue o instrutor do procedimento disciplinar a suspendê-lo até que seja concluído o processo penal[51]. Porém, o princípio da prevalência das decisões judiciais (artigo 208.º/2 da CRP) resulta na obrigatoriedade para a administração de observar os factos provados e a autoria definida na sentença condenatória, podendo até esta fundamentar um pedido de revisão do procedimento disciplinar, artigo 235.º e ss. da LTFP. Já relativamente à qualificação jurídica dos mesmos, a sentença não tem efeito vinculativo[52].

---

[50] Neves, Ana, *op. cit.*, pp. 306 e ss., e Abreu, Vasconcelos, *Para o Estudo do Procedimento Disciplinar no Direito Administrativo Português Vigente: as relações com o processo penal*, Almedina, 1993, pp. 32 e 55.

[51] Ac. STA, de 18-02-99, proc. n.º 37 476.

[52] Ac. TCAN, de 31-05-2013, proc. n.º 00874/05.9BEVIS. Sobre as eventuais sanções acessórias e as medidas de coacção, regulam os artigos 66.º a 69.º-C do Código Penal aprovado pelo Decreto-Lei n.º 400/82, de 23-09, e os artigos 199.º e 204.º e ss. do Código de Processo Penal aprovado pelo Decreto-Lei n.º 78/87, de 12-02, ambos na versão consolidada em Agosto de 2017.

No caso de Fernão, ponderando a presunção de inocência do arguido, artigo 32.º/2 CRP, o segredo de justiça, artigo 86.º CPP, e as dificuldades de investigação, afigura-se-nos que, uma vez proferido o despacho de instauração do procedimento disciplinar, este seja suspenso até à conclusão do processo-crime.

## 4. Notas conclusivas

A doutrina e a jurisprudência continuam a defender que a relação jurídica de emprego público projecta sobre a vida privada dos trabalhadores em funções públicas deveres de conduta compatível com a dignidade e o prestígio da função. Nas denominadas *care professions* (profissões de carácter social), é difícil, se não mesmo impossível, desligar o profissional da pessoa.

A dimensão relacional da ética na educação implica, por parte do docente, a consciência do papel de modelo de conduta social e ética e da responsabilidade na construção do *ser* relativa aos alunos. A valoração ético-disciplinar de comportamentos da vida privada dos docentes considera os princípios constitucionais e o imperativo de não sancionar as condutas que traduzam o exercício de um direito fundamental.

## Referências e leituras recomendadas

ABREU, Luís Vasconcelos, *Para o Estudo do Procedimento Disciplinar no Direito Administrativo Português Vigente: As relações com o Processo Penal*, Coimbra, Almedina, 1993.

BARRETO, Ireneu Cabral, *A Convenção Europeia dos Direitos do Homem*, Coimbra, Coimbra Editora, 2010.

CAETANO, Marcello, *Do Poder Disciplinar no Direito Administrativo Português*, Coimbra, Imprensa da Universidade, 1932.

CAETANO, Marcello, *Manual de Direito Administrativo*, vol. II, Coimbra, Almedina, 1994.

CANOTILHO, Gomes, MOREIRA, Vital, *Constituição da República Portuguesa Anotada*, vols. I e II, Coimbra, Coimbra Editora, 2007 e 2010.

CONSELHO NACIONAL DE EDUCAÇÃO, *Lei de Bases do Sistema Educativo – Balanço e prospetiva*, vol. I, Lisboa, CNE, 2017.

CONSELHO NACIONAL DE EDUCAÇÃO, *Reformas e Bases da Educação – Legado e renovação (1835–2009)*, Lisboa, CNE, 2017.

CORREIA, João Conde, «Qual o significado da abusiva intromissão na vida privada, no domicílio, na correspondência e nas telecomunicações (artigo 32.º, n.º 8, 2.ª parte da CRP)?», *Revista do Ministério Público*, n.º 79, 1999.

HOMEM, António Pedro Barbas, «Direitos e deveres fundamentais dos professores, pais e alunos perante a autonomia das escolas», *Educação e Direito*, n.º 1, 1999.

LEAL-HENRIQUES, Manuel, *Procedimento Disciplinar*, 3.ª ed., Lisboa, Rei dos Livros, 1997.

MALTEZ, José Adelino, *Princípios de Ciência Política. O problema do direito*, vol. II, Lisboa, Instituto Superior de Ciências Sociais e Políticas, 1996.

MAURÍCIO, Artur, Estatuto Disciplinar – Vida Privada – Docentes, *Revista do Ministério Público*, n.º 9, 1982.

MONCADA, Luís Cabral de, *Filosofia do Direito e do Estado*, vol. II, Coimbra, Coimbra Editora, 2006.

PINTO, Paulo Mota, «O direito à reserva sobre a intimidade da vida privada», *Boletim da Faculdade de Direito da Universidade de Coimbra*, vol. 64, 1993.

NEVES, Ana Fernanda, *Relação Jurídica de Emprego Público*, Coimbra, Coimbra Editora, 1999.

NÓVOA, António, «Para uma formação de professores construída dentro da profissão», *Revista de Educación*, n.º 350, Septiembre-Diciembre 2009, Edição electrónica em: https://www.mecd.gob.es/dctm/revista-de-educacion/articulosre350/re35009.pdf?documentId=0901e72b81234820.

PATRÃO NEVES, Maria do Céu (coord.), *Ética: dos fundamentos às práticas*, Lisboa, Edições 70, 2016.

REIMÃO, Cassiano, «Para uma filosofia da educação – a filosofia como mediação nas escolhas éticas em educação», *Revista Portuguesa de Pedagogia*, 2011. Edição electrónica em: digitalis.uc.pt.

WEIL, Eric, *Philosophie politique*, Paris, Librairie Philosophique J. Vrin, 1996.

# Cultura escolar, *curriculum* e equidade social

*Sílvia de Almeida*

Centro Interdisciplinar de Ciências Sociais (CICS)
da Universidade Nova de Lisboa

A massificação escolar tornou-se numa realidade em Portugal desde a década de noventa, à semelhança da década de sessenta, na maioria dos países ocidentais, sendo que os seus efeitos levaram ao questionamento do currículo, bem como das práticas curriculares desenvolvidas nas escolas.

Como consequência, o conceito de diferenciação curricular, entendido ao nível das práticas de ensino, assumiu uma grande visibilidade na viragem do século XX para o século XXI, na discussão da teoria curricular, da investigação em educação de uma forma geral, da política educativa e das escolas, como uma «solução redentora» (POPEWITZ, 1998) orientada para trabalhar com uma população escolar cada vez mais heterogénea, exposta a períodos mais longos de escolarização e com elevados níveis de insucesso.

A visibilidade conferida à diferenciação das práticas de ensino escamoteia outros níveis de operacionalização da diferenciação curricular, tanto ao nível do sistema político como das escolas que reenviam alunos com insucesso escolar para vias de ensino menos valorizadas socialmente ou para a criação de turmas com grupos de nível ou com currículos reduzidos, que reactualizam formas de diferenciação herdeiras da origem dos sistemas nacionais de ensino. Acresce ainda que o discurso da diferenciação das práticas de ensino nas escolas oculta, muitas vezes, a predominância de práticas uniformizadoras.

Propomo-nos, assim, definir os significados que comporta o conceito de «diferenciação curricular» e a sua relação com a equidade ou as desigualdades educativas. Exemplificam-se os três diferentes níveis de operacionalização do conceito na literatura – sistema político, organização do currículo na escola, práticas de ensino – com os vários tipos de políticas e práticas educativas associados até à reorganização do ensino básico em 2001, que marcou, no contexto português, a introdução normativa da diferenciação curricular ao nível das práticas de ensino nas escolas. Importa, ainda, abordar um dos principais obstáculos à diferenciação curricular a nível das práticas de ensino, que se consubstancia na cultura escolar sedimentada durante o processo de constituição dos sistemas nacionais de ensino.

## 1. Definições do conceito de «diferenciação curricular»

O conceito de *curriculum differentiation* (diferenciação curricular), na tradição anglo-saxónica, ou de *pédagogie différenciée* (diferenciação pedagógica), na tradição francesa, tem sido definido consoante o nível de decisão sobre a diferenciação em questão, seja o sistema educativo, a escola ou o professor. Partimos dos três níveis de operacionalização do conceito que a investigação em educação, e sobretudo em sociologia da educação, tem veiculado e que foram sistematizados por Roldão (2003a).

O primeiro nível consiste em processos de macrodiferenciação curricular, decididos a nível do sistema político, que se baseiam na elaboração de currículos, incluindo todos os respectivos normativos, que podem, ou não, estar associados a determinados tipos de escolas. O segundo trata de processos de mesodiferenciação curricular, decididos a nível organizacional da escola, que implicam a existência de diferentes graus de exigência a partir de um mesmo currículo escolar. O terceiro nível implica processos de microdiferenciação curricular, decididos ao nível da sala de aula/professor, embora possam estar em consonância com o plano de desenvolvimento curricular da escola e relacionar-se com a diferenciação de conteúdos, de estratégias de ensino e de modos de avaliação adaptados às características dos alunos, sem diminuir o grau de exigência dos objectivos curriculares para determinados aprendentes.

## 2. Diferenciação curricular como dispositivo curricular estratificador: origem dos sistemas nacionais de ensino

A diferenciação curricular, numa perspectiva histórica, instituiu-se nos sistemas nacionais de ensino, fundados ao longo da segunda metade do século XVIII e primeiras décadas do século XIX, com uma orientação estratificadora, associada à distribuição dos alunos por diferentes percursos escolares, uns mais valorizados socialmente que outros, de acordo com expectativas sociais diferentes de frequência da escola pelos vários estratos sociais (Fernandes, 1978; Nóvoa, 1989; Goodson, 1995, 2001; Almeida, 2014).

Se tomarmos como exemplo as reformas do ensino primário no século XIX, em Portugal, verificamos que em particular a terceira, de 1844, inicia claramente uma distribuição desigual do conhecimento escolar em função das representações das elites políticas sobre os estratos sociais que perdurará ao longo de todo o século. O Projecto de Lei n.º 67 discutido na Câmara dos Deputados, que originou a reforma, associava os estratos sociais a diferentes níveis de ensino. A instrução primária dirigia-se a todas as crianças em idade escolar, mas destinava-se especialmente aos estratos que dependiam «do exercício das forças físicas para o seu modo de vida» (Diário da Câmara dos Deputados, Sessão de 7 de Março de 1843, p. 116). Por sua vez, a instrução secundária direccionava-se, especialmente, para aos indivíduos que, nos seus diversos trabalhos, faziam «mais uso da inteligência que das forças» e predispunha para o estudo das ciências. A instrução superior habilitava para o exercício das profissões que exigiam «alta ciência, e um elevado exercício das forças intelectuais» (Diário da Câmara dos Deputados, Sessão de 7 de Março de 1843, p. 116).

Desta forma, estabelecia-se uma hierarquia de níveis de ensino de acordo com a estratificação social, que se reproduzia logo nas estruturas curriculares do ensino primário, a partir dos dois graus de ensino instituídos em 1844: o primeiro grau do currículo dirigia-se especialmente aos estratos mais baixos, e o segundo às «classes intermediárias», contendo conhecimentos aplicados às profissões.

Esta reforma conferiu centralidade ao conhecimento «industrial», entenda-se como aplicado às profissões, seleccionando-o para o currículo da instrução primária, pois «estas noções difundidas por todas as classes laboriosas podem aperfeiçoar consideravelmente os seus misteres e simplificar os processos do trabalho», excluindo os estratos mais baixos destes conhecimentos (Diário da Câmara dos Deputados, Sessão de 10 de Maio de 1843, p. 210).

Na quarta reforma do século XIX, de 1870, a estratificação do conhecimento escolar está presente logo no preâmbulo: pelo primeiro grau estabelecia-se o ensino necessário «a todos os portugueses» e pelo segundo «as bases de um ensino profissional», diverso, segundo as necessidades das localidades – «Assim, tratamos de realizar, entre a instrução indispensável a todos e a secundária, uma categoria de ensino conveniente às classes intermediárias que devem receber mais instrução do que a elementar, e diversa da secundária; ensino profissional este que habilite para as ocupações agrícola, industrial e comercial» (Decreto de 16 de Agosto de 1870, Preâmbulo, VI). Esta reforma introduziu as ciências naturais no conhecimento escolar, proclamadas como «a ciência de todos», mas dirigia-se, sobretudo, para as «classes intermediárias», pois constavam apenas no segundo grau de ensino.

Com efeito, na estrutura curricular da reforma de 1870, verificava-se um sistema tripartido de percursos curriculares: 1) um dirigido a «todos os portugueses»; 2) um específico para os locais rurais; 3) e ainda outro constituído pelo primeiro e segundo graus para as «classes intermédias», sendo o único que conferia acesso ao ensino secundário, segundo a reforma. «Em síntese, a representação distintiva dos estratos sociais a partir da divisão do trabalho manual/intelectual espelhada na reforma de 1844 e internalizada nas futuras estruturas curriculares, operou como mecanismo de diferenciação social e criou percursos curriculares distintos, apesar da instrução popular se dirigir a todas as crianças com a "mesma" oportunidade de frequentar a escola» (Almeida, 2014, p. 108).

No Reino Unido, segundo Goodson, a diferenciação curricular também foi instituída na segunda metade do século XIX a partir de vias de ensino diferentes quanto à sua extensão temporal, à sua natureza mais clássica ou mais prática do currículo, que se destinavam cada uma delas a estratos sociais específicos. Nesse sentido, em 1868, a frequência da escola até aos 18 anos destinava-se aos filhos de famílias com rendimentos avultados, que acediam a um currículo predominantemente clássico; o segundo grau, até aos 16 anos de idade, dirigia-se aos filhos das «classes mercantis», cujo currículo apresentava uma orientação menos clássica e mais prática; o terceiro grau, até aos 14 anos, destinava-se aos filhos de pequenos proprietários rurais ou pequenos comerciantes, cujo currículo se baseava nos três R (*reading, writing, arithmetic* /ler, escrever e contar), porém ensinado a um nível relativamente elevado. A maioria da «classe trabalhadora» permanecia nas escolas elementares, onde lhes eram ensinados rudimentos nos três R. Assim, ao descer nos níveis de escolaridade, o currículo tornava-se «mais rudimentar, era ensinado de uma forma mais mecânica e possuía uma orientação mais "prática"» (Goodson, 2001, p. 221).

Assim, este primeiro tipo de diferenciação curricular, ao nível macro, funcionava por níveis de escolarização – primário, secundário, superior – e, no interior dos primeiros níveis, por currículos diferenciados, ambos associados a estratos sociais que enviavam para percursos escolares específicos, com conteúdos mais ou menos abstractos/clássicos ou mais ou menos manuais/práticos.

A diferenciação macrocurricular podia ainda aplicar-se às escolas. No caso inglês, já no século XX, defendeu-se no Relatório Norwood (1943) que conduziu ao Education Act de 1944 (Goodson, 2001) a existência de escolas diferentes de acordo com os estratos sociais. Assim, a partir de 1944, implementou-se um sistema tripartido de educação no ensino secundário: «A tradição académica destinava-se ao aluno das escolas de gramática (*grammar school*) que estava destinado às profissões mais qualificadas ou aos lugares administrativos ou empresariais mais elevados. O currículo mais utilitário das escolas técnicas (*secondary technical school*) servia o aluno destinado a trabalhar nas "ciências ou artes aplicadas". Para o futuro trabalhador manual, das escolas secundárias modernas (*secondary moderns schools*), a ênfase era colocada nos currículos pedagógicos e utilitários [...]» (Goodson, 2001, p. 225).

A diferenciação curricular durante o século XIX e ainda na primeira metade do século XX era considerada como «natural» pela representação social dominante na época sobre as cxpcctativas sociais diferentes de tempo e tipo de frequência da escola pelos estratos sociais.

Na transição do século XVIII para o século XIX, era consensual, em vários campos sociais emergentes, da sociologia (Durkheim, 1922) aos primeiros teóricos do currículo (Bobbit, 1918), a representação da necessidade de adequação dos percursos escolares aos diferentes estratos sociais, que desempenhavam papéis diversos na estrutura social. Tal como afirma Apple (1990), nas obras de Franklin Bobbitt e de outros pioneiros dos estudos curriculares nos Estados Unidos da América estava presente a ideia de que «o currículo precisava de ser diferenciado para preparar os indivíduos com diferentes capacidades para uma variedade de funções de vida adulta, mas específicas (Apple, 1990, p. 75).

## 3. Políticas educativas da uniformidade à diferenciação curricular

No pós-Segunda Guerra Mundial, o desenvolvimento económico das sociedades industrializadas e a crescente instauração das democracias criaram a necessidade de alargar a educação obrigatória e comum a todos para além do nível primário e tendencialmente remetendo a diferenciação curricular de vias de ensino para mais tarde no percurso escolar, garantindo um aumento do nível educacional de toda a população.

A partir dos anos sessenta do século XX, com a massificação escolar, o tema da diferenciação curricular entra no debate político e educativo por a instituição escolar ser confrontada com a crescente heterogeneidade da sua população, que permanece cada vez mais tempo na escola, e se mostrar incapaz de garantir a passagem dos conhecimentos considerados válidos socialmente através do currículo, devido aos elevados níveis de insucesso escolar.

Desde então, uma parte significativa da investigação sobre o insucesso escolar e a diferenciação curricular foi desenvolvida no campo da sociologia da educação, designadamente pela denominada «sociologia da reprodução»[1] (Bourdieu, 1966; Bourdieu e Passeron; 1964, 1970) e pela «nova sociologia da educação»[2] (Young, 1971; Bernstein, 1971). Estes estudos revelaram que a igualdade de acesso ou as condições de ensino iguais para todos se traduziam meramente numa igualdade formal e não efectiva, por reproduzirem as diferenças sociais em diferenças escolares. A sociologia da educação demonstrou a contradição da explicação do insucesso escolar pelas aptidões e pelo «*handicap* sociocultural», porém sublinhando que nem todas as classes estão igualmente familiarizadas com a cultura veiculada pela escola. Competia, assim, à escola criar as condições para que as crianças em desvantagem cultural também pudessem ter sucesso. A diferenciação curricular, quer pelo encaminhamento, embora aparentemente mais tardio no percurso escolar, para vias de ensino menos prestigiadas,

---

[1] Passeron e Bourdieu demonstraram no livro *Os Herdeiros* (1964) que as desigualdades de resultados/percursos escolares não provinham apenas das desigualdades dos recursos económicos das famílias, mas também da escola, e que eram explicadas essencialmente pela origem social dos estudantes. As diversas classes sociais tinham experiências diferenciadas do mundo que as preparavam melhor ou pior para os conhecimentos privilegiados pela escola. A instituição escolar contribuía assim para a «reprodução» das desigualdades sociais iniciais dos estudantes das classes menos favorecidas, transformando-as em desigualdades escolares, por não activar recursos pedagógicos que permitissem ultrapassar aquelas desigualdades. Daí a denominação de «sociologia da reprodução».

[2] Movimento sociológico desenvolvido em Inglaterra, no final dos anos sessenta do século XX, sobretudo, a partir dos trabalhos de Michael Young e Basil Bernstein, que se propunha abordar o modo como o conhecimento era seleccionado, organizado nos currículos escolares e transmitido e avaliado na instituição escolar.

quer pela distribuição dos alunos por turmas com níveis de exigência de aprendizagens (por exemplo, Keddie, 1971; Ball, 1981; Powell, Farrar & Cohen, 1985), seria assim uma forma de estratificação do conhecimento escolar, ao atribuir a crianças de meios desfavorecidos currículos menos valorizados socialmente.

De referir ainda que alguns países foram confrontados mais tarde com a diversidade da população escolar, designadamente nos anos noventa do século XX, por os seus sistemas educativos terem desenvolvido a massificação escolar posteriormente, como aconteceu em Portugal ou em países que sofreram novos movimentos de emigração de várias proveniências, por exemplo, a França. Então, à medida que a diversidade se estendeu a cada vez mais países, o debate político e a investigação em educação sobre a diferenciação curricular aumentou (OCDE, 1994, 1999; UNESCO, 1996; Perrenoud, 1995, 1997; Formosinho, 1987, 1997; Roldão, 1999).

Na sequência do debate político, desde as últimas décadas do século XX até ao início século XXI, os governos adoptaram ora políticas de discriminação positiva, baseadas numa transferência da lógica da igualdade para a lógica da equidade que pressupunha «dar mais» aos alunos socialmente mais desfavorecidos, de forma que a obtenção dos resultados escolares dependesse do mérito de cada um (Derouet, 2002), ora políticas de diferenciação curricular dos diferentes níveis de decisão (sistema político, organização do currículo na escola, práticas de ensino) (Roldão, 2003b). Em Portugal, das principais medidas legislativas que foram sendo introduzidas a partir dos anos oitenta do século XX até à reorganização curricular do ensino básico (Decreto-Lei n.º 6/2001, de 18 de Janeiro) para combater os elevados níveis de insucesso escolar destacam-se o Programa Interministerial de Promoção do Sucesso Escolar (PIPSE, Resolução do Conselho de Ministros de 10 de Dezembro de 1987), o Programa Educação para Todos (PET,

Resolução do Conselho de Ministros n.º 29/1991, 16 de Maio), a criação de currículos alternativos (nos anos noventa e regulamentados pelo Despacho n.º 22/SEEI/96, de 19 de Junho) e os Territórios de Intervenção Prioritária (TEIP, Despacho 147-B/ME/1996, de 8 de Junho). Estas políticas tratam a diferença através de medidas de discriminação positiva e diferenciação curricular nos três níveis de decisão identificados.

O PIPSE e o PET apresentam-se como vias de último recurso para jovens com insucesso persistente e/ou em risco de abandono escolar, a frequentarem o sistema de ensino com idades próximas ou superiores ao término da educação básica (escolaridade de segunda oportunidade), sendo que as restantes medidas, embora enquadrem estes jovens, se dirigem a alunos com dificuldades de aprendizagem ou a determinado tipos de diferenças, como os emigrantes ou alunos de diferentes etnias, alvo preferencial das políticas dos TEIP.

Todas as políticas mencionadas incluem medidas de discriminação positiva que incidem sobre os alunos e as famílias, como os apoios pedagógicos mais ou menos individualizados, a criação da figura do tutor, a constituição de grupos de nível de carácter temporário ou não até aos apoios financeiros às famílias e às escolas. Trata-se, sobretudo, de medidas de carácter remediativo.

Das medidas de discriminação positiva, os TEIP que surgem na sequência dos Programas de «educação compensatória» nos Estados Unidos, na década de sessenta (MERLE, 1998), das Education Action Zones no Reino Unido ou das Zones d'Éducation Prioritaire em França, na década de oitenta (DURU-BELLAT & VAN ZANTEN, 2009), apresentam uma configuração específica ao incidirem primeiramente sobre o território. Os territórios abrangidos caracterizam-se pela concentração em «número significativo» de alunos «em situações de risco, de exclusão social e escolar» e pertencentes a «diferentes etnias, filhos de migrantes ou filhos de populações itinerantes»

(Despacho 147-B/ME/96, de 8 de Junho). Trata-se da aplicação de uma medida limitada geograficamente, em que a classificação atribuída, «território de intervenção prioritária», assume o carácter de uma excepcionalidade e, por isso, contribui para um efeito de rotulagem e de «guetização» (Sarmento, 2000; Canário, Alves & Rolo, 2000).

À excepção dos currículos alternativos, todos estes programas intervêm apenas sobre aspectos periféricos do currículo, centrados nas actividades de complemento curricular, nos clubes, nos apoios e complementos educativos, na ocupação dos tempos livres, não se pondo em causa a escola como organização, nem o currículo como conteúdo de aprendizagem, nem os métodos de ensino e organização do trabalho escolar.

No que respeita às formas de diferenciação curricular ao nível das vias de ensino, designadamente no encaminhamento para vias de estudo profissionalizantes no ensino básico, o PIPSE e o PE assinalam-nas como medidas de último recurso e não como vias pelas quais os alunos possam optar logo à partida. Nas medidas relacionadas directamente com o currículo e com a mesodiferenciação curricular decidida a nível organizacional da escola, encontram-se a constituição de turmas com currículos alternativos no ensino básico regulamentados em 1996 e a constituição de grupos de nível. É de sublinhar que o sistema de avaliação do ensino básico de 1992 (Despacho normativo n.º 98-A/1992, de 19 de Junho) determina que, como medidas de apoio educativo, sejam permitidas adaptações aos programas das disciplinas e a constituição de grupos de níveis para os alunos abrangentes por aquelas. Os currículos alternativos caracterizam-se ora por uma redução do conhecimento mais académico, de selectividade social, ora pelo acréscimo/ /reforço de conhecimento prático relacionado com as actividades de cariz profissionalizante. Na estrutura curricular dos cursos, à formação escolar é acrescida uma formação artística, vocacional, pré-profissional ou profissional. No preâmbulo do diploma, sublinha-se que, «numa escola caracterizada pelo elevado grau de heterogeneidade sociocultural», se devem «equilibrar as diferenças através da diversificação das ofertas educativas e de formação» (Despacho n.º 22/SEEI/96, de 19 de Junho, Preâmbulo).

Estes currículos dirigem-se a alunos em situações de insucesso escolar reiterado, com problemas de integração na comunidade escolar, risco de abandono da escolaridade básica e dificuldades condicionantes da aprendizagem. O que significa que, se o aluno apresentar dificuldades de aprendizagem, mesmo sem situações repetidas de insucesso, pode ingressar nestas turmas com currículos alternativos. Esta orientação para aprendizagens de carácter prático, «sem prejuízo de alguma eficácia remediativa face a situações de risco», traduz-se numa simplificação do currículo comum e possui um «escasso potencial democratizante» (Roldão, 2003a, p. 27).

As adaptações curriculares relacionadas com a constituição de grupos de nível e os currículos alternativos inscrevem-se na diferenciação curricular decidida ao nível da escola, caracterizada por medidas que, no plano curricular, estabelecem limiares de exigência dos objectivos dos conteúdos e da avaliação das aprendizagens diferenciados. Trata-se de medidas que agrupam os alunos pela «identificação de diferenças de partida e não pelos objectivos uniformes de chegada» (Roldão, 2003b, p. 156). A título exemplificativo, o diploma que regulamenta os currículos alternativos (Despacho n.º 22/SEEI/96) é claro no que concerne a avaliação das aprendizagens que permite a dispensa de realização de provas globais no 3.º ciclo do ensino básico.

Podemos comparar estas medidas com as políticas de encaminhamento dos alunos para percursos alternativos (*tracking*) ou agrupamentos de nível (*ability grouping*) recorrentes, por exemplo, nos Estados Unidos da América, também nos anos noventa, tanto no ensino básico como no secundário, cujos conceitos estão associados na literatura ao de diferenciação curricular. Num estudo sobre a diferenciação curricular nos Estados Unidos em comparação com os países europeus, Oakes, Gamoran e Page referem que, «Nos Estados Unidos, a diferenciação começa cedo, já que, na maioria das escolas básicas, os alunos são agrupados consoante as suas competências, seja em turmas separadas, seja em grupos dentro da mesma turma, seja até apenas no caso de determinadas disciplinas» (Oakes, Gamoran e Page, 1992, p. 571).

Numa revisão da literatura sobre as consequências do encaminhamento dos alunos para percursos alternativos (*tracking*) ou agrupamentos de nível (*ability grouping*), Oakes, Gamoran e Page (1992) concluíram que não cumpriam as expectativas dos seus defensores em termos de melhoria do desempenho dos alunos, excepto para aqueles que já partem de uma situação de vantagem, e de aumento das diferenças iniciais entre alunos de elevado aproveitamento e de baixo aproveitamento.

Muitos são os autores a considerar que a diferenciação curricular de carácter estratificador, que procura resolver a diversidade de situações dos aprendentes face ao currículo pela via da redução/simplificação ou da viragem para percursos mais «práticos», é herdeira da diferenciação histórica estratificadora e, por isso, desajustada à sociedade actual (Roldão, 2003a; Rodrigues, 2001; Canário, Alves e Rolo, 2001). As formas de diferenciação curricular ao nível de vias de ensino ou através de distribuição por níveis de exigência hierarquizados conduzem os alunos a um baixo nível de proficiência em competências que, na actual sociedade do conhecimento, são imprescindíveis para a inclusão social.

Em contracorrente às políticas anteriores de carácter remediativo e não integradoras das diferenças, decorre em 2001 a reorganização curricular do ensino básico. Nos documentos orientadores desta alteração aborda-se, pela primeira vez, a problemática da uniformidade e a necessidade de diferenciação curricular ao nível das práticas de ensino, bem como a diferença numa perspectiva integrada como fenómeno que atravessa toda a população escolar. No documento orientador das políticas para o ensino básico refere-se a existência de «demasiada uniformização da acção pedagógica» (Ministério da Educação, 1998, p. 8) como um dos principais problemas do sistema educativo. Neste sentido, o governo compromete-se a «consolidar e estabilizar um currículo nacional comum, promovendo e apoiando a gestão curricular flexível» (Ministério da Educação, 1998, p. 10), que devia ser entendida no sentido da adequação do trabalho pedagógico e do currículo à diversidade dos contextos. Desta forma, as escolas deveriam elaborar um projecto curricular de forma a adaptarem o currículo nacional ao contexto escolar.

Assim, durante os anos noventa, nos países de tradição curricular descentralizada, começou a implementar-se um currículo nacional comum substituindo a gestão curricular das autoridades e comunidades locais junto das escolas (Inglaterra ou Noruega), enquanto nos países de tradição curricular centralizada (Portugal, França, Espanha), em que existia um currículo nacional, se conferiu mais autonomia às escolas na sua operacionalização programática e na inclusão de alguns saberes (Almeida, 2016).

## 4. Diferenciação curricular e cultura escolar: deve ser o currículo a adaptar-se às necessidades dos alunos ou os alunos a adaptarem-se ao currículo?

No contexto europeu, tal como em Portugal ou França, no último quartel do século XX, o debate educativo sobre a diferenciação curricular ficou marcado pela crítica ao «currículo uniforme, pronto-a-vestir de tamanho único» (Formosinho, 1991, 1993), que sugeria práticas de diferenciação curricular adaptadas aos alunos e guiadas pelo princípio da equidade (Roldão, 1999; Perrenoud, 1995, 1997). É possível conceptualizar a diferenciação curricular como estratégia que garanta a compatibilização do currículo prescrito com as características concretas de cada aluno, melhorando os seus resultados escolares. Por outras palavras, deve ser o currículo escolar a adaptar-se às necessidades dos alunos e não o contrário. Só desta forma é possível realizar diferenciação curricular ligada a princípios de educação inclusiva.

Perrenoud tem uma investigação avultada sobre a «diferenciação pedagógica» (*différentiation pédagogique*), entenda-se diferenciação curricular. Considera que acções pedagogicamente diferenciadas colocam quatro desafios aos professores. O primeiro relaciona-se com a reflexão «em torno da aprendizagem e do ensino», dado que é inútil para o insucesso escolar o recurso a «pedagogias que simplesmente ajustam as tarefas dos alunos, sem modificarem o conteúdo, a relação professor-aluno ou o contrato didáctico» (Perrenoud, 1997, p. 45), baseadas em planificações estandardizadas de aprendizagens. De acordo com o sociólogo, as pedagogias diferenciadas devem colocar o problema da seguinte forma: como aprendem as crianças? O que implica que o aluno esteja no centro da acção educativa, como elemento organizador de situações de aprendizagem. O segundo desafio a que Perrenoud se refere diz respeito à necessidade de ultrapassar os equívocos relacionados com o conceito e as práticas de diferenciação, tais como a utilização de meras taxonomias de objectivos, como instrumentos de planificação, sabendo-se que aquelas são, sobretudo, instrumentos de regulação *ex post*, em vez de organizadores de situações complexas de ensino-aprendizagem. Estas relacionam-se com: 1) a ideia de que a diferenciação é essencialmente remediativa e, por isso, apenas aplicada em situações de grandes dificuldades ou, mesmo, irreversíveis; 2) a confusão entre pedagogia diferenciada e preceptorado generalizado, ou seja, a crença de que diferenciar é dar tantas aulas particulares quantos alunos houver. É a partir do reconhecimento de tais equívocos que Perrenoud propõe, mobilizando o trabalho de Allal (1988), que um projecto de diferenciação se construa através de regulações interactivas. Neste caso, a diferenciação não ocorre no início da situação de aprendizagem, enquanto regulação proactiva, nem se afirma sob a forma de uma remediação sujeita a uma regulação retroactiva, mas fazendo parte do dispositivo didáctico e da acção pedagógica quotidiana.

O terceiro desafio inscreve-se «em torno da avaliação e da regulação», que passa por reconhecer que qualquer diferenciação do ensino requer uma avaliação formativa, isto é, uma avaliação que ajude o aluno a aprender e lhe vá revelando as suas dificuldades menos perceptíveis.

O último desafio a que Perrenoud se refere no domínio da diferenciação ocorre «em torno da relação e da distância cultural», reconhecendo que, para o aluno concretizar aprendizagens, é necessário que a situação pedagógica o desafie, que sinta necessidade de aceitar esse desafio e que tenha recursos para o realizar. A vontade de aceitar o desafio é uma questão de «sentido». Como argumenta Perrenoud, é inútil pensar a diferenciação de um ponto de vista meramente cognitivo, mobilizando recursos meramente didácticos, pois aquela também remete para o sentido cultural das aprendizagens. Como referem os sociólogos e antropólogos, uma relação intersubjectiva é também intercultural. Assim, é necessário compreender o capital cultural dos alunos, a sua relação com o mundo, os outros, os saberes, etc.

Deste modo, o sociólogo pretende resgatar a problemática da diferenciação das abordagens pedagógicas compensatórias, supletivas e geradoras de desigualdades. De uma forma geral, podem atingir-se, com os alunos, os mesmos objectivos por itinerários diversos, alterando a linearidade de conteúdos, meios didácticos, avaliação (Tomlinson e Allan, 2002; Tomlinson, 2008), de forma a romper com a «indiferença às diferenças» (Bourdieu, 1966), neutralizando um dos principais mecanismos de «fabricação do insucesso escolar», produtor de desigualdades – a uniformização do ensino e a diferenciação curricular estratificadora. A diferenciação curricular permite a igualdade de oportunidades perante a escola: «[A]daptar a acção pedagógica ao aluno não é nem desistir de o instruir, nem reduzir os objectivos essenciais. Diferenciar é assim lutar ao mesmo tempo para que as desigualdades perante a escola se atenuem e para que o nível suba» (Perrenoud, 1997, p. 9).

Desenvolver uma «educação por medida» é objectivo de todos os que consideram absurdo ensinar a mesma coisa, ao mesmo momento, com os mesmos métodos, a todos os alunos, apesar de estes serem muito diferentes. Como refere Perrenoud, qualquer situação didáctica proposta ou imposta uniformemente a um grupo de alunos é inevitavelmente desadequada para uma parte deles. Para alguns é facilmente dominada para constituir um desafio e aprendizagens; para os outros que não conseguem compreender a tarefa, não se implicam nela. Assim, ajustar o ensino às características individuais é uma exigência de igualdade: «a indiferença às diferenças transforma as desigualdades iniciais perante a cultura em desigualdades de aprendizagem» (Perrenoud, 1997, p. 9), como demonstrou Bourdieu.

Desde os anos sessenta que, apesar destas evidências das análises sociológicas sobre a fabricação das desigualdades e do insucesso escolar, a escola não mudou substancialmente. Como se pode explicar a persistência de uma pedagogia «indiferente às indiferenças»? A resposta que a literatura tem apontado para esta questão (Barroso, 1999; Barroso, s.d; Roldão, 2003a, 2003b; Perrenoud, 1995; 1997; Tyack & Cuban, 1995;) prende-se com o conceito de «cultura escolar». Este conceito, nestas perspectivas teóricas, remete para as práticas organizacionais e pedagógico-curriculares da instituição educativa construídas no decurso do processo histórico que originou os sistemas nacionais de ensino e que se consubstanciam em normas, estruturas, processos e símbolos preservados ao longo dos tempos. De forma breve, a cultura escolar expressa-se por prescrições, contidas nas orientações normativas da administração central transmitidas para as escolas. Essa «gramática da escola» (Vincent, 1994) inscreve-se, desde a génese da escola de massas, no princípio da uniformização: dos espaços, dos tempos, do agrupamento dos alunos, das normas, dos currículos e dos processos pedagógicos. A adopção deste princípio explica-se desde logo pela racionalização do trabalho pedagógico que se traduz no princípio de «ensinar a muitos como se fossem um só» (Barroso, s.d.).

No final dos anos noventa, permanece na escola a estrutura organizativa, as dinâmicas de ensino que a instituíram em épocas passadas, quando a população escolar era mais restrita, homogénea, e as finalidades menos ambiciosas para a maioria. É nessa lógica que toda a orgânica da escola ainda funciona (Roldão & Almeida, no prelo; Justino *et al.*, 2017).

Em termos conclusivos e pelo exposto, a distância entre a escola e os alunos é, deliberada ou involuntariamente, modulada pela forma como os professores gerem o currículo. Ensinar é, antes de mais, tornar os saberes escolares ensináveis, exercitáveis e passíveis de avaliação por todos os alunos, o que é possível através da diferenciação curricular tal como a define Perrenoud: «diferenciar é organizar as interacções e as actividades, de forma que cada aluno seja constantemente, ou pelo menos frequentemente, confrontado com as situações didácticas mais fecundas para ele» (Perrenoud, 1997, p. 29). Ajustar o ensino às características individuais é uma exigência de equidade, como possibilidade de transformar as desigualdades iniciais perante o conhecimento escolar em igualdades de aprendizagem, o que parece ser possível através de uma diferenciação curricular que não ignore as diferenças de partida, como é o caso das práticas de ensino uniformizadoras, bem como não as torne pretexto para percursos escolares menos valorizados socialmente.

## Referências e leituras recomendadas

ALLAL, L., Vers un élargissement de la pédagogie de maîtrise: processus de régulation interactive, rétroactive et proactive, in HUBERMAN, M. (dir.), *Assurér la réussite des apprentissages scolaires? Les propositions e la pédagogie de maîtrise,* Paris, Delachaux et Niestlé, 1988, pp. 89–126.

ALMEIDA, Sílvia de, Modos de Apropriação das Políticas Educativas para uma Gestão Curricular Contextualizada, *Atas do IX Congresso Português de Sociologia,* Faculdade de Economia da Universidade do Algarve, 2016.

ALMEIDA, Sílvia de, *Nacionalização e Universalização do Curriculum da Escola Primária em Portugal: Origens, controlo e práticas escolares,* Tese de Doutoramento apresentada à Faculdade de Ciências Sociais e Humanas da Universidade Nova de Lisboa, 2014.

APPLE, M., *Ideology and curriculum,* 2.ª ed., Nova Iorque, Routledge, 1990.

BALL, Stephen, *Beachside Comprehensive. A case-study of secondary schooling.* Cambridge, Cambridge University Press, 1981.

BARROSO, João (org.), *A Escola entre o Local e o Global – Perspectivas para o Século XXI,* Lisboa, Educa, 1999.

BARROSO, João (s.d.). Cultura, Cultura Escolar, Cultura de Escola. *Revista da UNESP.* Consultado em: http://www.acervodigital.unesp.br/bitstream/123456789/65262/1/u1_d26_v1_t06.pdf

BERNSTEIN, Basil, On the classification and framing of educational knowledge, in YOUNG, Michael (org.), *Knowledge and Control. New directions in the sociology of education*, Londres, Collier-Macmillan, 1971, pp. 70–116.

Bourdieu, Pierre, «L'école conservatrice. L'inégalité sociale devant l'école et devant la culture», *Revue Française de Sociologie*, 3, 1966, 325–347.

Bourdieu, Pierre, e Passeron, Jean-Claude, *La reproduction. Éléments pour une théorie du système d'enseignement*, Paris, Editions de Minuit, 1970.

Bourdieu, Pierre, e Passeron, Jean-Claude, *Les héritiers: les étudiants et la culture*, Paris, Minuit, 1964.

Canário, R. , Alves, N.,, e Rolo, C., *Escola e Exclusão Social*, Lisboa, Educa, 2001.

Canário, R., Alves, N., e Rolo, C., Territórios Educativos de Intervenção Prioritária: Entre a «igualdade de oportunidades» e a «luta contra a exclusão», in Instituto de Inovação Educacional (org.), *Territórios Educativos de Intervenção Prioritária: construção «ecológica» da ação educativa*, Lisboa, Instituto de Inovação Educacional, 2000, pp. 139–170.

Coleção Oficial da Legislação Portuguesa, Decreto de 16 de agosto de 1870, 1971. Acessível em http://legislacaoregia.parlamento.pt.

Derouet, J. L., «A Sociologia das Desigualdades em Educação Posta a Prova pela Segunda Explosão Escolar: Deslocamento dos Questionamentos e Reinício da Crítica». *Revista Brasileira de Educacão*, 2, 5-16, 2002.

Diário da Câmara dos Deputados, Sessão de 7 de Março de 1843. Acessível em https://www.debates.parlamento.pt.

Diário da Câmara dos Deputados, Sessão de 10 de Maio de 1843. Acessível em https://www.debates.parlamento.pt.

Durkheim, Émile, *Éducation et sociologie*, Paris, PUF, 1922.

Duru-Bellat, Marie, e Van Zanten, Agnès, *Sociologie du systeme educative: les inégalités scolaires*, Paris, PUF, 2009.

FERNANDES, R., *O Pensamento Pedagógico em Portugal*, Lisboa, Instituto de Cultura Portuguesa, Biblioteca Breve, 1978.

FORMOSINHO, João, «O currículo uniforme: Pronto-a-vestir de tamanho único», in MACHADO, F. A., e GONÇALVES, M. F. (orgs.), *Currículo e Desenvolvimento Curricular: problemas e perspectivas*, Porto, 1991, pp. 262–267.

FORMOSINHO, João, «Organizar a escola para o (in)sucesso educativo», in ALVES, F., e FORMOSINHO, J. (orgs.), *Contributos para Uma Outra Prática Educativa*, Porto, ASA, 1993, pp. 18–46.

NÓVOA, António, *Os Professores: Quem são? Donde vêm? Para onde vão?*, Lisboa, ISEF, 1989.

GOODSON, Ivor, *O Currículo em Mudança: Estudos na construção social do currículo*, Porto, Porto Editora, 2001.

GOODSON, Ivor, *The Making of Curriculum: Collected Essays*, 2.ª ed., Washington, Falmer Press, 1995.

KEDDIE, Nell, «Classroom Knowledge», in YOUNG, Michael (org.), *Knowledge and Control, New Directions in the Sociology of Education*, Londres, Collier- Macmillan, 1971, pp. 133-160.

MERLE, Pierre, *Sociologie de l'évaluation scolaire*, Paris, PUF, 1998.

OAKES, J., GAMORAN, A., e PAGE, R. N., «Curriculum differentiation: Opportunities, outcomes, and meanings», in JACKSON, P. W. (org.), *Handbook of Research on Curriculum: A Project of the American Educational Research Association*, Nova Iorque, Macmillan, 1992, pp. 570–608.

OECD, *The Curriculum Redefined: Schooling for the 21st Century*, Paris, OCDE/CERI, 1994.

OECD, *Innovating Schools (Schooling for Tomorrow Project)*, Paris, OCDE/ CERI, 1999.

PERRENOUD, Philippe, *La pédagogie à l'école des différences: fragments d'une sociologie de l'échec*, Paris, ESF Éditeur, 1995.

PERRENOUD, Philippe, *Pédagogie différenciée: des intentions à l'action*, Paris, ESF Éditeur, 1997.

POPKEWITZ, T., The Culture of Redemption and the Administration of Freedom as Research. *Review of Educational Research*, 68(1), 1–34, 1998.

POWELL, A., FARRAR, E. e COHEN, D., *The Shopping Mall High School: Winners and Losers in the Educational Marketplace*, Boston, Houghton Mifflin, 1985.

RODRIGUES, D., «A educação e a diferença», in RODRIGUES, D. (org.), *Educação e Diferença: Valores e práticas para uma educação inclusiva*, Porto, Porto Editora, 2001, pp. 14–34.

ROLDÃO, Maria do Céu, *A Diferenciação Curricular Revisitada: Conceito, discurso e praxis*, Porto, Porto Editora, 2003a.

ROLDÃO, Maria do Céu, «Diferenciação curricular e inclusão», in RODRIGUES, David (org.). *Perspetivas sobre a Inclusão. Da educação à sociedade*, Porto, Porto Editora, 2003b, pp. 151–165.

ROLDÃO, Maria do Céu, e ALMEIDA, Sílvia de, Avaliação de projetos curriculares numa rede de escolas portuguesas. Contextualização curricular: promessa ou oportunidade perdida?, *Estudos em Avaliação Educacional*, no prelo.

SARMENTO, M. J. *et al.*, «A edificação dos TEIP como sistemas de acção educativa concreta», in INSTITUTO DE INOVAÇÃO EDUCACIONAL (org.), *Territórios Educativos de Intervenção Prioritária: Construção «ecológica» da acção educativa*, Lisboa, Instituto de Inovação Educacional, 2000, pp. 105–138.

TOMLINSON, Carol Ann, *Diferenciação Pedagógica e Diversidade. Ensino de alunos em turmas com diferentes níveis de capacidade*, Porto, Porto Editora, 2008.

TOMLINSON, Carol Ann, e ALLAN, Susanne D., *Liderar Projectos de Diferenciação Pedagógica*, Porto, Edições ASA, 2002.

TYACK, David, e CUBAN, Larry, *Tinkering Toward Utopia. A Century of Public School Reform,* Cambridge, Harvard University Press, 1995.

UNESCO, *Learning: the treasure within; report to unesco of the International Commission on Education for the Twentyfirst Century,* Paris, UNESCO, 1996.

VINCENT, G., LAHIRE, B., THIN, D., «Sur l'histoire et la théorie de la forme scolaire», in Vincent, G. (org.), *L'Éducation prisonnière de la forme scolaire? Scolarisation et socialisation dans les societies industrielles,* Lião, Presses Universitaires de Lyon, 1994, pp. 11–48.

YOUNG, Michael (org.), *Knowledge and Control, New Directions in the Sociology of Education,* Londres, Collier- Macmillan, 1971, pp. 133–160.

**Legislação**

Resolução do Conselho de Ministros. de 10 de Dezembro de 1987

Resolução do Conselho de Ministros n.º 29/1991. de 16 de Maio

Despacho normativo n.º 98-A/1992, de 19 de Junho

Despacho 147-B/ME/1996, de 8 de Junho

Despacho n.º 22/SEEI/1996, de 19 de Junho

Decreto-Lei n.º 6/2001, de 18 de Janeiro

# Qualificações e mercado de trabalho: onde está a estratégia?

*Paula Reis*

Faculdade de Ciências Sociais e Humanas (IPRI e CICS)
da Universidade Nova de Lisboa

De um país que tinha só quatro universidades passou-se a uma profusão estonteante de Universidades, Institutos Politécnicos, Escolas Superiores, com múltiplos cursos muitas das vezes do mesmo ramo. [...] o mercado de trabalho já não comporta os diplomados, e muitos dos cursos não têm relevância prática nem cultural. Para mais a ânsia do canudo levou ao disparate de querer transformar os Politécnicos em Universidades [...]. A concepção neoliberal levou a restringir o financiamento público do ensino e investigação. [...]. Sobre o caos em que se tornou o ensino universitário abateu-se o chamado processo de Bolonha, obcecado pela uniformização, baralhando os títulos e graus, e eivado por uma pedagogia simplista. [...] não interessa que os estudantes saltem de universidade em universidade para seguir os mesmos cursos [...]. Tenha-se o bom senso de não cair no turismo universitário. Temos de regressar à licenciatura como termo de um curso completo, e não etapa sem significado. Os mestrados não podem confundir-se com cursos profissionalizantes ou, pior, tomar o lugar de licenciaturas; devem ser preparações exigentes à investigação. A formação ou o aperfeiçoamento profissional devem ter os seus cursos próprios.

Magalhães Godinho (2009, pp. 62–6)

As afirmações de Magalhães Godinho transcritas constam de um pequeno livro, publicado dois anos antes do seu desaparecimento, intitulado os *Problemas de Portugal*. O autor incita o leitor à inquietação e ao questionamento perante circunstâncias que, à data, considera adversas, algumas das quais se mantêm, volvida quase uma década. Um dos temas que ocupam parte da sua reflexão é o «sistema educacional», em relação ao qual identifica um conjunto de problemas decorrentes das transformações de que foi alvo, nomeadamente no sistema de ensino superior. Foi a leitura deste excerto que serviu de mote para a elaboração do presente ensaio. Antes, porém, de nos focarmos no caso português, entendemos por conveniente partilhar algumas considerações gerais contextualizadoras.

## 1. Relevância do ensino superior: concepções implícitas

As reformas iniciadas ao nível do ensino superior nas sociedades ocidentais, na segunda metade do século XX, encontram-se vinculadas a duas concepções fundamentais interligadas entre si, que assumiram um carácter preponderante na definição de políticas públicas na área da educação, e em particular no ensino superior, justificando a relevância que lhes é conferida nos programas governamentais.

Uma primeira, a da consolidação da convicção de que o investimento em educação se traduz em crescimento económico, em paralelo com a difusão dos pressupostos da teoria do capital humano assente no entendimento de que a competitividade e o crescimento económico se encontram estreitamente relacionados com quantidade de recursos humanos qualificados de um país (Schultz, 1961; Mincer, 1962; Becker, 1964). Neste sentido, o desenvolvimento económico requer o aumento dos níveis de escolaridade dos indivíduos e alternativas de formação ajustadas às expectativas de uma célere inserção em sistemas produtivos em constante transformação e permanente competição (Santiago *et al.*, 2008).

Uma segunda, a da centralidade do conhecimento nos processos de produção decorrente do surgimento de um novo paradigma económico e produtivo, em que o principal factor passou a ser o uso intensivo de conhecimento e de informação. A vantagem comparativa é definida pela utilização competitiva quer do conhecimento, quer das inovações tecnológicas (Teodoro, 2015). Um exemplo evidente do que acabámos de referir é não só a caracterização das sociedades capitalistas avançadas como estando organizadas em torno do conhecimento – produzido com base na investigação científica e no desenvolvimento tecnológico –, mas também a utilização de expressões como «sociedade do conhecimento» ou «sociedade baseada no conhecimento» (Estanque e Nunes, 2003). O conhecimento transformou-se num pilar da riqueza e do poder das nações, passando a assumir o estatuto de mercadoria sujeita às leis do mercado e aberta à apropriação privada (Rifkin, 2000). A concorrência a uma escala global requer a produção constante de conhecimento, rapidamente aplicável, encurtando os ciclos de inovação tecnológica em quase todas as áreas da produção e da sociedade (Teodoro, 2015).

São as novas expectativas de formação que estão na génese do papel estratégico conferido ao ensino superior e da visibilidade conferida no campo político às preocupações relativas à quantidade e qualidade da formação de profissionais neste contexto. O enfoque colocado na formação de profissionais capacitados para ingressarem no mercado de trabalho acompanha a ênfase atribuída à promoção e desenvolvimento de competências, constituindo um elemento-chave das reformas curriculares sucessivamente promovidas em diversos países (Alves, 2015).

## 2. Breve caracterização das transformações no sistema de ensino superior em Portugal

No caso português, assistimos, nas últimas décadas, a significativas mudanças no sistema de ensino superior, ancoradas em grande medida nas concepções a que aludimos. Destacamos quatro alterações estruturais de fundo, que enunciamos sinteticamente[1].

A *diversificação* do sistema, delineada na reforma preconizada por Veiga Simão[2], como forma de responder às necessidades de formação de recursos humanos qualificados, ajustados ao processo de desenvolvimento económico em curso[3]. A implementação do sistema binário de ensino superior[4] assentou na criação de uma via de estudos superiores de curta duração, a realizar nos institutos politécnicos e nas escolas superiores, e resultou da acção combinada entre a estrutura da oferta de educação (com a adopção de políticas

---

[1] Para uma análise mais detalhada, *vide*, por exemplo: Neave e Amaral (2011).

[2] A reforma levada a cabo por Veiga Simão no ensino superior tem início em 1970 e 1971, através de medidas legislativas avulsas no campo da reorganização dos cursos e das carreiras docentes. O plano de expansão e diversificação deste nível de ensino é aprovado em 1973 (Decreto-Lei 402/73). Esta reforma foi contrariada no período revolucionário (1974–1976) com base no argumento da selectividade social. A estrutura binária do ensino superior é posteriormente (re)definida em 1986, com a Lei de Bases do Sistema Educativo. Salientamos que a reforma de Veiga Simão é mais ampla e incluiu a criação, a partir de 1972–1973, do 3.º e 4.º *anos experimentais do ciclo preparatório,* antecipando o quadro de alargamento da escolaridade obrigatória para oito anos. Para uma análise mais detalhada, ver: Teodoro (2001) e Stoer (1983).

[3] A este propósito ver, por exemplo: Grácio (1986).

[4] Composto pelo ensino universitário (universidades e institutos universitários) e pelo ensino politécnico (institutos politécnicos e outros estabelecimentos de ensino politécnico).

que privilegiaram a expansão deste tipo de ensino) e a crescente procura social num contexto de restrições formais de acesso no ensino superior universitário[5].

A *expansão* considerável caracterizou-se pelo aumento do número de estabelecimentos que compunham a rede de ensino superior (pública e privada) e pelo surgimento de novas áreas de ensino e formação. Este processo de ampliação destacou-se ainda por ritmos de crescimento distintos nos vários subsistemas existentes e resultou da conjugação de diversos factores que condicionaram, a dado momento, a evolução da procura: (i) transformações na estrutura social e económica da sociedade portuguesa; (ii) políticas de fixação de vagas; e (iii) regras de acesso ao ensino superior. O crescimento do sector privado verificou-se principalmente entre meados dos anos oitenta e dos anos noventa e resultou, sobretudo, da incapacidade do sector público em responder à crescente procura do ensino superior.

A progressiva *democratização* e *massificação*, que se traduziram no alargamento da base social de recrutamento[6] e no aumento no número de matriculados a um ritmo inicial, sem paralelo comparativamente com outros países europeus (Amaral e Fonseca, 2012). Entre 1996/97 e 2002/03, o número de inscritos aumentou 19,67%, sendo no ano de 2002/03 que se constata o maior número de alunos (400 831). Embora se verifique entre 2002/03 e 2016/17 uma diminuição de 9,7% no total de matriculados neste nível de ensino, durante este período o número de alunos ultrapassou sempre a fasquia dos 349 500 inscritos (DGEEC/MEC)[7].

---

[5] A este propósito, *vide* Grácio (1997).

[6] A este respeito, ver os estudos de, por exemplo: Almeida *et al.*, 2003; Balsa *et al.*, 2001.

[7] Direcção-Geral de Estatísticas do Ensino Superior.

Convém ter presente que uma das razões subjacentes à procura optimista deste nível de ensino assenta na relação entre o diploma do ensino superior e a obtenção de recompensas simbólicas, estatutárias e materiais. Com efeito, durante um dilatado período de tempo, a posse de um título académico assegurou, aos seus detentores, o acesso a posições privilegiadas na estrutura do emprego e do poder (ALVES, 2009; GRÁCIO, 1997; VIEIRA, 1995). As expectativas relativamente ao retorno do investimento na formação superior são informadas pelas experiências de gerações anteriores de diplomados. Embora se constate que as condições de acesso e permanência no mercado de trabalho se alteraram nas décadas recentes, não podemos ignorar o efeito que essas expectativas ainda hoje exercem na procura do ensino superior (FIGUEIREDO *et al.*, 2017).

Por último, a implementação do Processo de Bolonha[8], associada a alterações consideráveis na estrutura da oferta formativa do ensino superior, nomeadamente através de um modelo composto por três ciclos de formação: a licenciatura,

---

[8] O Processo de Bolonha (PB) foi iniciado com a Declaração de Bolonha (1999) e visou introduzir um sistema comparável, compatível e coerente para o ensino superior europeu. O PB teve por objectivo criar um sistema de graus académicos facilmente reconhecíveis e comparáveis, promovendo a mobilidade dos estudantes, dos professores e dos investigadores, e assegurar a qualidade da aprendizagem e da docência. As reformas de Bolonha visaram contribuir para reforçar a competitividade das universidades europeias, tornando-as mais atractivas a nível internacional. O PB visou também o apoio à modernização dos sistemas de educação e formação, garantindo a sua capacidade de resposta às necessidades da evolução do mercado de trabalho. As principais áreas de foco do processo incluíram a aprendizagem ao longo da vida, a empregabilidade, o financiamento, as estruturas dos graus, a abertura internacional, a recolha de dados e a garantia da qualidade. Este processo inscreveu-se ainda nos objectivos do quadro de ensino e formação da UE e da respectiva estratégia «Europa 2020» para o crescimento e o emprego. Para informação mais detalhada, consultar: http://ec.europa.eu/education/policy/higher-education/bologna-process_pt.

normalmente com três anos de duração; o mestrado, com dois; e o doutoramento, com três ou quatro anos[9]. Os dois primeiros ciclos são comuns às universidades e politécnicos, e o último ciclo de formação é circunscrito às universidades[10].

No preâmbulo do texto legislativo que aprova o regime jurídico dos graus e diplomas do ensino superior, sublinha-se que «[...] um dos objectivos essenciais da política para o ensino superior, no período de 2005–2009, é garantir a qualificação dos portugueses no espaço europeu, concretizando o Processo de Bolonha oportunidade única para incentivar a frequência do ensino superior, melhorar a qualidade e a relevância das formações oferecidas, fomentar a mobilidade dos nossos estudantes e diplomados e a internacionalização das nossas formações». Neste sentido, são destacadas algumas prioridades, designadamente: (i) a criação de condições para que todos os cidadãos possam ter acesso à aprendizagem ao longo da vida, modificando as condições de acesso ao ensino superior para os que nele não ingressaram na idade de referência, sendo outorgada às instituições de ensino superior a responsabilidade da selecção; (ii) a transição de um sistema de ensino baseado na ideia da transmissão de conhecimentos para um sistema baseado no desenvolvimento de competências[11], ficando a cargo das instituições a identificação das competências e o desenvolvimento das metodologias adequadas à sua concretização; e (iii) a orientação da formação ministrada para os objectivos específicos que devem ser

---

[9] Decreto-Lei 74/2006.

[10] O alargamento dos doutoramentos aos politécnicos é uma das propostas feitas pela avaliação da OCDE, apresentada recentemente, ao sistema de ensino superior e ciência nacional.

[11] De natureza genérica – instrumentais, interpessoais e sistémicas – e de natureza específica – associadas à área de formação –, entre as quais se destacam a componente experimental e de projecto.

assegurados pelos ciclos de estudos do subsistema, universitário ou politécnico, em que esta se insere.

## 3. Um retrato da realidade: o que nos dizem os dados estatísticos

Não obstante as sucessivas reformas políticas implementadas e o investimento realizado na educação, no sentido de aumentar os níveis de qualificação da população portuguesa, os indicadores educativos actuais mostram que Portugal continua a registar dos mais baixos níveis de escolaridade da União Europeia (UE-28), e ainda permanece aquém das metas desejáveis no quadro, por exemplo, da Organização para a Cooperação e Desenvolvimento Económico – OCDE (Conselho Nacional de Educação, 2017). Dados publicados pelo Instituto Nacional de Estatística (INE) relativos a 2017 mostram que apenas 18,1% da população residente com mais de 15 anos possui o ensino superior e que 60,8% da população não concluiu o ensino secundário.

Um dos objectivos centrais do Processo de Bolonha é o aumento da empregabilidade[12], com o pressuposto de que o sistema de ensino superior deverá sujeitar-se à verificação dos seus resultados através do modo como os diplomados obtêm ou consolidam uma posição no mercado do trabalho.

De acordo com dados divulgados recentemente pelo Eurostat, a taxa de desemprego jovem em Portugal continua entre as mais elevadas da União Europeia (UE-28)[13]. Dados

---

[12] Empregabilidade, no sentido lato, designa a qualidade ou possibilidade de se ter um emprego (desde o emprego por conta de outrem ao auto-emprego).

[13] O valor registado em Portugal (22,2%) apenas é suplantado pelos valores registados na Grécia (43,7% em Novembro de 2017), em Espanha (36,0%) e em Itália (31,5%).

do INE relativos ao ano de 2017 revelam que a taxa de desemprego[14] entre jovens diplomados do ensino superior é inferior quando comparada com a de jovens com outros níveis de escolaridade. Consideramos, no entanto, que os valores apurados merecem atenção, pois permitem uma primeira aproximação à caracterização da actual situação perante o trabalho dos jovens graduados do ensino superior (nos jovens até aos 24 anos, a taxa de desemprego situou-se nos 23,3% e, entre os 25–34 anos, a taxa registada foi de 8,1%)[15].

O Eurostat também divulgou[16] recentemente que, em 2016, 41% dos jovens portugueses no desemprego entre os 20–34 anos[17] estavam preparados para emigrar em busca de oportunidades de emprego (16% no interior da UE, 25% fora da UE). Apesar deste resultado traduzir apenas a intenção de saírem do país, é um dado que deve ser tomado em linha de conta, pois permite inferir, ainda que com alguma margem de erro, a manutenção da tendência que se tem registado nos

[14] Salientamos que os dados disponíveis sobre desemprego devem ser analisados com algumas reservas, porquanto apresentam diversas lacunas e insuficiências, não permitindo retratar com precisão a real dimensão e os contornos concretos do desemprego entre os jovens diplomados. Outro factor a ter em conta é o ciclo económico, isto é, em períodos menos favoráveis e de aumento do desemprego, uma das estratégias adoptadas pelas famílias e jovens assenta no prosseguimento dos estudos (ingresso em pós-graduações e mestrados) como forma de adiar o «confronto» com o mercado de trabalho – o que influencia a taxa de desemprego registada.

[15] Estes valores contrastam com as taxas de desemprego registadas, em 2017, relativamente à restante população em idade activa com o mesmo nível habilitacional (35–44 anos, 5,5%; 45–54 anos, 3,5%; e 55–64 anos, 4,7%). Para uma caracterização mais detalhada, importa considerar outras variáveis, por exemplo: subsistema de ensino; estabelecimento de ensino; área de educação e formação; e curso.

[16] Newsrelease 51/2018 (27.03.2018).

[17] Este valor é apenas suplantado no caso da Suécia e de França (44%) e da Espanha (43%).

últimos anos de emigração deste segmento populacional. Convém referir a este propósito que, apesar da emigração portuguesa contemporânea[18] continuar a ser maioritariamente caracterizada por indivíduos com baixos níveis de escolaridade[19], se assistiu nos últimos anos a uma reconfiguração e recomposição dos fluxos emigratórios, com um aumento da proporção de jovens qualificados – o que também se justifica atendendo ao facto de o número de diplomados do ensino superior ter aumentado no conjunto da população portuguesa. Ainda assim, mesmo não sendo um fenómeno propriamente recente, representa uma tendência que não deve ser ignorada, motivo pelo qual tem merecido nos últimos anos particular atenção junto de investigadores portugueses, sendo objecto de diversos estudos (Gomes, coord., 2014; Lopes, 2015; Peixoto *et al.*, 2016).

Segundo as conclusões de um inquérito[20] realizado junto de jovens emigrantes qualificados, divulgado em meados de 2017, apenas 31,4% dos inquiridos encaravam como certa a possibilidade de regressarem ao nosso país, e, destes, somente

---

[18] A emigração atingiu o seu valor máximo desde o início deste século, em 2013, com cerca de 120 mil saídas, tendo-se iniciado desde então uma trajectória de descida em linha com a recuperação económica no país, embora a um ritmo mais lento. Em 2016, essa trajectória de descida teve mesmo uma aceleração, ficando-se o número de saídas por um valor na ordem dos 100 mil indivíduos. Estes números só encontram paralelo na tendência verificada nos anos sessenta e início dos anos setenta, quando se ultrapassou, em alguns anos, esse patamar. Em 2015, de acordo com dados das Nações Unidas, o número de portugueses no estrangeiro situou-se nos 2,3 milhões, o que coloca Portugal como o segundo país europeu com maior taxa de emigrantes em proporção da população residente: 22% (Pires *et al.*, 2017).

[19] *Vide*, a este propósito, Justino (2016).

[20] O inquérito decorreu entre Dezembro de 2016 e Abril de 2017, foi realizado a 1140 emigrantes no âmbito de um estudo promovido pela Fundação AEP e coordenado pelo sociólogo Pedro Góis. O estudo pode ser consultado em: https://www.empreender2020.pt/pt/documentacao.

8,4% afirmaram já terem planos nesse sentido. As reservas quanto ao regresso são justificadas por 57,8% dos jovens inquiridos com o facto de terem «poucas oportunidades de carreira». Os baixos salários auferidos para a profissão que exercem é a justificação apresentada por 52% dos inquiridos. Cerca de 80% destes jovens estavam empregados no país de acolhimento, e 60% possuíam contratos de trabalho sem termo. Esta realidade contrasta com o contexto com que ainda se confrontam os jovens diplomados em Portugal, caracterizado por transições incertas para o mercado de trabalho e vínculos contratuais instáveis. O mercado de trabalho nacional continua a pautar-se por elevados níveis de segmentação, facto que tem sido frequentemente apontado como um dos desafios que se coloca ao país. A Comissão Europeia, nas recomendações específicas a Portugal, tem sublinhado as consequências nefastas dos elevados níveis de segmentação, nomeadamente no que se refere às perspectivas de progressão na carreira e aos níveis de remuneração dos trabalhadores temporários, em particular dos mais jovens. A incidência de contratos de trabalho não permanentes é particularmente elevada entre os jovens, correspondendo actualmente a cerca de dois terços do emprego jovem (GEP/ /MTSSS, 2016).

Quando o assunto é a emigração jovem qualificada, um exemplo que tem merecido destaque tanto a nível da imprensa nacional como internacional, e sobre o qual nos temos debruçado[21], é o dos diplomados em Enfermagem. Segundo a Ordem dos Enfermeiros, entre 2010 e 2016, do total de enfermeiros que solicitaram a declaração para efeitos do exercício da

---

[21] No âmbito da investigação de Doutoramento em Estudos sobre a Globalização, na NOVA.FCSH, financiada por fundos nacionais através da Fundação para a Ciência e Tecnologia (PB/BD/106023/2014), intitulada *Um espaço europeu de mobilidade e reconhecimento de qualificações profissionais? Oportunidades e constrangimentos no caso dos enfermeiros portugueses.*

profissão noutro país[22], 85,9% tinham idades compreendidas entre os 21–35 anos, sendo a maioria (6921) recém-diplomados. Apesar de nem todos concretizarem essa intenção, os números revelam que em 2013 emigraram 2366 enfermeiros, sendo que no ano seguinte os valores se mantiveram na mesma ordem de grandeza (Pereira, 2016).

Durante o período de assistência financeira ao nosso país, o sector da saúde foi alvo de cortes orçamentais, o que condicionou a contratação de novos enfermeiros. Não ignoramos que existem outros factores explicativos, para além da ausência de oportunidades de emprego, para a emigração de enfermeiros recém-diplomados, designadamente o facto de o mercado de trabalho de enfermagem extravasar as fronteiras nacionais. Porém, sendo o Estado o maior empregador destes profissionais e, assim, o principal dinamizador do mercado de trabalho no sector da saúde, recai sobre si a responsabilidade de realizar um adequado planeamento das necessidades e previsões de recrutamento pelo Serviço Nacional de Saúde (SNS). Este planeamento é fundamental para se aferirem as necessidades de formação. De outro modo, como pode o Estado regular eficazmente a oferta de vagas e de cursos de Enfermagem existente?

O número de vagas disponíveis nos diversos cursos de licenciatura nas universidades e politécnicos manteve-se relativamente estável entre 2010 e 2016. Durante este período, diplomaram-se em Enfermagem, no ensino superior público e privado, em média, mais de 2800 alunos por ano (DGEEC/ /MEC). Perante estes dados, cremos que se impõe uma pergunta

---

[22] Esta declaração é essencial no processo de reconhecimento de qualificações no país de destino junto dos organismos que regulam o acesso à profissão (Directiva Europeia 2013/55/CE, que veio modernizar a anterior Directiva 2005/36/CE).

simples – na qual se agregam diversas questões relevantes associadas à formação destes profissionais –, que continua sem resposta: quantos profissionais de enfermagem devem ser formados anualmente em Portugal?

Esta pergunta pode ser facilmente extrapolada para as demais áreas de educação e formação.

## 4. Considerações finais

Nos últimos vinte anos, assistimos à multiplicação de cursos em tudo semelhantes, no modelo e conteúdo da formação, nas universidades e politécnicos, desvirtuando-se a finalidade para a qual estes últimos foram criados. Quais são afinal os objectivos da formação existente em cada um dos subsistemas?

Não conseguimos vislumbrar a racionalidade e a estratégia por detrás da homologação e manutenção de cursos idênticos nas universidades e politécnicos, sem que se atente às necessidades e especificidades dos contextos regionais em que as instituições se inserem. Não conseguimos, igualmente, compreender que o Estado «legitime», por esta via, a concorrência entre universidades e politécnicos do sistema público. Bem sabemos que, com a criação, em 2007, da Agência de Avaliação e Acreditação do Ensino Superior (A3ES), se assistiu a uma redução do número de cursos superiores na oferta, pública e privada, mas a maior parte foram extintos por iniciativa das próprias instituições.

Outra das prioridades definidas no âmbito do Processo de Bolonha, há cerca de uma década, foi a orientação do sistema de ensino, nas universidades e politécnicos, para o desenvolvimento de competências. A responsabilidade pela identificação das competências a desenvolver no âmbito de cada uma das formações ficou adstrita às instituições de ensino superior. Segundo os resultados do relatório *Hays Global Skills*

*Index 2017*[23], Portugal encontra-se entre os quatro países com maior desequilíbrio entre os perfis de competências que os empregadores procuram e os existentes entre os recursos humanos disponíveis. Que políticas de acompanhamento e monitorização foram implementadas pelo Estado, no sentido de fazer corresponder às necessidades do mercado de trabalho os perfis de competências desenvolvidos no ensino superior, em particular no público?

Nos últimos vinte anos, e principalmente desde o Processo de Bolonha, apesar de todo o frenesim legislativo de cariz «pseudo-regulatório» e dos resultados quantitativos alcançados (evolução do número total de diplomados no ensino superior), desconhecemos a estratégia que lhes subjaz.

O assertivo diagnóstico realizado por Magalhães Godinho acerca do ensino superior, que precede este texto e que subscrevemos, não dista no essencial do efectuado por outros académicos, de diversas áreas disciplinares, que se têm debruçado sobre o tema; ou por diversos organismos nacionais, internacionais e supranacionais nos diversos relatórios publicados sobre o caso português.

A questão não está, portanto, na ausência de um diagnóstico sobre o sistema do ensino superior em Portugal. As sucessivas reformas políticas levadas a cabo no quadro da regulação nacional[24] são bastas vezes contraditórias e acríticas,

---

[23] Estes resultados baseiam-se numa análise do mercado de trabalho que engloba cerca de três dezenas de países. Apesar deste desajuste, a classificação global de Portugal neste relatório melhorou ligeiramente em relação ao ano anterior, situando-se nos 5.4. A metodologia para chegar a estas conclusões teve por base uma escala individual de 1 a 10, atribuída a cada país, que mede as restrições do mercado de trabalho altamente qualificado, analisando os níveis de ensino, a flexibilidade do mercado laboral e as pressões salariais. O relatório completo pode ser consultado em: http://www.hays-index.com/

[24] No sentido que lhe é conferido por Barroso (2006, p. 50): «[...] o modo como as autoridades públicas (neste caso o Estado e a sua administração)

ao ritmo da mudança dos partidos no governo e até dos ministros com a tutela, ou a coberto da regulação transnacional[25].

A questão deve ser antes colocada na estratégia do Estado para o ensino superior (ou, melhor, na ausência de estratégia), particularmente no que se refere ao ajustamento dos objectivos específicos de cada formação (cuja definição se encontra na esfera da autonomia das universidades e politécnicos) e das vagas nas diferentes áreas de ensino às necessidades do mercado de trabalho e da economia.

Reconhecemos ser difícil antever com exactidão as necessidades em termos de formação no médio e longo prazo. Mas tal não significa que não sejam criados modelos de análise e mecanismos de monitorização que permitam solucionar ou mitigar situações de desajustamento ou que se verifique uma insuficiente articulação e auscultação do tecido empresarial no sentido de aproximar as formações e os perfis de competências ao pretendido pelos empregadores.

Entendemos que o Estado tem uma responsabilidade social e ética para com as famílias e jovens, à qual não tem sabido corresponder. O Estado é o principal fornecedor da oferta educativa, cabendo-lhe igualmente a sua regulação. Em alguns sectores de actividade, é o principal empregador. Ao «avalizar» o ingresso dos jovens em cursos cuja correspondência

---

exercem a coordenação, o controlo e a influência sobre o sistema educativo, orientando através de normas, injunções e constrangimentos o contexto da acção dos diferentes actores sociais e seus resultados.»

25 Adoptamos igualmente o sentido que lhe é conferido por Barroso (2006, p. 44–5): «[…] conjunto de normas, discursos e instrumentos (procedimentos, técnicas, materiais diversos, etc.) que são produzidos e circulam nos fóruns de decisão e consulta internacionais, no domínio da educação, e que são tomados, pelos políticos, funcionários ou especialistas nacionais, como "obrigação" ou "legitimação" para adoptarem ou proporem decisões ao nível funcionamento do sistema educativo.»

às necessidades do mercado de trabalho é escassa, frustra as expectativas subjacentes à procura do ensino superior.

Acreditamos, por estes motivos, que será necessário repensar, em termos estratégicos, o sistema de ensino superior em Portugal de forma crítica e objectiva, sob pena de continuarmos a pôr em causa o valor do retorno social e do investimento em educação realizado pelo Estado e pelas famílias.

## Referências e leituras recomendadas

ALMEIDA, J. F., *et al.*, *Diversidade na Universidade: Um inquérito aos estudantes de licenciatura*, Oeiras, Celta Editora, 2003.

ALVES, M. G., As universidades, a inserção e a aprendizagem profissionais: que lugar para a pedagogia, *Educar em Revista*, 57, 2015, pp. 49–64.

ALVES, N., *Inserção Profissional e Formas Identitárias*, Lisboa, Educa, 2009.

AMARAL, A., e FONSECA, M., «Portugal. Higher Education and Lifelong Education in Portugal», in SLOWEY, M., e SCHUETZE, H. G., *Global Perspectives on Higher Education and Lifelong Learners*, Nova Iorque, Routledge, 2012, pp. 82–96.

BALSA, C., *et al.*, *Perfil dos Estudantes do Ensino Superior – Desigualdades e diferenciação*, Lisboa, Edições Colibri, Colecção CEOS/Inquéritos-1, 2001.

BARROSO, J., «O Estado e a Educação: a regulação transnacional, a regulação nacional e a regulação local», in BARROSO, João (org.), *A Regulação das Políticas Públicas de Educação: Espaços, dinâmicas e actores*, Lisboa, Educa, 2006, pp. 41–70.

BECKER, G., *Human Capital*, Nova Iorque, Princeton University Press, 1964.

CNE, *O Estado da Educação 2016*, Lisboa, Conselho Nacional de Educação, 2017.

Estanque, E., e Nunes, J. A., Dilemas e desafios da Universidade: Recomposição social e expectativas dos estudantes na Universidade de Coimbra, *Revista Crítica de Ciências Sociais*, 66, 2003, pp. 5–44.

Figueiredo, H., *et al.*, *Benefícios do Ensino Superior*, Lisboa, Fundação Francisco Manuel dos Santos, 2017.

GEP/MTSSS, *Livro Verde sobre as Relações Laborais*, Lisboa, GEP/MTSSS, 2016.

Gomes, R. M. (coord.), *Fuga de Cérebros: Retratos da emigração portuguesa qualificada*, Lisboa, Bertrand Editora, 2015.

Grácio, S., *Dinâmicas de Escolarização e das Oportunidades Individuais*, Lisboa, Educa, 1997.

Grácio, S., *Política Educativa como Tecnologia Social. As reformas do ensino técnico de 1948 a 1983*, Lisboa, Livros Horizonte, 1986.

Justino, David, *Emigration from Portugal: Old Wine in New Bottles?*, Washington, DC, Migration Policy Institute, 2016.

Lopes, J. T., *Geração Europa? Um estudo sobre a jovem emigração qualificada em França*, Lisboa, Mundos Sociais, 2014.

Magalhães, V. M., *Os Problemas de Portugal: Mudar o rumo.* Lisboa, Colibri, 2009, pp. 54–67.

Mincer, J., On-the-job Training: Cost, Returns and some Implications, *Journal of Political Economy*, 70 (Supl.), 1962, pp. 50–79.

Neave, G., e Amaral, A., *Higher Education in Portugal 1974–2009. A Nation, a Generation*, Heidelberg, Springer, 2011.

Peixoto, J., *et al.*, *Regresso ao Futuro: A nova emigração e a sociedade portuguesa.* Lisboa, Gradiva, 2016.

Pereira, C., *Vidas Partidas: Enfermeiros portugueses no estrangeiro*, Loures, Lusodidacta, 2016.

Pires, R. P., *et al.*, *Emigração Portuguesa. Relatório Estatístico 2017*, Lisboa, Observatório da Emigração e Rede Migra, cies-iul, ISCTE-iul, 2017.

Rifkin, J., *The Age of Access*, Nova Iorque, Penguin Putnam, 2000.

Santiago, R., *et al.*, *Tertiary Education for the Knowledge Society. Special Features: Governance, Funding, Quality*, Paris, OECD, 2008.

Schultz, T., Investment in Human Capital, *American Economic Review*, 51, 1961, pp. 1–16.

Stoer, S. R., A reforma de Veiga Simão no ensino: projecto de desenvolvimento social ou «disfarce humanista»?, *Análise Social*, XIX, 77–78–79, 1983, pp. 793–822.

Teodoro, A., *A Construção Política da Educação: Estado, mudança social e políticas educativas no Portugal contemporâneo*, Porto, Edições Afrontamento, 2001.

Teodoro, A., A universidade no século xxi: desenhando futuros possíveis, *Universidades*, 64, 2015, pp. 31–42.

Vieira, M. M., Transformações recentes no campo do ensino superior, *Análise Social, XXX, 31–32*, 1995, pp. 169–184.